● 国家自然科学基金资助项目（批准号: 71302125）
● 教育部人文社会科学研究青年项目（批准号：13YJC630032）
●浙江省自然科学基金青年项目（批准号：LQ13G020016）
●浙江省社科联研究重点课题（课题编号：2013Z47）
●浙江理工大学人文社会科学学术专著出版资金资助（2012年度）
●浙江理工大学科研启动基金资助（1209836-Y）

奉小斌 著

质量改进团队跨界行为及其作用机制研究

Research on Boundary-Spanning Behavior of Quality Improvement Team and Its Effects on Quality Performance

ZHEJIANG UNIVERSITY PRESS
浙江大学出版社

图书在版编目（CIP）数据

质量改进团队跨界行为及其作用机制研究／奉小斌著.
—杭州：浙江大学出版社，2013.11
ISBN 978-7-308-12253-5

Ⅰ.①质… Ⅱ.①奉… Ⅲ.①企业管理—质量管理—研究 Ⅳ.①F273.2

中国版本图书馆 CIP 数据核字（2013）第 219238 号

质量改进团队跨界行为及其作用机制研究
奉小斌　著

责任编辑　王　波
封面设计　十木米
出版发行　浙江大学出版社
（杭州市天目山路 148 号　邮政编码 310007）
（网址：http://www.zjupress.com）
排　　版　杭州中大图文设计有限公司
印　　刷　杭州日报报业集团盛元印务有限公司
开　　本　710mm×1000mm　1/16
印　　张　17.5
字　　数　314 千
版 印 次　2013 年 11 月第 1 版　2013 年 11 月第 1 次印刷
书　　号　ISBN 978-7-308-12253-5
定　　价　49.00 元

浙江大学出版社发行部联系方式：0571—88925591；http://zjdxcbs.tmall.com

摘 要

在动态竞争环境下，以顾客需求为导向的持续改进(质量改进)逐渐成为企业竞争制胜的法宝。质量改进团队作为持续改进的主体，随着改进任务的复杂性与外部依赖性日益增强，此类团队必须通过开展跨界活动来克服团队内部资源约束与知识缺口，进而提高绩效。然而，质量改进团队究竟如何有效地管理跨界活动？虽然有文献指出了团队跨界行为的概念及多层次动因、团队跨界行为与绩效的关系等内容，但是对于质量改进团队跨界行为的特征维度与过程机制、前因后果等机理，至今仍然缺乏系统研究，因此我们有必要针对这些问题进行探索性研究以指导质量改进团队的实践。

本书围绕“质量改进团队如何开展跨界”这一基本问题，基于资源依赖、管理释意、全面质量管理、社会资本等理论，循着“任务特征—质量改进团队跨界行为—质量绩效”的研究思路，从以下四个方面进行破解：第一，质量改进团队跨界行为概念构思的关键特征、结构维度如何(研究一与研究二)？第二，质量改进团队跨界行为是否受到任务特征因素驱动(研究三)？质量改进团队跨界行为如何影响质量绩效(研究三)？第三，团队社会资本对质量改进团队跨界行为与绩效关系的调节作用如何(研究四)？第四，质量改进团队跨界行为在团队生命周期的不同阶段如何演进(研究五)？

研究一通过对19组32位质量改进团队负责人及其成员进行深度访谈，采用扎根理论方法对访谈资料进行三级编码分析(开放式编码、主轴编码和选择性编码)，深入挖掘了质量改进团队跨界行为的概念内涵与内在结构。扎根研究结果表明，质量改进团队跨界行为是一个多维构念，主要是指质量改进团队为了完成任务努力建立和管理跨团队或跨组织联结的外部活动过程，包含联络行为、管控行为和侦测行为三个维度，这丰富了现有研究关于团队跨界行为的概念内涵，明晰了质量改进团队跨界行为的构念维度与情境特征。

研究二基于扎根研究结论开发质量改进团队跨界行为的测量工具。通过项目筛选及初试，保留了21个测量题项用于预测试。将正式调查58家企业获得的294个有效样本数据，采用SPSS随机分组功能将总体样本均分为两组，分别用于探索性因子分析和验证性因子分析。通过探索性因子分析，最终保留了14个测量题项(涵盖联络行为、管控行为和侦测行为三个维度)用于大样本调研。验证性因子分析结果表明质量改进团队跨界行为量表具有较好的信度与效度，验证了质量改进团队跨界行为三个维度的稳定性，且三个维度之间具有独立的变动性，说明质量改进团队跨界行为的三个维度水平并不是越高越好，需要根据具体情景进行均衡配置，这种情景化研究推动了相关理论的发展。

研究三利用161个质量改进团队的大样本数据，检验了质量改进团队跨界的任务特征前因与作用机制。在检验测量工具的信度与效度的基础上，采用结构方程建模探索潜变量之间的直接与间接关系。研究结果表明，除了任务互依性对侦测行为、任务时间压力对管控行为的影响不显著外，任务特征因素(任务互依性、任务复杂性和任务时间压力)正向影响联络行为、管控行为和侦测行为。联络行为、管控行为和侦测行为不仅对质量绩效产生直接影响，前两者还通过团队效能感间接影响质量绩效。

研究四采用整合式的研究思路，通过大样本数据检验团队社会资本对质量改进团队跨界行为与绩效之间关系的调节作用。研究首先检验了团队社会资本测量工具的信度与效度，并对团队社会资本的两阶两因子结构模型进行验证性分析与评价，在此基础上采用多元层级回归方法检验团队社会资本的调节作用。实证结果表明：团队内部社会资本正向调节管控行为与质量绩效之间的关系，负向调节侦测行为与质量绩效之间的关系；团队外部社会资本正向调节联络行为与侦测行为对质量绩效之间的关系；团队内、外部社会资本的平衡正向调节侦测行为与质量绩效之间的关系，但这种平衡对联络行为和管控行为与绩效之间关系的影响并不显著。

研究五首先基于案例研究方法，通过对HF管道纱、LX电机转子、FL手机外观和JH诊断系统等四个质量改进团队的案例研究，探索质量改进团队跨界行为在团队生命周期不同阶段的演进规律。其次，基于质量改进团队的成长阶段，对161个样本团队进行聚类分析、单因子方差分析和LSD多组比较检验，研究结果表明，质量改进团队从启动与组织阶段、冲突与协作阶段、变革与更新阶段到执行与完成阶段，联络行为呈现先减弱后增强的趋势，管控行为逐渐增加，而侦测行为逐渐减弱。

与已有研究相比，本书构建了“任务特征—质量改进团队跨界行为—质量绩效”的研究框架，其理论贡献主要体现在四个方面：第一，以团队跨界行为构念为切入点，运用扎根理论方法挖掘了质量改进团队跨界行为的构思内涵与维度结构，并开发了中国情景下质量改进团队跨界行为的测量量表，这有利于补充与完善团队跨界理论并推动中国本土企业质量改进团队的研究。第二，结合资源交换理论和管理释意理论分析并检验了质量改进团队跨界行为的任务特征前因及对质量绩效的作用机制，从而在一定程度上回答了“质量改进团队为何跨界”这一问题。第三，基于社会资本理论，并结合内部“联结观”与外部“桥结观”，深入探讨了团队社会资本及其平衡性对质量改进团队跨界行为与绩效关系的调节作用，这弥补了现有研究缺乏综合考虑团队内、外部社会资本及其平衡性的不足，也拓展了质量改进团队跨界行为作用机制的研究。第四，针对团队跨界行为的动态性，本书结合团队生命周期理论，通过案例研究和问卷数据实证探索了质量改进团队跨界行为在团队生命周期不同阶段的演进规律，这从一定程度上推进了团队跨界行为的演进机制研究，并为企业动态管理质量改进团队的跨界行为提供了理论与经验依据。

关键词：质量改进团队；团队跨界行为；质量绩效；任务特征；团队效能感；团队社会资本

目　录

1　研究背景与文献综述 …………………………………………………………………… 1

1.1　问题提出 …………………………………………………………………………… 1
1.2　质量改进团队相关研究回顾 …………………………………………………… 11
1.3　团队跨界行为相关研究 ………………………………………………………… 19
1.4　团队效能感相关研究 …………………………………………………………… 36
1.5　团队社会资本相关研究 ………………………………………………………… 40
1.6　质量绩效相关研究 ……………………………………………………………… 47

2　理论构建与研究设计 …………………………………………………………………… 53

2.1　以往研究进展 …………………………………………………………………… 53
2.2　有待解决的问题 ………………………………………………………………… 54
2.3　研究目的 ………………………………………………………………………… 56
2.4　构思框架与研究内容 …………………………………………………………… 57
2.5　技术路线 ………………………………………………………………………… 59

3　质量改进团队跨界行为构思开发:基于扎根理论方法 ……………………………… 60

3.1　研究目的 ………………………………………………………………………… 60
3.2　研究方法 ………………………………………………………………………… 61
3.3　理论抽样 ………………………………………………………………………… 62
3.4　资料收集 ………………………………………………………………………… 63
3.5　资料分析 ………………………………………………………………………… 66
3.6　研究结果讨论与总结 …………………………………………………………… 80

4　质量改进团队跨界行为结构维度的验证研究 ………………………………………… 85

4.1　研究目的与问题提出 …………………………………………………………… 85

4.2 研究假设……85
4.3 研究方法……87
4.4 质量改进团队跨界行为的探索性因子分析……92
4.5 质量改进团队跨界行为的验证性因子分析……94
4.6 研究讨论与总结……99

5 质量改进团队跨界行为的前因及其作用机制研究 ……103

5.1 研究目的与问题提出……103
5.2 研究假设……105
5.3 研究方法……114
5.4 研究结果与分析……123
5.5 研究结果讨论……140
5.6 研究小结……144

6 质量改进团队跨界行为与质量绩效关系的调节作用研究 ……147

6.1 研究目的与问题提出……147
6.2 研究假设……148
6.3 研究方法……156
6.4 研究结果与分析……160
6.5 研究结果讨论……172
6.6 研究小结……177

7 质量改进团队跨界行为的演进规律研究 ……180

7.1 研究目的……180
7.2 研究内容与方法……180
7.3 子研究一:质量改进团队跨界行为演进规律的探索……181
7.4 子研究二:质量改进团队跨界行为演进规律的实证研究……196
7.5 研究讨论与总结……203

8 总结与展望 ……206

8.1 主要研究结论……206
8.2 本书的理论贡献……209
8.3 本书的研究模型总结……213
8.4 本书的现实意义……215

8.5　研究局限与未来研究展望 …………………………………………… 217

参考文献 ………………………………………………………………………… 219

附　录

附录 1　质量改进团队跨界行为研究的访谈提纲(节选) ………… 256
附录 2　编码材料节选 …………………………………………………… 257
附录 3　质量改进团队跨界行为预试问卷 …………………………… 263
附录 4　质量改进团队问卷调查(团队主管) ………………………… 264
附录 5　质量改进团队问卷调查(团队成员) ………………………… 267

名词索引 ………………………………………………………………………… 271

1 研究背景与文献综述

本章简要地阐述了本书的研究背景与研究问题，并对相关研究（包括质量改进团队、团队跨界行为、团队效能感、团队社会资本、质量绩效等）进行回顾与评述。

1.1 问题提出

1.1.1 实践背景

（1）持续（质量）改进成为企业竞争制胜的法宝

在动态竞争环境下，越来越多的企业认识到要在激烈的市场竞争中获胜并维持竞争优势，必须以顾客需求（包括现有需求与潜在需求）为导向持续改进流程、产品和服务。持续质量改进思想贯穿于质量管理的全过程，它要求企业综合运用一整套质量管理体系、手段和方法进行系统改进，以达成质量、成本、交货期、顾客满意度等目标（Hayes et al.，2005；Anand et al.，2009）。因此，持续改进被视为企业响应动态竞争环境并不断超越竞争对手的一种有效策略，逐渐受到理论界与实践界的推崇。

以六西格玛方法为例，摩托罗拉公司在质量改进方面持续开展六西格玛管理后，平均每年生产率提高 12.3%，质量缺陷成本减少 84%，运作过程失误降低 99.7%，业务利润股价增长 17%，节约制造费用累计超过 110 亿美元（马林和何桢，2007）。从表 1.1 可知，企业质量水平从 1σ 提高到 3σ，产品的合格率随之提高了 63.09%，进一步提高到 4σ 质量水平将达到 99.3790%的合格率，然而企业能否因 99%的合格率而沾沾自喜呢？假定全国各个行业的平均质量合格率为 99%，那么全国每小时将丢失 2 万封邮件、每天有 15 分钟的自来水不安全、每星期有 5000 例不成功的外科手术、主要机场每天有 2 个航班不能降落、每月有 7 小时停电（马林和何桢，2007），这种结果是消费者所无法容忍的。越来越多的企业认识到以顾客质

表 1.1　六西格玛水平与合格率统计

σ水平	合格率(%)	ppm(百万分率)缺陷数
1.0	30.23	697700
2.0	69.13	308770
3.0	93.32	66811
4.0	99.3790	6210
5.0	99.97670	233
6.0	99.999660	3.4

资料来源:根据马林和何桢(2007)等研究总结

量需求与期望为导向持续提升产品与服务质量水平的重要性,逐渐引入六西格玛管理、失效模式与影响分析、质量功能展开等工具开展持续质量改进活动。从全国质量改进小组注册数量和开展工作来看,持续质量改进由于具备全员参与、短期见效等特征被各行业和领域广泛接受。2010 年,全国共注册质量改进小组 151 万个,同比增加 2%;全国质量改进小组普及率和成果率分别达到 20%和 70%;开展质量改进小组活动可统计的年创经济效益达 408 亿元,同比增加 1.5%①。虽然企业改进质量的终极目标是追求"零缺陷",或接近"零缺陷"水平的 6σ 质量,但是由于各个企业在质量改进方面所投入的资源、领导承诺、质量文化等差异,领先企业(如 GE、ABB、3M 等)正是凭借持续改进超越竞争对手与积累竞争优势。

随着产品质量成为国际贸易中的非关税壁垒之一,持续质量改进也体现在各个国家之间的商业战之中。进入 21 世纪以来,"中国制造"频频遭受产品质量风波,供应链某个环节的产品瑕疵累积衍生成"中国制造"问题(见图1.1),传统出口导向型制造企业在产品质量方面已付出沉重代价,这从一定程度上反映了提升持续改进能力已成为当前中国企业所面临的最为重要和紧迫的问题。从网络媒体对中国制造及质量问题的报道来看,通过百度高级搜索"中国制造"以及"质量问题"相关报道,其中 2011 年出现在新闻内容中的报道有 49800 篇,出现在新闻标题中有 188 篇。持续提升"中国制造"的产品质量水平迫在眉睫,因此本土企业必须通过持续改进缩短与"世界级企业"(world-class company)的质量差距并培育质量竞争力。

(2)质量改进团队通过跨界活动获取资源与支持

质量改进团队是企业开展持续质量改进的载体,它是为了完成提升企

① 资料来源:戚维明《关于全国质协系统 2010 年工作总结和 2011 年重点工作的报告》,2011—4—15. http://www.caq.org.cn/html/caq_leader/2011—4/15/141147_2.shtml

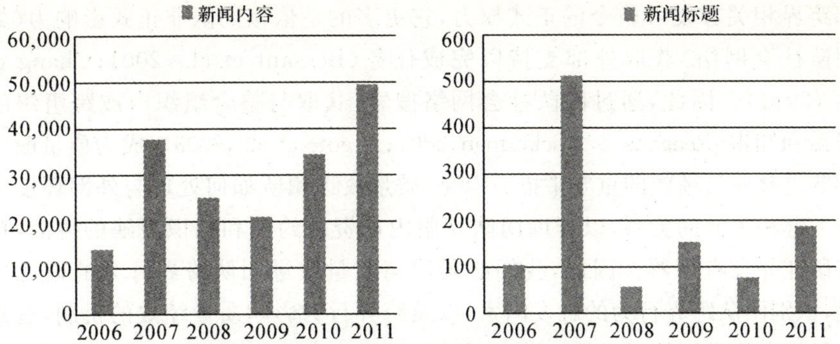

图 1.1 以“中国制造”和“质量问题”为关键词搜索 2006—2011 年百度新闻

业现有产品、技术、流程或服务等改进任务(Juran et al.,1974;Imai,1986),由包含技术人员、品管人员、一线员工在内的成员组建的正式群体。作为一种典型的自我管理团队,质量改进团队从改进项目的立项、执行到结题的全过程都是以任务为导向的,但在实际运作过程中遭遇两方面的困难(Bessant et al.,2001):第一,由于质量改进任务尚未上升到企业经营战略层面,组织对质量改进团队的政策承诺与资源支持相对较少[①](Juran et al.,1974;Murray & Chapman,2003),组织各职能部门对其支持和重视度也远低于研发、营销等团队;第二,职能结构组织形式制约跨部门开展质量改进任务,如团队间竞争、部门奖赏制度等不利于协调与管控质量改进团队的跨职能成员(Edmondson & Nembhard,2009)。

质量改进团队作为一个嵌入在组织中的“开放系统”(open system),其改进任务涉及组织“输入—过程—输出”系统的各个环节。虽然企业基本的产品或服务质量可以通过质量管理体系(如 ISO9001、TS16949 等)加以保障,但是随着技术更新速度加快与市场竞争加剧,仅局限于团队内部成员努力与协作的传统质量改进模式难以适应动态变化的市场需求。在任务复杂性、任务紧迫性与任务依赖性逐渐增强的背景下,质量改进团队要顺利完成任务不仅依赖团队内部不同成员知识与能力的整合,而且需要通过构建外部关系网络整合团队外乃至企业外部的顾客与供应商,即通过质量改进团队跨界行为推进质量改进实践越来越成为一种必然趋势(Levin,1992;Foster,2008;Kaynak & Hartley,2008)。然而,质量改进团队由于未被赋予对外

① 朱兰在《质量管理手册》中指出,高层领导由于将销售额放在首要位置,而将降低成本视为一项较低层次的工作,并且他们从来没有意识到慢性浪费的规模与潜在的高回报(Juran et al.,1974)。

部跨界相关方发号施令的正式权力，它更多的是依赖团队非正式影响力（如团队社会网络）获取外部支持以完成任务（Bessant et al.，2001；Chang et al.，2011）。因此，通过团队社会网络搜索、获取与整合组织内或跨组织的资源和知识（Reagans & Zuckerman，2001；Argote et al.，2003），成为质量改进团队提升质量绩效的重要举措。但是，质量改进团队如何处理与外部环境中的关键相关方的关系，以帮助团队克服内部资源约束和知识短缺的挑战，现有研究并没有解答。因此，我们必须厘清质量改进团队跨界行为的概念内涵，识别团队跨界行为的触发因素，以及跨界行为影响质量绩效的机制，有效指导质量改进团队通过管理跨界活动促进任务完成和响应相关方的需求。

（3）质量改进团队跨界是质量管理职能拓展的重要内容

随着企业竞争焦点逐步由数量、价格转向质量，质量内涵不断由产品的“符合性质量”向组织的“经营性质量”演化，质量管理部门的职能随之向企业内部和外部各个职能领域渗透（见图 1.2）。早在 20 世纪 50 年代，美国通用电气的费根堡姆（Feigenbaum）首次提出了“全面质量管理（TQC）”的概念，他认为解决质量问题不能只局限于制造过程，质量管理已经成为满足顾客要求的必需过程（中国质量协会卓越国际质量研究中心，2008）。目前，实施 ISO9000 体系、六西格玛管理、波多里奇质量奖的质量改进团队，其活动范围已经延伸到团队外部相关的职能部门，甚至拓展到组织外部供应商、客户等相关方。

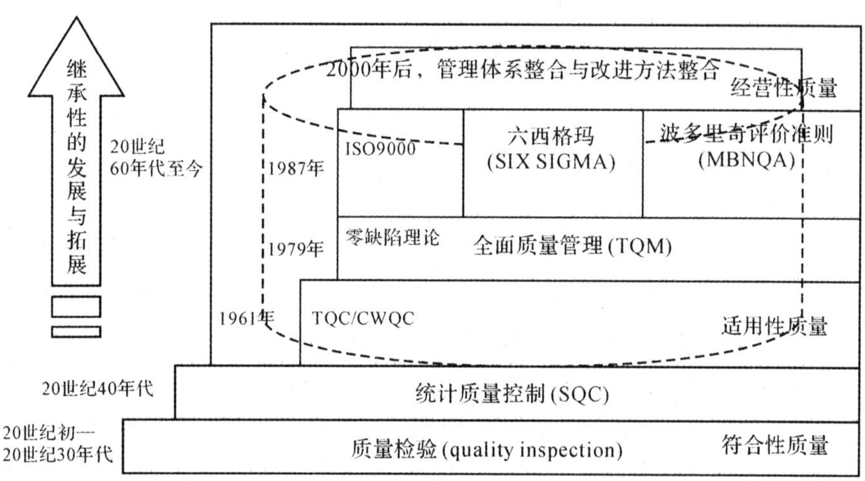

图 1.2 质量管理发展示意图

资料来源：中国质量协会卓越国际质量研究中心（2007）。

为了获取外部各种资源与支持，质量改进团队主动开展与高管团队、横向各职能部门、外部顾客等关键相关方的跨界活动(刘石兰,2006)。质量改进过程中的跨界行为通常表现在:领导支持质量改进团队、整合跨职能团队成员、监管外部质量规范、邀请内部专家或外部咨询师辅导团队项目、培养团队成员搜集与甄选外部信息的能力等方面(Imai,1986;Levin,1992)。但是,在质量改进团队的不同发展阶段,这些外部跨界活动可能呈现不同特征。如何动态管理质量改进团队与外部相关方之间的跨界活动,使质量绩效最大化?对此问题的解答将有利于质量改进团队管理跨界活动和处理跨界关系。因此,本书研究通过质量改进团队跨界行为及其作用机制的探索,希望为实践者提供理论指导,促进企业质量改进团队跨界活动的顺利开展,持续提升质量绩效和企业绩效。

同时,本书选题是笔者在学习全面质量管理、跨界管理、团队社会资本等理论,以及参与数十家制造企业的质量改进项目的基础上提出的。在笔者所在的科研团队里,团队成员已经开展了对企业质量管理实践的作用机制等课题的深入研究,而质量改进团队作为推进质量管理实践的重要组织形式也逐渐得到学者们的认同。因此,将质量改进团队跨界行为这一问题作为研究切入点,希望能够得到一些有意义的研究成果并应用到企业的质量管理实践中,以助推我国制造企业转型升级。

1.1.2 理论背景

国外对质量改进团队或持续改进的研究可以追溯到 20 世纪 60 年代全面质量管理萌芽期,但直到 90 年代初才逐渐引起学者们的重视。自 90 年代的全面质量管理热潮消退后,理论界开始从质量管理实践硬要素(如六西格玛、SPC 等)研究转向领导承诺、供应商质量、内外部合作等软要素的研究(Flynn et al.,1995;Rahman & Bullock,2005;Meltzer et al.,2010)。国内虽然从 20 世纪 80 年代初开始推行全面质量管理方法,但由于各种原因,国内学者对质量管理的研究主要集中在全面质量管理(刘石兰,2005)、质量管理实践与绩效关系(宋永涛等,2011;熊伟等,2012)、认证机构服务质量(张涞贤等,2011)、质量管理与制造技术的关系(李军锋等,2010)等方面,而关于质量改进团队方面的学术研究还不多见。质量改进团队作为质量管理与持续改进的载体,实践界对其重视程度远高于理论界,但缺乏科学的理论支撑最终可能会阻碍企业的质量改进实践。国内外学者对质量改进团队的研究主要集中在概念、改进流程、改进方法、影响因素等方面(如 Bessant & Caffyn,1999;Bhuiyan & Baghel,2005;Thawesaengskulthai & Tannock,2008),并取得了一定的研究成果。但是,学者们对于"质量管理实践如何落地到微观质量改进团队层面"、"质量改进团队在组织内外部情境中的嵌入特征及其如何促进绩效提升"、"质量改进团队如何管理外部跨界活动"等问题仍然缺乏系统研究。

(1)质量改进团队跨界行为的构念维度尚存在争议

质量改进是一个持续提升产品与服务质量的过程,同时也是一个团队过程(team process),包含团队内部互动与外部跨界行为。其中,质量改进团队跨界活动机理是学术界正在关注的新方向,对团队跨界的研究有助于我们更好地理解质量改进团队的特殊情境(Stewart,2010)。关于团队跨界行为的概念构思,当前学术界仍然存在争议,主要包括单维性和多维性两类研究:第一类研究,以 Edmondson、Marrone 等人为代表、聚焦于团队跨界行为的单维性,如 Edmondson(2003)将跨界行为界定为目标团队与组织内其他团队的互动过程,Marrone 等(2007)用 6 个测量条款测量个体跨界行为,并将个体层面数据整合以衡量团队跨界行为。第二类研究,以 Ancona 和 Caldwell(1988)为代表的学者最早立足于组织内外视角探索团队跨界行为构念的多维性,先将其划分为使节活动、搜寻活动、侦察活动和防卫活动四个子维度,而后将其简化为使节活动、任务协调和侦察活动三个子维度(Ancona & Caldwell,1992a),并探索不同子维度对绩效的独立作用。后续 Druskat 和 Wheeler(2003)、Bettencourt 和 Brown(2003)、Faraj 和 Yan(2009)等研究,进一步从不同视角探索制造团队、营销团队和软件团队跨界行为的多维性。从上述研究可知,团队跨界行为构念依赖特定团队与任务情境(Marrone,2010),因而对团队跨界行为的维度性和共变性(covary)问题有待在具体团队情境下加以探讨与解决。虽然 Ancona 等人初步提出一般团队跨界行为的构念维度,但后续研究缺乏对特定团队(如质量改进团队)的理论探索与跨文化实证验证,这将不利于推进团队跨界理论的发展。

(2)质量改进团队跨界行为的真正动因扑朔迷离

关于质量改进团队跨界的原因,不同学者之间存在分歧。Weick(1979)早期提出,团队执行外部跨界活动是为了响应它们所感知的环境需求,同时此类活动又影响外部相关方与团队情境,因而导致团队环境结构发生变化。基于资源依赖理论可知,质量改进团队与外部关键相关方建立交换关系并通过开展跨界活动(Benson,1975;Tsai,2002;Bresman,2010),搜寻外部资源与知识以生产质量稳定的产品,但是当前对团队跨界动因的实证研究仍然比较缺乏。归总起来,学者们主要关注团队跨界的个体层面动因、团队层面动因、组织层面动因、团队跨界的权变前因等(Choi,2002;Druskat & Wheeler,2003),但却忽视了任务情境对团队跨界活动的触发作用(Weisz et al.,2004)。对于质量改进团队而言,此类团队从改进项目的立项、执行到结题的全过程都是以任务为导向的,其跨界行为高度依赖于它所面临任务的不确定性和复杂性,复杂的改进任务(如供应商质量控制、新产品质量改善等)需要持续的资源流入与重要相关方及时的意见反馈(Marrone,2010)。Joshi 等(2009)虽然梳理出团队跨界的任务因素包括团队间任务依赖性与任务发展阶段,但是尚无实证研究探析特定任务情境下驱动质量改进团队跨界的前因。

(3)质量改进团队跨界行为的作用机制渐成谜团

关于团队跨界对绩效的作用机制研究,当前还存在一定的争议(Tsai & Ghoshal,1998;Tsai,2001;Weisz et al.,2004)。团队跨界研究者认为,团队通过管理与组织中其他团队及其成员的跨界关系,可以获取重要的外部信息和政治资源,促进知识转移与激发团队效能(Ancona & Caldwell,1992a,1992b; Hansen,1999;Reagans et al.,2004)。但是,Keller(2001)、Beal(2003)等研究发现同时追求团队内部和外部的社会关系,将会减少团队内部凝聚力,进而对团队绩效产生负面影响。出现这种分歧的原因可能是没有考虑团队跨界行为的不同维度划分,或忽略了其他中介因素的间接影响(Marrone,2010)。以往虽然有学者(如 Edmondson,1999,2003;Wolfe et al.,2011)关注团队成员心理状态(如心理安全、心理授权)对团队外部跨界活动的影响,但是较少认识到团队(包括质量改进团队)参与外部跨界活动对团队成员群体心理特征的影响,以及这种影响对绩效的传导作用。在质量改进团队跨界过程中,团队效能感水平作为团队跨界行为所带来的中间结果,一方面通过获取外部资源与各种支持,规范外部相关方的质量行为与形成质量共识,侦测外部竞争对手与标杆信息,从而增强团队对完成质量改进目标的信念与执行质量任务的操控能力;另一方面,这种团队心理状态又会对执行任务的行动和努力产生直接影响,从而达到提升团队绩效的目的。此外,质量改进团队发展阶段和质量改进项目生命周期可能对跨界活动与绩效关系产生重要影响(Levin,1992),而现有研究很少识别团队在不同的生命周期阶段其内部与外部行为的变化特征,这不利于质量改进团队动态管理跨界行为。因此,有必要深入探讨质量改进团队跨界行为对绩效的作用机制,并考察质量改进团队跨界行为的演进规律。

(4)关于质量改进团队如何跨界尚需进一步探讨

虽然以往有学者(如 Ancona、Faraj、Choi)关注到团队跨界与绩效之间的关系受到权变因素的影响,但研究结论存在较大差异。Ancona(1990)较早关注到新产品开发团队的跨界活动对团队效能的作用受到权变因素影响，却没有解释清楚团队跨界对绩效影响的作用条件。Faraj 和 Yan(2009)虽然验证了任务不确定性和资源稀缺性对软件开发团队跨界活动与团队绩效关系的调节作用，但是得到的研究结果与 Ancona 和 Caldwell(1988)的研究相反。根据权变理论(Contingency Theory)可知，质量改进团队跨边界的信息和资源流动的有效性依赖团队战略与环境结构特征的匹配性，因而团队所嵌入的组织情境对质量改进团队跨界活动可能产生独特影响(Thompson，1967；Benson et al.，1991；Choi，2002)。有关质量改进团队跨界行为的研究，不仅需要理解团队本身及其所嵌入情境的独特性，还要揭示这种独特性对团队跨界行为的影响(Marrone，2010；Morrison，2010)。由于质量改进团队处理外部跨界活动的方式受到自身职能、结构以及与外部相关方关系的共同影响，其处理信息和资源的方式与其他团队存在差异，从而产生一种执行跨界活动的独特情境与约束条件(Choi，2002)。以质量改进团队为例，它们的外部跨界合作不同于研发团队(宋永涛等，2011)，前者与组织内其他部门、供应链伙伴的跨界合作主要通过非正式关系(如网络互动、信任关系)达成，后者与外部的跨界技术合作通过“产学研”合作、战略联盟等正式契约关系开展，两类团队的跨界合作方式不同对团队绩效产生的影响也将存在差异。因为质量改进团队成员之间存在“松散耦合”与异质性特征，研究质量改进团队如何整合成员的专长知识和搜索团队外部知识与资源，在社会嵌入情境下具有一定的理论价值(Irvine et al.，1999；Bhuiyan & Baghel，2005)。因此，有必要从团队社会资本视角探索质量改进团队跨界行为与质量绩效的调节作用。

1.1.3 研究问题的提出

随着企业竞争环境的日益复杂，我国制造企业要建立质量竞争优势，就必须开展持续改进活动，发挥质量改进团队的核心作用。质量改进团队作为一种自下而上建立的跨职能团队，在执行质量改进任务时，很少得到组织高层领导的承诺与资源分配的优先权，经常遭遇资源短缺与合法性地位缺失[①]等困境(Juran et al.，1974)，因而质量改进团队跨界获取资源与支持成为质量改进项目运作的必要条件。总结已有文献可知，目前学术界对团队跨界行为构念研究尚存在争论且大多基于一般团队，现有团队跨界前因的

① 这里所讲的合法性地位主要是指组织中的正式权力，由于大多质量改进团队属于自发形成的跨职能项目团队，组织高层领导对团队授予的权限一般局限于团队内部，而团队外部协调工作主要借助团队自身的非正式影响力和上级主管部门协助完成。

研究很少结合任务情境探讨，关于团队跨界对团队绩效的作用机制存在争论，且未考虑跨界活动的动态性。因此，本研究选择质量改进团队跨界行为作为研究主题，综合考虑资源依赖、管理释意、全面质量管理、社会资本等理论，循着“任务特征—质量改进团队跨界行为—团队效能感—质量绩效”的研究思路，并试图解答以下四个关键问题：

(1)厘清质量改进团队跨界行为的概念结构

质量改进团队跨界行为具有怎样的结构维度，主要由哪些关键要素构成，哪些特征具有质量改进团队情境下的独特性？部分跨界理论研究者(如Edmondson、Marrone)倾向认为团队跨界行为是单维构念，但是单一维度的界定过于狭窄并掩盖了团队跨界行为不同维度对整体跨界行为概念的独特贡献。质量改进团队跨界行为应该是一个多维度的构念，各个维度虽具有一定的相关性，但也具有相对独立性，对绩效产生的影响不尽相同(Druskat & Wheeler，2003；Faraj & Yan，2009)。同时，不同经济发展阶段、不同团队类型和任务情境，团队跨界行为的维度性需要经验数据加以验证与说明，以丰富和推进团队跨界理论的发展与深化(薛会娟，2010)。有关团队跨界行为的研究目前主要集中于欧美地区的常模分析，亚洲地区的研究相对较少，国内学者对这一领域的实证研究尚未出现。由于以往研究企图在一般团队层面上开发团队跨界行为的维度性，这不利于识别和测量不同团队跨界行为的特殊性，研究结论针对性不强。因此，本研究有必要结合质量改进团队的特点，开发本土企业质量改进团队跨界行为的测量量表，并通过探索性因子分析(EFA)与验证性因子分析(CFA)检验量表的可靠性与有效性。

(2)探讨质量改进团队跨界行为的影响动因与作用机制

以往对团队跨界行为的前因研究聚焦于：成员职能领域与经验(Ancona & Caldwell，1990；等等)、跨界自我效能感(Katz & Kahn，1978；Marrone et al.，2007)、团队成员特征与团队构成(Edmondson，1999；等等)、团队领导特征(Druskat & Wheeler，2003；Hirst & Mann，2004)。但是，质量改进团队跨界的本质是为了更好地理解团队运营的内外部环境，而团队跨界的基础离不开对团队任务情境的把握(Amedore & Knoff，1993；薛会娟，2010；等等)。资源依赖理论从一定程度上解释了任务依赖性、复杂性等特征驱动团队参与外部跨界活动。以往研究对团队跨界行为影响绩效的实证结果难以达成一致，研究结论有正向(Ancona & Caldwell，1992a；Marrone et al.，2007)、负向(Keller，2001；Johlke & Duhan，2001；Hirst & Mann，2004)和权变关系(Faraj & Yan，2009；Joshi et al.，2009)等多种。探究其原因，有学者认为主要是忽视了团队跨界行为的维度划分与内在作用机制(Marrone,2010)；也有学者基于管理释意理论指出，团队成员能否完成任务取决于他们对任务情境的理解与认同程度，这种认同将对团队跨界效能产生影响(Bandura,1986；Choi,2002)。因此，梳理质量改进团队跨界的前因与作用机制，将有助于回答质量改进团队为何跨界，以及跨界活动对团队绩效的影响机制。

(3)关注团队社会资本对质量改进团队跨界行为与绩效的调节作用机制

以往研究虽然关注情境因素对团队跨界行为与绩效的权变影响，但大多聚焦组织不确定性(Joshi et al.,2009)、任务复杂性(Choi,2002)、冗余资源(Faraj & Yan,2009)等因素的调节作用。也有学者提出需要考虑到团队同时嵌入在团队成员内部关系以及组织内外部的社会关系中，这种嵌入特征也会影响跨界前因与跨界行为之间的关系，因此需要同时考虑团队内部情境与组织情境要素对跨界前因与跨界结果的调节作用，以图详尽、准确地解释团队跨界行为的作用机制(Marrone,2010；宋永涛等,2010)。根据资源交换与依赖理论可知，质量改进团队跨界活动嵌入在与之相关的内外部联系中，并利用社会网络获取与质量改进项目相关的知识、资源和支持(Nahapiet & Ghoshal,1998；Aldrich,1999)。因此，本研究主要从团队社会资本视角探讨质量改进团队跨界行为与绩效之间的调节作用，由此构建完整的质量改进团队跨界行为的作用机制模型。

(4)探索质量改进团队跨界行为的演进规律

质量改进团队跨界策略在项目运行过程中是动态变化的，而现有研究均将团队跨界视为一种静态不变的活动，未从团队生命周期各个阶段揭示团队外部跨界行为的演进轨迹与演进动力(Choi,2002)。有学者研究认为，质量改进团队的演化一般经历启动与组织、冲突与协作、变革与更新、执行与完成四个阶段，每个阶段的质量行为、改进任务、社会情感问题都存在较大差异(Gersick,1988；Levin,1992)。随着质量改进团队的成长，团队跨界获取的资源、角色期望、外部互动等可能抵消团队开展跨界活动经历的绩效波动。Ancona 和 Caldwell(1992a)也证实了团队跨界行为的各个维度对团队内部过程存在不同的影响，至于这种影响差异是否因团队不同阶段的特征导致却无法得知。由于质量改进团队外部组织环境或任务情境等作用，处于不同阶段的质量改进团队所采取的跨界策略会存在差异，因此，如何根据质量改进团队的阶段性特征动态管理团队跨界行为值得探讨。

1.2 质量改进团队相关研究回顾

1.2.1 质量改进团队的概念与内涵

质量改进(或持续改进)在日本被称为“Kaizen”,而在西方又叫做CI(Continuous Improvement)(Imai,1986)。质量改进是一个持续改进过程,在企业内往往通过团队形式开展活动,需要融合不同团队成员的知识、技能、经验和观点。质量改进过程又是一个惯例化的过程,一方面改进和强化组织内现有的惯例,另一方面增加新的规程(熊伟等,2010)。建立和嵌入惯例的过程就是一个不断学习、积累知识的过程,个人和组织都在这个过程中形成特别的能力(如发现和解决问题、共享知识),进而促进组织质量改进战略的实施和持续。持续改进概念远远超越了以往生产一线的质量控制,它由渐进式改善的范畴演进到公司创新或突破式变革,使组织聚焦于卓越的经营绩效,更好地适应急剧变化的商业环境(Bessant & Caffyn,1997;Sloan & Sloan,2011)。因此,在许多组织中,持续改进被视为系统的、全面的、全公司范围的、与战略相关联的策略(Conti et al.,2003)。

团队是为了完成特定目标而由相互协作的个体所组成的正式群体(罗宾斯,2008)。Cohen和Bailey(1997)认为,团队是在工作中相互依赖,为实现特定目标共同承担责任的个体的集合体。因此,团队具有一定的依赖性,比如目标、角色分工、成果等,通过团队成员共同努力与行动可以产生“1+1>2”的协同效应,这是团队工作的优势所在。一些文献对团队与群体(group)不加严格区分互换使用①,一般认为所有的工作团队均属于群体,但是只有正式群体才能成为工作团队。根据McGrath(1991)的时间、互动与绩效理论(TIP),团队是一个动态实体,这种实体基于时间和跨职能部门,并有着多种社会系统模式。高效团队通常同时参与三种职能:生产(解决问题以提高绩效)、成员支持(成员招揽、参与、忠诚和承诺)、团队福利(互动、成员角色、权利和政治)。团队一般通过四类可能模式履行上述三种职能,即形成与接受项目、解决问题、解决冲突、项目执行。本书中的质量改进团队是为了完成提升企业现有产品、技术、流程或服务等改进任务(Juran et al.,1974),由包含技术人员、品管人员、一线员工在内的成员组建的正式群

① 本研究中对“团队”与“群体”不做过多的区分,但是更多使用团队这一概念(Henttonen,2010)。

体。质量改进团队包括三个方面的假定:(1)团队是一个社会系统;(2)团队成员在一定时期内相互依赖共同完成任务;(3)质量改进项目的结果需要符合相关方要求(Hackman,1987;Guzzo & Dickson,1996)。质量改进团队主要处理组织中与质量相关的复杂流程或系统问题,以弥补个人在专业知识、跨职能领域经验、创新性方案、员工承诺等方面的不足(Schwarz et al.,1999)。根据徐芳(2003)的研究,团队可以划分为四种类型:项目型团队、固定工作团队、功能型团队和网络化团队。而本研究所涉及质量改进团队可能在一定程度上可以同时兼顾几种类型,一般以项目型团队为主,包括共享、合作、跨职能等模式,通常会运用全面质量管理、持续改进、质量设计等方法①。

Applebaum 和 Batt(1994)通过大量案例研究发现:基于团队的工作方式能够提升组织绩效,尤其能够提高效率和质量。Levine 和 D'Andrea Tyson(1990)总结了团队成员参与团队工作的三种方式:咨询式、代表式和实质式,第三种形式表示成员最大程度的参与,主要通过自主性工作团队实现。因此,相关研究表明团队工作方式较传统的组织工作方式会带来更高的组织效能,如何获得良好的团队绩效一直是组织研究中的热点问题。质量改进团队开展工作的方式不同于研发团队的创新性工作方式(Bhuiyan & Baghel,2005),该项目团队在组建之前已有系统的改进框架(infrastructure),如质量改进的 PDCA 循环、六西格玛的 DMAIC 流程、设计开发质量的 QFD 和 APQP 等,这些框架为每个改进流程提供了备选的质量改进路径。作为一种典型的自我管理团队,它从创意产生到执行的全过程均以质量改进项目为导向的,并且持续改进的终极目标是通过永不间断的改进达到"零缺陷"(Bessant et al.,2001;Murray & Chapman,2003)。质量改进团队实现持续改进的途径主要有:①通过改进流程提升组织绩效;②通过渐进式创新实现持续改进;③来自从公司高层到基层员工的广泛参与;④创造学习和成长的环境(Wu & Chen,2006)。此类团队的成功依赖组织的情境特征(Saraph et al.,1989;Hackman & Wageman,1995),当组织倚重持续改进文化时,质量改进活动容易在组织内推广;但是,当组织高层领导的承诺与资源分配政策向研发、营销等团队倾斜时,组织内职能部门以及顾客、

① 质量改进团队一般以任务型群体形式存在,它不限于直接的上下级关系中,还可能跨越这种命令关系,虽然团队在任务达成后会解散,但也是由组织任命的正式工作群体。除了团队的时间与空间边界外,团队认同形成了团队同一性,这种同一性明确了团队的心理边界,表明了谁是(或谁不是)组织的成员,共同价值观与目标强化了这个边界(石冠峰和林志扬,2010)。

供应商等外部关键相关方对渐进式改进活动将会产生抵制情绪。虽然许多公司设立了各种质量相关的委员会(如六西格玛委员会、持续改进委员会),但其成员大多由相关职能部门的负责人组成,仅负责项目的筛选、立项与结题评审,在具体项目开展过程中对团队跨界的支持力度远达不到预期要求(Prybutok & Ramasesh,2005)。

1.2.2 质量改进团队与持续改进方法

过去几十年中,企业为了应对外部的激烈竞争而兴起一股持续改进的热潮,质量改进团队开发出许多基于质量或流程的持续改进方法,以减少浪费、优化生产线和改进产品质量(Bhuiyan & Baghel,2005)。质量改进团队拥有多种改进过程的共同框架(如 PDCA、DMAIC 等),其中学术界探讨最广泛的质量模型是 FOCUS-PDSA,即:寻找机会,决定做什么(Find);组织团队成员与资源(Organize);明确当前流程的相关知识(Clarify);理解变异源和阐述流程(Understand);选择改进工具与方法(Select);计划如何执行改进措施(Plan);执行改进计划(Do);研究变化的结果(Study);标准化改进后的知识(Act)。

Thawesaengskulthai 和 Tannock(2008)通过对质量管理与持续改进文献的跟踪研究,发现在 1990—2004 年期间,持续改进(CI)在 20 世纪 90 年代中期达到顶峰,后期略有下降。通过分析质量改进领域的工具发现,对标杆对比、平衡记分卡、六西格玛、精益生产等方法的研究呈现稳步上升趋势,但企业中使用率(usage rate)较高的是全面质量管理(TQM)、标杆对比法、平衡记分卡。接下来本节主要对设计开发质量控制、现场改进小组、精益制造、六西格玛管理、质量功能展开等广为人知的质量改进方法进行简单介绍。

(1)设计开发质量控制

设计开发质量控制是解决产品质量问题的先决条件,研究表明 70%左右的“质量疑难杂症”均由于设计问题所致(Swink & Calantone,2004)。其中在产品设计阶段控制质量的方式主要是新产品设计开发或更改流程,而设计评审又是其中的核心环节。日本企业设计质量评审主要包括四次:0 次试制讨论会、1 次试制设计审查会、2 次试制设计审查和用户使用过程评审,对 2 次试制评审和用户使用过程评审一般邀请经销商和用户参与,根据评审问题重新改进与实验。ISO9000 或 QS9000 的 APQP(生产件批准程序)对产品设计质量的策划活动主要为五循环过程:产品设计的计划与定义、产品设计与开发、产品的试生产与投产前的确认、产品设计反馈及改进设计质量(凌建寿,2000)。设计输出主要包括设计目标、可靠性和质量目标、初始材料清单、初始过程流程图、产品保证计划等内容，这些内容成为相关部门协作的依据，如质监部门根据输出文件制定质量检验标准、生产部门根据设计工艺文件实施生产实践、销售部门根据设计文件规格与型号和顾客谈判，等等。

(2)现场改进小组

Wu 和 Chen(2006)提出一个整合“输入—结构—输出”的质量改进结构模型，认为质量改进活动主要围绕问题、模型和工具展开，通过三者之间的互动和输出，共同解决组织质量问题与持续提升绩效。现场改进小组是质量改进团队的一种常见形式，其解决质量问题的基本思想是 PDCA 循环(又叫戴明环，包括计划、实施、检查和处置)。依据 Bessant 等人的研究将质量改进活动分为五个水平，即 CI-1 自然/背景(如任意问题解决)、CI-2 基本 CI(正式试图建立和保持 CI)、CI-3 战略目标(包括 CI-1 和 CI-2 并设置战略目标)、CI-4 主动和授权(包括 CI-1 到 CI-4 并进行高水平实验)、CI-5 学习型组织(Bessant et al.,2001)。这五个质量改进水平是一个循环的过程，其与具体的学习行为相联系，而选择性学习能够提升组织持续改进能力并推进质量改进项目从较低的水平发展到较高的水平(Lejeune,2011;熊伟等,2010)。持续改进循环的动力是在 PDCA 循环中加入双环学习，促使持续改进向更高阶段迈进(见图 1.3)。

(3)精益制造

精益制造思想最早由 Henry Ford 在 19 世纪早期提出，日本在推广精益制造的基础上进行了改进。精益制造方法是由顾客需求拉动，通过导入系统方法识别与消除浪费。当前广泛使用的精益制造方法主要是 Ohno 推出的丰田生产系统(Toyota Production Systmen,TPS)，这种方法通过维持生产线的连续流动(即 just-in-time,JIT)以灵活应对顾客需求的变化。精益制造的目的是消除任何生产领域的浪费，并且囊括顾客关系、产品设计、供应商网络、生产管理等内容(Womack & Jones,1996)。质量改进团队有效使用精益制造方法存在三个必要条件：即改进跨职能部门的物流与信息流、关注顾客需求的驱动作用、组织领导作出持续改进的承诺(Womack et al.,1990)。

(4)六西格玛管理

六西格玛管理是质量改进团队常用的另一种方法，它最初是 Motorola 公司使用统计过程控制(Statistical Process Control,SPC)测量过程质量的一种工具。六西格玛是指一种有组织和系统性的战略流程改进和新产品开发的方法，此方法的核心目标是降低顾客所定义的缺陷率(Linderman et

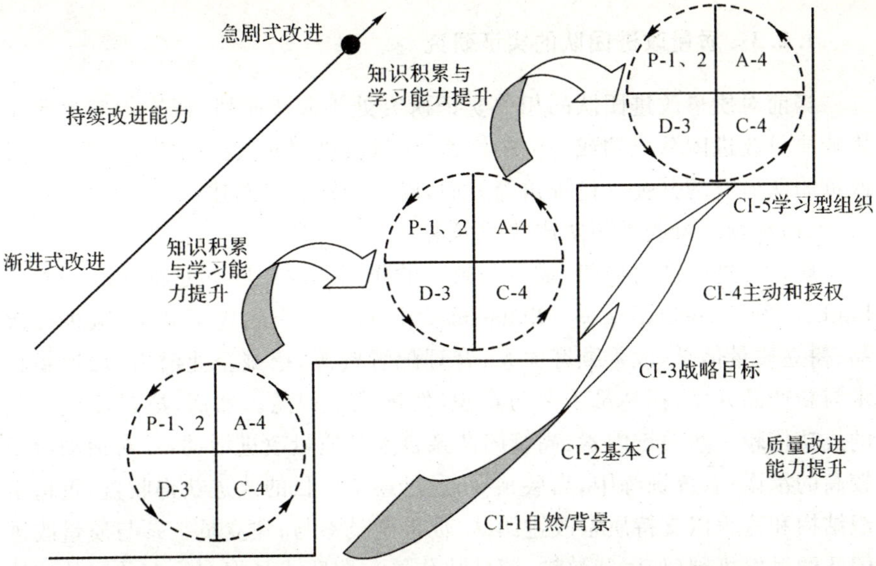

图 1.3 基于组织学习的持续改进与渐进式创新能力提升模型

资料来源：熊伟，奉小斌和张群祥(2010)

al.,2003)，核心工作思路是最小化产品或流程的缺陷率，降低组织相关流程的变异。六西格玛改进的常用工作逻辑是 DMAIC，即定义缺陷、测量绩效、分析机会、改进绩效和控制绩效，这套工作方法普遍适用于制造、设计、管理和服务等领域。

(5)质量功能展开

质量功能展开(Quality Function Deployment，QFD)是由日本赤尾洋二教授提出，其定义是“从顾客世界获取需求并将其转化为质量特性，进而确定产品的设计标准，再将这些设计质量系统地展开到对各个部件、零件或服务项目的要求上，以及关联到制造工序各要素或服务过程各要素的相互关系上”(熊伟，2005)。广义的质量功能展开关注在整个企业的质量工作中，各个职能部门应该发挥什么作用、承担什么职责、开展哪些活动，通常企业通过组建质量改进团队跟进、监控各部门质量改进方案的实施。如企业设计部门严格按照顾客质量要求确定产品结构、规格、性能等，制造部门为工人培训产品质量标准要求与操作方法，检验部门根据产品质量标准要求进行检查与验收等。QFD 方法要求企业从被动的、反应式的传统产品质量改进模式向主动的、预防式的现代质量保证模式转变。

1.2.3 质量改进团队的实证研究

当前对质量改进团队的相关实证研究处于起步阶段，研究内容聚焦于影响质量改进团队成功或失败的因素、质量改进团队实施的组织保障、质量改进团队研究的其他理论视角等方面，以下分别加以阐述。

（1）影响质量改进团队成败的因素

质量改进团队对质量、成本与效益的作用体现在以下方面（Bhuiyan & Baghel，2005；Swartling & Olausson，2011）：提高产品优等品率，减少废次品；树立质量信誉，改善顾客关系；合理配置资源，挖掘企业潜力；加速新技术与新产品开发；提高员工参与意识，发挥员工智慧。然而，质量改进团队的成功依赖一些关键因素：高管团队亲自参与质量改进活动，并对活动给予较高的承诺；系统训练中、高层领导；通过逐个项目的改进获得收益；重构组织结构和流程以支持质量改进团队，促进全员参与；建立员工参与质量改进团队的触发机制（如团队培训、团队协作等）；团队成员拥有一套共享的持续改进文化（Berwick et al.，1991；Aloini et al.，2011）。相反，“执行不力”、“缺乏对质量改进文化价值观方面的支持”、“为了响应外部压力而非自身需求”、“质量改进缺乏领导愿景”、“停留于质量口号”、“质量改进中的官僚主义”等问题是造成质量改进项目失败的主要原因（Hackman & Wageman，1995；Naveh & Erez，2004）。

在总结以往质量改进团队经验的基础上，Prado（2001）发现除了需要质量改进相关人员（如一线员工、中层和高层领导）参与外，还需重视质量改进项目的实施推进工作。关于领导对质量改进团队影响的实证研究可以追溯到 Adam 等（1997）、Ahire 等（1998）的研究，他们发现管理层参与或高层对质量的承诺可以帮助质量改进团队显著降低质量成本和废品率，从而提升团队绩效。高层管理者在质量改进工作中要关注顾客需求，在追求利润最大化目标时要兼顾产品质量，并勇于承担质量管理责任以及为质量改进活动提供资源（刘杰，2008），因而高层管理者对质量改进的承诺直接影响质量改进活动的成效。其中向质量改进团队提供资源的方式有两种：一是增加资源，但在激烈的市场竞争环境下增加力度有限；另一种是依靠高层管理者改变一线部门和全体员工的工作优先次序，优先为质量活动提供时间和资源，取消或推迟一些与质量无关的工作，从而保证质量改进活动的开展（Flynn et al.，1995；Garcia-Sabater et al.，2011）。Dow 等（1999）通过实证研究发现，员工承诺、共同愿景和顾客导向共同促进质量改进绩效，但是标杆对比、先进的制造技术和紧密的供应商关系却没有显著影响。

(2)质量改进团队实施的组织保障

Barad 和 Kayis(1994)假定质量改进团队是一个有逻辑顺序的三阶段结构模型:设定过程起点(启动委员会、基本训练和通过跨职能团队突破)、监控与控制(团队结构、团队与正式组织交互)、维持改进过程(奖赏、持续改进、产生新的改进课题和固化培训)。Berger(1997)建议将质量改进任务与个人日常工作相结合,并且改进任务的标准化程度依赖于产品设计与流程选择。他指出质量改进团队的组织设计需要综合考虑两个维度:基本任务设计(即个体或团队任务)和改进任务特征(即并行任务或整合任务)。基于这两个维度,Berger 区分了五类质量改进团队:

①质量控制圈:即由一群人经常碰面讨论与质量相关的问题,从而分析质量问题与提出解决方案。

②广泛关注的质量改进团队:一群由质量改进和特定任务专家组成的团队,主要基于临时性运营的需要。

③有机式质量改进团队:跨职能工作成员整合在一起致力于质量改进活动,它的设计与计划活动以及决策制定均由团队自身完成。

④专家任务团队:基于对临时专家的信任,质量改进团队邀请来自质量、工程、设备等方面的专家共同解决质量问题。

⑤个人质量改进团队:主要由某些个体为组织提供有价值的合理化建议,但具体的质量改进方案交由专家解决。

关于质量改进团队实施,Prado(2001)以某个西班牙公司为例阐述质量改进团队如何确保任务执行过程中不停留于形式,并通过组织再设计提高生产率、质量、交货期等。Prybutok & Ramasesh(2005)以 LMTAS 项目为例,通过多种来源调查方法识别影响战略质量改进项目的关键因素,围绕关键因素监控质量改进项目的持续实施。

(3)质量改进团队研究的其他理论视角

从创新视角探讨质量改进团队与创新之间关系的研究,存在三类说法:正相关、负相关和权变观。支持质量改进团队的学者研究表明,企业实施质量改进能够为创新提供一个肥沃的环境(Roffe,1999),促进企业以顾客导向开发和导入新产品(Juran,1988)、导入质量文化,构建学习型组织等共同推进多种质量改进实践(Zairi,1999)。反对质量改进团队的一方认为实施持续改进对创新带来诸多负面作用:如限制了组织根本性的改进与创新(Imai,1986;Atuahene-Gima,1996)、导致企业心胸狭窄(Slater & Narver,1998)、使得企业变成模仿者或跟随者(Wind & Mahajan,1997)、强制执行的质量标准或惯例阻碍创造力(Imai,1986)、促进单向学习而非双向学习

(Miller,1995)、强调成本效率而限制创新能力和机会(Nohria & Gulati,1996)。但是,任何一种质量改进实践都必须与情境相匹配才能更有效,没有放之四海而皆准的质量改进实践框架与策略。Benson等(1991)研究结果显示实际的质量改进实践受到内部情境因素(如文化、过去的质量实践、管理知识等)和外部情境因素(进入壁垒、外部质量需求度等)的共同影响。因此,Spencer分别讨论了机械式、有机式和文化式三种组织形式下的质量改进实践(Spencer,1994)。

此外,Irvine等从组织行为视角,研究发现对团队和团队成功有着强烈认同的成员而言,参与质量改进团队将会带来组织公民行为(OCB)和角色内行为的变化(Irvine et al.,1999)。Berger(1997)建议成员利用一系列组织条件,促进质量改进知识转化为工作绩效。Choo(2007)研究了企业延伸战略如何影响质量改进项目中的知识创造,结果发现在控制两个情景变量(心理安全和学习行为)下,感知挑战和发现问题差距对绩效有着不同程度的影响。Irvine、Berger等人的相关理论视角和研究成果,给本书从团队社会资本视角研究质量改进团队的跨界行为与绩效提供了一定的启发。

1.2.4 质量改进团队文献小结

质量改进团队作为质量管理与持续改进的载体,实践界对其重视程度远高于理论界,但缺乏科学的理论支撑最终可能阻碍企业的持续改进实践。国内外学者对质量改进团队的研究主要集中在概念、改进流程、改进方法、影响因素等方面,并取得了一定的研究成果。但是,几个方面仍有待深入研究:

第一,质量管理实践如何"落地"到微观质量改进团队层面。全面质量管理始于20世纪60年代,但在90年代中期达到顶峰后黯然消退,有学者认为其原因是实践界将TQM视为"口号"而未较好地落实(Zbaracki,1998)。TQM是一个极为模糊且复杂的框架体系(Dean & Bowen,1994),学者们无法从微观理论视角揭示框架中相关构念(construct)及其内在作用机制,实践界无法根据TQM框架具体开展质量改进活动(Powell,1995;Lemieux-Charles,2002)。因此,对质量管理或持续改进的研究需要落实到其实施主体——质量改进团队,从微观层面探索质量改进实践的作用机理。

第二,质量改进团队所嵌入的组织内外部情境问题。质量改进团队虽然已在我国推广30余年,但理论界和实践界对它所嵌入的组织情境及外部情境缺乏考虑,这导致实践界不假思索地推广但并未取得显著效果(Zhao et al.,2007)。我国企业质量管理的情境条件与发达国家和地区不同,质量改进需要结合我国本土社会情境(Fukuyama,1995;Nair,2006),如当前我国商业社会的信任、团队协作意识尚不及发达国家,团队外部主动跨界活动普遍偏少等,这些特征对质量改进活动的影响不可忽视。鉴于所处组织情境与社会情境的特殊性,质量改进团队需要考虑本土化的团队运作方式,并且深入考察社会情境嵌入对团队跨界行为的调节作用。

第三,质量改进团队如何管理外部跨界活动仍缺乏研究。企业大多质量改进项目与生产制造、设备管理、研发技术、市场营销等部门均有关联,完成质量改进项目依赖跨界协调(Ancona & Caldwell,1992a)。与研发团队的激进式创新不同,质量改进团队负责的大多是渐进式改进项目,组织高层领导关注较少且资源分配不足而必须开展跨界活动。质量改进团队作为一种自下而上设立的自治性团队,如何利用非正式网络关系影响外部关键相关方以完成项目,成为质量改进团队亟须解决的难题。

1.3 团队跨界行为相关研究

1.3.1 团队跨界行为概念与维度

团队跨界研究源于团队边界的相关研究,该领域的研究主要遵循两大主流传统:一派基于开放系统视角,聚焦与外部环境和系统前沿的互动(如Scott,1998);另一派,群体研究者基于小团队研究的团队工作视角,强调团队过程对团队效能的重要作用(如Marks et al.,2001)。由于团队边界可能成为信息流通的障碍,并且复杂信息跨界转移具有"黏滞性"(stickness),团队跨界收集、解释和扩散非冗余信息以减少团队退化的风险(Fleming & Waguespack,2007),因此管理团队跨界行为具有重要意义。团队边界拓展了传统团队研究的内部视角(Gladstein,1984;Ancona & Caldwell,1988;Choi,2002;Hult,2011)。从团队外部视角对团队的研究最早来自于研发与技术创新相关领域,这些研究发现团队跨界活动对团队获取必需信息有重要作用(Allen,1984;Tushman,1977)。在认识到团队的开放系统本质后,Ancona和Caldwell利用访谈与问卷方法识别出一系列团队外部活动(Ancona,1990;Ancona & Caldwell,1988,1990,1992a)。

(1)团队跨界行为概念

团队跨界行为(boundary spanning behavior)又被称为团队外部沟通活动,Ancona等学者最早对团队跨界行为进行界定,它是指团队努力建立和管理与组织中其他团队(如营销、制造团队)或跨越组织边界(如外部顾客、供应商)的外部联结的过程(Ancona,1990)。团队跨界活动是一种团队外部活动的过程,它反映了团队与外部相关方互动的实质,并在意义上与团队内部过程相区分,后者主要是指团队内部成员之间的互动,包括发展策略、分配工作量和管理人际冲突(Marks et al.,2001)。团队内部过程和外部过程共同反映团队层面上的行动,二者均是实现团队绩效目标和组织团队成员的行动(Mathieu et al.,2008;Kozlowski & Klein,1999)。但是,团队跨界主要是捕获嵌入情境下核心团队与外部相关方的互动,这种嵌入情境可能嵌套在双边(或多边)网络关系中。团队跨界通过获取完成任务所需的资源与知识,并借助任务协调提高与之直接关联团队的绩效,甚至促成组织层面上的高阶目标和跨组织目标达成(Mathieu et al.,2001)。跨界活动虽然旨在促进目标团队完成任务和绩效目标(Ancona & Caldwell,1992a),但也可能难以达成预期结果。团队致力于从外部行动者处搜寻信息,但是获得的信息可能不准确或不完整,最终会对团队绩效产生不利影响。因此,我们所指出的团队跨界并不局限于正面行为及结果。

回顾以往研究可知,关于团队跨界概念存在两个问题需要澄清:首先,团队跨界概念究竟是一个团队层面上加总的概念(Ancona & Caldwell,1992a;Oh et al.,2004),还是将团队跨界视为一种"共享心智"[①],后者认同跨界产生于"经验、感知、态度、价值、认知或行为"(Klein & Kozlowski,2000,p215)。Marrone(2010)认为团队跨界行为是一个团队层面上的构念,主要是团队个体成员代表团队参与跨界活动。由于个人行为对团队跨界活动而言可能是同构(isomorphic)或收敛(converge)的(Kozlowski & Klein,1999),其作用强度和作用类型与团队任务和成员间的依赖性有关,因此团队层面上的构念最好描述为过程复合模型(Chan,1998)。其次,由于团队跨界反映和嵌入在团队与外部相关方的联系中,对团队跨界活动的界定不能局限于团队层面,需要从社会网络视角研究不同行为主体之间的关系联结。因此,个体行动者的属性和行为(如核心团队的跨界活动)与嵌入在跨界活动中的结构关系模式是相关的(Wasserman & Faust,1994)。在网络层面上,多团队系统(multiteam systems)文献强调相互依赖的团队之间共享共同目标(DeChurch & Marks,2006),有学者(如 Marrone,2010)甚至提出网络跨界活动(network boundary spanning)用来描述发生在系统

① 由于团队层面的构念包括整体(global)结构、共享(shared)结构和生成(configural)结构三种,其中整体结构来源于团队层面,后两者均来自团队成员的特征、行为或认知,这些特征的交互作用形成了团队层面的结构(Chan,1998;Kozlowski & Klein,2000)。

的多团队跨界活动。

(2)团队跨界行为的构念维度

关于团队跨界构念维度的划分,目前主要存在单维性和多维性两类研究:第一类,以Edmondson、Marrone、Choi等人为代表聚焦团队跨界行为的单维性,如Edmondson(2003)将跨界行为界定为与其他组织团队的互动过程,Marrone等(2007)通过测量个体跨界行为整合到团队层面以衡量团队跨界行为。第二类,以Ancona和Caldwell(1988)为代表的学者最早立足组织内外视角探索团队跨界行为构念的多维性,先将其划分为使节活动、搜寻活动、侦察活动和防卫活动四个子维度,包含15种具体的跨界活动(如收集信息与资源、侦察、反馈搜寻、开放式沟通渠道、告知、协调、谈判等),并实证探讨了团队跨界行为构念的多维性。但是,Ancona和Caldwell(1988)研究中的防卫活动(sentries and guards)表示对团队信息和资源控制的缓冲策略,这是一种防御外部相关方渗透团队内部的方式(Faraj & Yan,2009)。而大多数非新产品开发团队的研究表明,防卫活动的主要职责是对团队内部和外部知识进行分类、传递和保护,强化团队内部边界与营造保护团队成员的氛围,这类行为在其他类型团队中并不明显,并且与侦察活动和使节活动难以区分(Choi,2002)。因此后来Ancona和Caldwell(1992a)将团队跨界行为简化为使节活动、任务协调和侦察活动三个子维度,并探索不同子维度对绩效的独立作用。后续,Bettencourt和Brown(2003)基于组织外部视角,将营销团队外部跨界行为划分为服务传递、外部表征和内部影响行为;Druskat和Wheeler(2003)将团队领导跨界行为界定为联络、搜寻和劝说;Ratcheva(2009)将项目团队边界分为三类:项目行为边界(主要是指团队建立初期由互补性专家成员构成的知识)、项目知识边界(主要是指项目形成后,围绕项目团队所形成的情境性知识)以及项目社会边界(主要指团队成员向社会网络需求咨询与协助)。而Faraj和Yan(2009)进一步将软件团队跨界行为分为外向型跨界(缓冲与跨界)和内向型跨界(如强化)两类活动。虽然Ancona等人初步揭示了团队外部沟通活动的垂直维度(使节活动)、水平维度(任务协调)和竞争维度(侦察活动),但后续研究缺乏在特定团队情境的理论探索与跨文化实证评价。由于学术界对团队跨界行为的构念维度问题尚未达成共识,在欧美国家以外对团队跨界行为的研究更应该针对具体任务团队进行探索(Tsui,2006),所以本研究以我国本土企业的质量改进团队为对象探索跨界行为的构念维度。

(3)Ancona等人的团队跨界行为维度

由于团队跨界的单一维度界定过于狭窄并掩盖了不同维度对整体构念

的独特贡献，团队跨界行为的多维度构念研究逐渐被各个研究重视(Druskat & Wheeler,2003;Faraj & Yan,2009)，各个维度虽具有一定的相关性，但对绩效产生的影响不尽相同。下面以 Ancona 和她的同事们对团队跨界构念的三维度(即使节活动、协调任务和侦察活动)划分为例，从目标对象、主要职能、对外部依赖水平和期望结果四个方面阐述团队跨界行为(Ancona & Caldwell,1992a;Marrone,2010)，见表 1.2。

表 1.2 Ancona 等人对团队跨界行为的维度划分

跨界行为	描述	目标对象	主要职能	对外部的依赖性	期望结果
使节行为	获取资源、保护团队和说服相关方接受团队决策等方面的行为	一般较核心团队具有更大权力，如高阶团队、外部客户等	向高阶团队阐述项目期望、形成好的印象和寻求支持	中等依赖	获得更高层支持或承诺，目标团队对项目的进展有更多了解，并有利于高质量的计划和资源分配决策
任务协调	与其他相互依赖实体之间需要单方面完成或共同完成的目标	与跨界团队紧密相关的平行团队	与外部沟通项目期限、共享信息和知识资源、获得其他团队的反馈	高度依赖	获取多样化的信息和观点，为核心团队和相关实体带来好处
侦测行为	向拥有特定知识的相关方获取信息或专长的过程	拥有特定知识的相关方	搜索专业知识，以及理解项目运营的基本环境	低度依赖	了解外部环境、促进团队学习和创新，而团队创新又进一步促进组织创新

资料来源：根据 Marrone(2010)等研究整理而成。

使节(representation)活动反映团队说服其他人接受团队决策、获取资源、保护团队等方面的行为。此类跨界活动一般具有一定的政治性，在组织较高层面识别威胁与趋势，从外部有权人员处获得支持。跨界目标团队一般较核心团队具有更大权力，如高阶团队、外部客户等，这些外界团队依据绩效结果奖惩核心团队(Ancona & Caldwell,1992a)。寻求高阶团队对团队项目进展的反馈，Ancona 和 Caldwell 将这种行为定义为狭隘的使节行为(ambassadorial)，主要用于向高阶团队阐述项目期望、形成好的印象和寻求支持。由于跨界团队与目标实体之间存在中等程度的相互依赖，使节行为产生的结果影响双方，跨界团队为决策获得了更高层面的支持或承诺，目标团队对项目的进展有了深入了解，并有利于形成高质量的资源分配计划和决策。

协调任务是指核心团队协调与其他相互依赖的实体之间需要单方面完成或共同完成的目标。这些行为通常是在平级之间展开，涵括与跨界团队紧密相关的外部团队或行动者。Ancona 和 Caldwell(1992a)将这个维度描述为团队努力与外部团队沟通项目完成日期、共享信息和知识资源、获得其他团队的反馈，如新产品开发团队在海外投资新项目，将会向公司的法律事务部了解法律法规方面的信息。此后，Marks 等(2001)引入团队间过程或团队共同努力监控跨团队进展和工作流，同时关注开发战略、计划和评估。在高度依赖外部相关方的情境下，协调任务能够获取多样化的信息和观点，为核心团队和相关实体带来益处，如完成共同目标、平行支持和合作、提高团队效能，等等(Joshi & Jackson，2003)。

侦察活动是指核心团队向拥有特定知识的相关方获取信息或专长的过程。这些行为包括团队搜索与问题或项目相关的专业知识，以及理解项目运营的基本环境(如外部趋势、机会和威胁)。核心团队与目标行动者之间存在松散耦合关系，其对外部的依赖性相对较低。此类跨界活动让跨界团队和组织了解外部环境、促进团队学习和创新，而团队创新又进一步促进组织创新(Hargadon，1998)。

(4)团队跨界行为的测量

对团队跨界行为的测量，当前学术界主要采用两类方法进行处理。一类用问卷测量，将团队成员跨界行为加总到团队水平加以分析(Marrone et al.，2007)。Ancona 和 Caldwell(1990，1992a)开发出 21 个条目的问卷项，包括三类跨界活动：使节活动、任务协调和侦察活动。在此基础上，Joshi 等(2009)摘取 6 个条目测量个体跨界行为，然后将个体跨界行为汇聚到团队层面，这 6 个测量条目分别是："劝说外部人员(如指导者、客户)支持团队决策"、"阻止外部人士给团队施加过度压力"、"接触团队外部人士获取项目相关的专长知识或建议"、"从团队指导者处获取建议和支持"等，Cronbach α(克隆巴赫系数)为 0.86，并且个体层面数据整合成为团队层面数据的效果较为理想(ICC[1]=0.28，ICC[2]=0.71)。另外一类用参照团队量表方法(Druskat & Kayes，1999；Faraj & Yan，2009)，使用社会网络分析技术捕获团队与外部接触的频率与质量(Hansen，1999)。Faraj 和 Yan(2009)分别用四个题项测量跨界强化、跨界缓冲和跨界行为，其中跨界强化主要测量团队认同、团队印象、与外部交往的形象、共同理解，跨界缓冲主要测量吸收外部压力、防止任务超载、帮助团队成员管理需求、成员对工作环境的感知，跨界行为主要测量从外部获取信息和资源、影响团队的外部重要人士、利用自身关系、对团队共同渠道信息的依赖性，等等。

1.3.2 团队跨界研究的理论基础与研究视角

传统的跨界研究深受组织行为学的影响，其基本概念和术语主要源于此学科，但不同领域学者从不同视角对其展开研究，目前还没有形成统一的理论体系（Marrone，2010）。当前团队跨界研究主要基于以下几方面的理论：资源依赖理论、管理释意（managerial sensemaking）理论和社会认同理论（Joshi et al.，2009）。

（1）资源依赖理论

团队作为一个开放系统，它不断与外部环境进行互动，以获取生存所必需的资源与能力（Druskat & Wheeler，2003）。资源依赖理论强调行动者建立交换关系是基于对控制或依赖稀缺资源的感知（Benson，1975；Pfeffer & Salancik，1976）。该理论逐渐被用来解释组织间网络的形成，合作双方（或多方）基于互补性价值的考虑，如相互依赖的技术、人员技能、知识和资金而形成网络（Monge & Fulk，1999），这种依赖性大小取决于目标团队为完成任务与外部交换资源的程度。团队间的战略关联或资源匹配（resource-fit）创造一种共享语言与共同目标，促进团队间建立有效的联结，因此这种理论视角可以解释资源交换关系如何驱动团队间互动行为（Tsai，2002）。资源依赖理论提供了一种“自上而下”的理论视角可以解释团队与外部建立关系（即跨界）的动机，团队成员通过社会和工作关系获取关系资源，并影响团队层面的跨界行为（Nahapiet & Ghoshal，1998）。

（2）管理释意理论

在组织从传统层级结构发展到团队、模块组织或网络组织形式的过程中，管理者感知与解释外部环境变化的能力对管理决策有重要作用（Balogun & Johnson，2004；Humphreys et al.，2012）。处于相同情境的团队，由于管理者对外部环境信息感知存在差异，导致他们可能对外部需求做出截然不同的反应和决策。管理释意理论阐述了“领导者试图影响他人对组织现实的意义解释和意义建构（meaning construct），使之对组织现实的再定义朝影响者期待的方向发展的过程”（Gioia & Chittipeddi，1991；Weick，1993；Maitlis，2005）。管理释意为理解外部环境中的线索提供了重要启发，特别在组织议题营销和意义给赋(sensegiving)[①]研究中,可以据此推测环境因素对团队成员和领导人的外部互动行为的影响。个体不仅接受来自环境中的权变因素,而且也积极参与塑造组织环境的活动(Dutton et al.,2002;Maitlis,2005)。根据管理释意理论,由于团队跨界策略的选择依赖团队对外部环境的判断(如外部需求重要性和强度、外部相关方依赖度等),因此识别团队条件或情景有助于团队成员准确感知外部环境,进而影响团队跨界效能(Choi,2002)。该理论认为,团队管理跨界行为的方式受到团队领导人对政治形势、竞争战略、高层关注点等方面感知的影响,基于这些考虑,团队领导人指导团队跨界行为旨在获取资源、认知与支持。

(3)社会认同理论

社会认同理论考察影响外部关系资源获取的认知或行为过程,为我们理解个体在组织或社会团队中建立跨界关系提供了有价值的理论视角(Tajfel,1982;Hewstone et al.,2002)。Choi(2002)认为团队个体社会认同形成的同时需要兼顾独特性(个性)和与他人的相似性(社会包容性),但也有学者(如 Brewer,1991)提出相似性与差异性是一对矛盾,需要在两者之间作出一定的权衡。团队认同是一种使团队自身与外部环境相区分的潜在倾向,为了建立这种独特性,团队需要与外部其他人进行互动(如社会比较)(Choi,2002)。有关人际网络的研究也发现,个人特性(如种族和性别)不同会形成团队间差异(Ibarra,1992 ;Mehra et al.,2001)。社会认同理论揭示,个体依赖于其他组织或社会团队以形成团队跨界关系。

根据薛会娟(2010)研究总结,有关团队跨界行为的实证研究主要存在协调、学习和网络三种研究视角,协调视角围绕团队如何协调任务研究团队内部跨界角色以及内、外部活动的平衡;学习视角关注团队如何从外部获取所需知识(即关注侦察活动)及其对团队绩效的作用;网络视角涵盖使节活动、任务协调与侦察活动三个方面,关注团队整体上如何与外部行为主体之间互动。

(1)协调视角

从资源依赖理论可知,团队与外部环境之间存在相互依赖性,通过与外部环境的调适获取资源与支持(Druskat & Wheeler,2003)。Ancona 和 Caldwell(1992b)研究认为团队跨界行为有助于协调与外部关键利益相关方的关系,从而获得他们对团队任务的支持。Gittell(2002)甚至将跨界活

① 意义给赋关注"特定的群体如何去影响其他人对于事件的理解"(Gioia & Chitipeddi,1991),其重点在于领导何时或如何在各个层次上影响其他人对于特定组织现实的意义生成。

动作为一种与团队会议、惯例相等同的协调机制，并通过协调与整合团队内外工作，促进不同团队之间的互动从而提升团队绩效。团队除了协调内外部关系外，还要处理因跨界带来的内外部压力，如跨界角色负担与冲突（Marrone et al.，2007）。还有学者从跨界活动与团队内部活动的平衡与互动方面（Edmonson，1999；Choi，2002），探索如何优化团队跨界行为及其绩效。

（2）学习视角

团队收集、传递、整合和利用知识的过程也是团队学习的过程，这个过程关注团队如何将知识资源转变为知识能力，进而建立竞争优势（薛会娟，2010）。有学者将团队跨界活动视为团队学习的一部分，围绕团队跨界学习的内涵与作用机制展开讨论。为了在满足团队信息需求的同时防止信息超载（overload），跨界者必须对外部信息进行筛选与过滤，并确定信息传递的内容与顺序（Tushman & Scanlan，1981；Edmondson & Boyer，2012）。Bresman（2010）将从团队外部获取信息的过程划分为替代性学习（vicarious learning）与情境性学习（contextual learning）两部分，这加深了对团队跨界活动的认识。团队跨界学习对团队绩效的作用受到情境因素的影响，并且因团队所执行的任务类型不同而出现截然不同的结论（Ancona & Caldwell，1988；Faraj & Yan，2009）。在新产品开发团队的工作流程中，跨界活动收集、传递、整合与利用信息对绩效有着重要作用；但是，对软件开发团队而言，编码和软件测试等活动是一种内部导向型活动，在跨界活动上耗费时间过多反而不利于绩效提升。

（3）网络视角

网络理论认为任何个体都与外界发生社会关系，并且嵌入在多种关系网络中，基于网络视角研究团队跨界行为成为社会网络与团队研究的一个交叉前沿命题。跨界活动涉及团队与外部行为主体的各种联系，通过这种联系团队能够及时了解外部需求，努力争取外部的资源和支持（Choi，2002）。支持型团队内部网络结构可能有效促进个体跨界行为获取信息，并使从外部获取的信息和资源快速传递。同时，高网络中心度阻碍团队识别、传播和最大化外部知识，弱联结可能在获取外部高度复杂（或隐性）知识时特别重要（Hansen，1999；Sparrowe et al.，2001）。由于团队网络异质性更可能促进团队成员与外部保持更多接触和多样性，所以网络异质性对外部跨界活动有利（Granovetter，1973；Portes & Vickstrom，2011）。然而，Tortoriello 和 Krackhardt（2010）以跨国公司研发团队为研究对象发现，团队通过网络关系获取外部信息，但是吸收、整合与利用信息需要耗费大量时间与精力。由于知识发送方与接收方具有一定程度的知识重叠，团队跨界关系只有存在强关系或跨界双方均与共同第三方保持关系时，才能提升团队绩效。因此，从网络视角研究跨界活动有待进一步深入探讨跨界活动与网络特征的关系。

团队跨界活动的内涵比较宽泛，研究团队跨界的理论基础主要源于管理学、经济学与社会学，而相关理论从不同视角考察团队跨界行为的不同方面。资源依赖理论、社会认同理论和管理释意理论考虑到组织的情境特性，以及团队成员属性、团队领导与成员对环境的反应都将影响团队跨界活动。协调视角和学习视角聚焦团队跨界活动的过程，主要基于资源依赖理论；网络视角主要对相关主体间的网络关系进行探析，揭示了团队从外部获取知识的方式与过程。因此，本书主要基于资源依赖理论，继承学习视角和网络视角，从团队社会资本视角着手来研究质量改进团队跨界行为的调节作用机制，以推动对团队跨界行为的深入研究，帮助指导本土制造企业的质量改进活动。

1.3.3 团队跨界前置因素研究

随着团队跨界行为相关研究的发展，学者们开始关注影响团队跨界行为的前置因素。根据资源依赖理论、社会认同理论、网络理论、社会资本理论等，影响团队跨界行为的前置因素主要分为三个方面：任务情境、团队因素和背景前因。其中，任务情境主要关注任务复杂性、任务依赖性等，团队因素包括团队领导、团队战略、团队成员特性、团队成员自我效能等，背景前因包括环境不确定性、组织冲突、资源稀缺性等。

(1)任务情境

以往有研究虽然将任务情境视为团队跨界的权变因素，但尚未系统梳理任务情境(包括任务依赖性、任务复杂性、任务不确定性与任务时间压力)对团队跨界的触发作用。任务性质决定了团队在整个工作流程与资源交换关系中的位置，这种位置又确定了团队与外部团体在完成任务时的互依性(Druskat & Kayes，1999；Choi，2002)。资源依赖理论可以解释基于组织内部关系的资源交换如何驱动团队间互动(Tsai，2002)，这也在一定程度上解释了任务依赖性驱动团队参与外部跨界活动以获取资源与信息。为了完成任务团队必须依赖其他团队，Joshi 等(2009)认为任务相关的前因会影响使节活动或任务协调。在团队完成任务的不同阶段，团队外部互动策略可能会存在差异，在执行阶段团队成员可能聚焦监控项目进展、鉴定团队绩效和内部协调活动，但是在转变阶段团队成员聚焦解释与评价团队绩效，并获取更多的资源与支持(Marks et al.,2001)。当任务性质不确定时,Amedore和Knoff(1993)发现由跨学科专家组成的科研团队更倾向增加外部跨界咨询活动。Choi(2002)研究认为高复杂性的任务包括许多非结构化的问题,这难以套用标准化操作程序(SOP),团队必须增加外部跨界活动加以解决。在团队任务面临时间压力情境下,行动者通过协调外部的配合行动以及标准化操作流程来实现共同目标(Garapin & Hollard,1999)。

(2)团队因素

从团队层面来看,团队领导、团队成员特征及其集合(aggregate)等因素影响团队层面跨界行为。团队领导对跨界活动的支持,将会促进团队跨界活动顺利开展。相关研究证实教练型领导和指导型领导对跨界行为有不同影响(Ancona,1990;Druskat & Wheeler,2003)。除了团队领导人自身的感知与态度外,团队成员的特性(如职位、职业背景、受教育程度等)"汇聚"到团队层面上也会塑造团队跨界行为(Ancona & Caldwell,1992a),如Ancona和Caldwell(1992b)研究发现团队职能异质性(functional diversity)对团队外部沟通频率有直接影响,Keller(2001)进一步发现团队外部沟通在职能异质性与团队绩效之间起着中介作用。在一项有关研发团队的研究中,Zenger和Lawrence(1989)重点揭示了年龄和任职相似性与技术沟通频次(包括项目团队内部和外部沟通)之间的关系,结果发现年龄和职位相似性与技术沟通相关:年龄相似性更多影响团队内部技术沟通,而职位相似性影响项目团队外部技术沟通。团队构成在一定程度上影响团队跨界行为,如Ancona和Caldwell(1988)特别研究了团队职能和任职多样性对团队跨界行为的正向效果,因为团队广泛的技能和知识使得外部沟通更为多样化。此外,其他团队内部特征对团队跨界行为也有显著影响,Edmondson(1999)发现团队心理安全对团队跨界活动产生积极作用,因为团队心理安全能够提高成员承担人际技能风险和外部导向行为相关的挑战。但是,两者的影响作用存在相互性,Faraj和Yan(2009)的研究表明软件开发团队跨界行为能提高心理安全和绩效。然而,基于任务与团队层面的前因变量可能在团队所嵌入的环境下发挥作用(Marrone et al.,2007)。

(3)背景前因

团队跨界的背景前因,与Joshi等(2009)界定的团队跨界活动的高阶前因相似。虽然团队跨界的任务前因和团队前因都能影响跨界行为,但是这种影响依赖团队所嵌入的情境与环境。Nelson(1989)通过对20个组织的研究发现,在冲突程度不同的组织背景下,团队间网络的社会特征存在显著差异。与团队成员跨界行为汇聚成团队层面跨界行为类似,通过汇聚多个团队或行动者的特征可以得到影响团队跨界的高阶动因，但至今尚无此方面实证研究(Marrone,2010)。以往研究表明，组织结构、组织过程与组织氛围等因素对团队跨界行为具有重要影响，但是同时跨越两个以上层面的研究具有挑战性。

虽然 Ancona、Keller 等学者发现团队成员特征、职能异质性等因素影响团队外部沟通行为，并且团队成员特性(如职位、职业背景、受教育程度等)通过汇聚到团队层面形成集体层面的构念，从而一定程度上影响团队跨界行为。还有学者聚焦跨界自我效能感、团队领导特征等因素，但是这些研究更多从团队外部沟通、团队外部关系等角度探讨团队跨界行为，并没有描述团队跨界行为的全貌。基于资源依赖理论可知，质量改进任务特征驱动团队跨界寻求资源与支持(Ancona & Caldwell,1992a)，但是以往研究并没有揭示不同任务特征对跨界行为及其各个子维度的驱动作用。因此，本研究尝试基于团队任务特征因素探讨驱动团队跨界的触发因素，进而描绘团队跨界作用行为的作用机制，并试图回答“团队为何跨界”这一问题。

1.3.4　团队跨界与绩效的关系

(1)直接作用

以往研究表明，团队跨界行为(包括使节活动和任务协调)对绩效结果(如知识共享、团队创新、团队效能)产生直接正向影响(Tsai,2001;Oh et al.,2004;Weisz et al.,2004)。Gladstein(1984)发现外部跨界活动(与内部过程相反)对销售团队业绩有显著影响，并且强调团队跨界行为对团队结果的预测作用。Ancona 等学者通过定性数据揭示高水平的团队跨界行为可能有助于团队获取有价值的资源，包括完成任务所需的信息、绩效反馈、外部相关方的支持(Ancona,1990)。Ancona 和 Caldwell(1992a)聚焦团队管理组织环境的各类跨界活动，通过与 38 个新产品开发团队经理的半结构化访谈、2 个团队的日志数据以及 45 个新产品开发团队的问卷调查来形成与检验假设，实证结果发现：不同的团队倾向采取不同的跨界策略，团队外部沟通类型(而不是沟通数量)决定团队绩效。Ancona 和 Caldwell(1992b)以新产品开发团队为研究对象研究发现，使节活动与项目预算和技术创新密切相关，而任务协调活动促进新产品开发团队的创新。

(2)间接作用

团队跨界对绩效不仅产生直接影响，还可能通过内部过程传导。团队内部过程改进作为团队跨界的结果之一，可以通过形成团队成员对外部需求的共同理解、提高团队凝聚力，以及增强内部沟通和协调效率，提高团队绩效(Choi,2002;Edmondson,2003)。虽然跨界活动能促进团队完成任务和绩效目标,但是有研究发现同时追求团队内部活动和外部社会关系,将会减少团队内部凝聚力(Marrone et al.,2007)。Ancona(1990)基于外部视角验证5个咨询团队的情境交互策略,研究结果发现:团队开展跨界活动在短期内将会降低内部团队满意度和凝聚力,但是随着时间推移,团队跨界获取的其他资源、角色期望和外部互动能够抵消这种负面影响;并且,团队如果采纳一种综合策略以确保进入"外部活动、内部过程和绩效"之间的良性循环,最终可以提高团队长期的绩效。Ancona和Caldwell(1992b)实证研究也表明,虽然使节活动和团队内部过程与凝聚力正相关,但是侦察活动与团队内部动态性负相关。总之,团队跨界活动与团队内部活动之间存在潜在的交互作用,这种关系较为复杂,并且受到时间、团队跨界活动类型、环境条件等因素影响。

(3)调节作用

团队跨界活动对团队绩效的作用也受到情境因素的影响。Ancona(1990)早期研究发现环境特征的重要性,并基于开放系统理论强调了环境不确定性对组织跨界活动影响绩效的作用。Choi(2002)基于权变理论视角研究发现环境特征、外部依赖性、环境波动性、任务复杂性等因素均会影响跨界行为与绩效的关系。Marks等(2005)以46个学生团队的实验研究发现,当跨团队相互依赖性增加时,团队间互动质量更高,其他以咨询和研发团队为对象的实证研究也得出了类似结论(Cross & Cummings,2004;Hansen,1999;Reagans & Zuckerman,2001)。Stock(2006)聚集于组织间团队作为供应商和客户的跨界人,以225个不同行业的团队数据为样本,研究不确定性(公司相关、市场相关和技术不确定性)和任务复杂性对组织间团队与绩效关系的强化作用。Faraj和Yan(2009)将团队跨界活动划分为缓冲与强化两类,并通过对64个软件开发团队的调研,验证任务不确定性和资源稀缺性对跨界活动与团队绩效关系的调节作用,结果表明:任务不确定性和资源稀缺性强化了团队通过跨界活动获取信息和资源的重要性,并提升了团队跨界活动对绩效的作用。与Ancona和Caldwell(1988)研究结论相反,Faraj和Yan的研究结果表明存在冗余资源时,团队开展跨界活动将会促进目标实现。上述研究结论出现差异的原因可能在于团队任务类型的不同,新产品开发团队通过跨界收集、传递、整合和利用信息对产品开发有着至关重要的作用;而对软件开发团队而言,过多时间投入在外部跨界活动上,将阻碍团队内部编码和软件测试等工作。

团队任务本身与团队成员面临的其他情境因素,还可能触发团队外部互动活动(Choi,2002;Faraj & Yan,2009)。团队跨界能否完成预期目标，高度依赖它所面临任务的不确定性和复杂性。但是,团队任务特征本身并不能充分解释跨界活动,高不确定性和高阶情境约束是否会同时强化团队内部过程,有待后续研究进一步探讨。以往研究从单层次的因果关系出发探讨团队跨界行为,忽略了不同层次因素对团队跨界行为的综合影响,这不利于全面理解这一复杂现象(Klein & Kozlowski,2000;薛会娟,2010)。为了弥补这一不足,Marrone、Joshi 等学者开始关注团队跨界行为的多层次动因或跨层面模型,Joshi,Pandey 和 Han(2009)梳理了近 20 年来的有关研究,建立了一个包括任务因素(任务依赖性和团队发展阶段)、团队因素(团队领导力和团队不同职能和年限成员构成)和权变因素(组织不确定性和冲突)的三层次跨界模型,详尽探析了三个层次前置因素对团队跨界行为的调节影响。但是,他们的研究只关注到团队跨界行为中的使节活动和任务协调两个维度,对侦察活动缺乏研究,同时忽视了团队类型这一影响因素。

通过以上文献梳理可知,当前有关团队跨界与绩效的权变关系研究中,主要关注环境特征、外部依赖性、环境波动性和任务复杂性等因素在跨界活动与团队效能间关系中可能会起到的缓冲作用(Choi,2002;Faraj & Yan,2009)。当团队遇到不同的环境特征和特定任务时,团队跨界策略及其绩效必然存在差异。虽然基于资源依赖理论可知,质量改进团队所嵌入外部情境影响团队跨界行为,但是较少被引入到团队跨界与绩效关系的影响机制研究中。未来研究需要结合团队内外部社会情境嵌入特征所获取的资源或潜在资源(如团队社会资本),探究团队跨界行为与绩效之间的调节作用关系(Marrone,2010)。

1.3.5 团队跨界行为的演进研究

团队环境特征与外部依赖性会随着时间不断演进,质量改进团队暂时的绩效波动包括任务转折点对跨界行为的影响(Choi,2002)。这种间歇性波动一是由于外部环境需求的不规则增长强化了整合团队外部资源的必要性,如团队运营所面临的非预期外部威胁;另一来源是任务绩效的规则分界点(如任务里程碑事件),许多团队在项目启动阶段尽力理解团队任务的界定,并能够在任务执行过程中选择不同策略评估项目进展与提升团队效能。团队跨界活动存在间歇性平衡(punctuated equilibrium),团队可能在启动期、持续期和结题前期强化外部跨界活动(Ancona,1990),如使节活动在团队建立的早期与后期最为明显,但在团队运转的中期稍微减弱。虽然 Marks 等(2001)认识到团队内部过程在团队任务不同阶段具有间歇性波动，但是很少有研究将这种时序动态性（temporal dynamics）拓展到团队跨界研究中。Choi（2002）从理论上推断团队发展阶段与团队跨界活动之间存在倒U形关系：在团队建立阶段与完成任务阶段，团队很少发展外部关系；在团队执行任务期间，团队积极参与外部活动；而处于稳定期的团队，团队成员之间有规范的角色分工和双方期望，参与外部活动的角色压力和任务超载减少（Choi et al.，2010）。团队根据自身周期特征动态地调整跨界活动水平，比随机调整外部活动能更有效地完成任务目标（Waller，1999）。

当前，有关团队跨界行为的动态演进规律研究中，由于对团队生命周期、产品生命周期和项目生命周期等概念存在混淆与杂糅，且各个研究对团队跨界行为的界定存在差异，因此尚未达成一致的结论。有关团队生命周期的理论主要建立在系统理论与生态理论的基础之上，Tuckman（1965）提出群体发展阶段论，认为群体发展主要分为形成期、震荡期、规范期、稳定期四个阶段。Levin（1992）等发展了 Tuckman 的模型，结合质量改进团队发展各个阶段的主导任务与社会情感特征，将质量改进团队生命周期界定为四个相关阶段：即启动与组织、冲突与协调、变革与更新、执行与完成等。由于 Levin（1992）四阶段模型考察了在团队发展过程中质量改进团队所面临的任务和社会情感问题呈现的不同特征，既概括了质量改进团队发展阶段的内部特征，又捕获了质量改进团队运转过程中的外部跨界特征，因此本研究加以借鉴。

Gersick（1988）提供了有说服力的证据预测团队整体跨界活动水平会随着团队生命周期发生变化，团队在变革中介点（midpoint transition）上积极寻求外部指导者建议，而在之前或之后团队经历较强的惯性而孤立于外部环境。Joshi 等（2009）从团队发展不同阶段研究发现团队的外部协调活动和使节活动呈现两个规律：与团队发展的其他阶段相比，处于变革阶段的团队将会开展最高水平的使节活动，而处于执行阶段的团队将会表现出较高的任务协调活动。在团队项目启动阶段，团队成员参与各种战略性的内部过程，如识别团队使命、整体目标和形成团队战略（Marks，Mathieu & Zaccaro，2001；Marrone et al.，2007）。这些活动也会促成团队集体认同外部跨界活动的意义，将跨界活动纳入团队战略，监测这些跨界行为，并在团队运营阶段积极鼓励团队参与跨界行为。团队在战略上对外部跨界活动的重视程度影响团队成员参与跨界活动的积极性，Hoegl，Parboteeah 和 Munson（2003）研究发现软件开发团队集体对于外部相关方互动的认知，将有助于团队参与真正的网络行为获取知识、提高工作成效，或者获得反馈。也有研究认为团队时序环境（temporal environment）包括期限与时间压力，影响团队时间分配决策，以及对结果评价标准的权重(Mohammed, Hamilto, & Lim,2009)。

从产品生命周期角度探索团队跨界行为的动态特征，Ancona 和 Caldwell(1990)发现在新产品开发早期和扩散阶段使节活动达到最多，在产品开发中期使节活动降低。并且，Ancona 和 Caldwell(1988)发现在产品交付的最后期限(deadline)跨界活动减少，但是 Choi(2002)从理论上分析最后期限强化团队对外部信息与反馈的需求，因而增加外部跨界活动。由于团队跨界活动高度依赖外部环境，形成对外部跨界活动时序波动规律和优先性的共同认识，有助于最大化团队跨界的绩效(Marrone,2010)。因此，有必要根据团队生命周期和任务情境的演进特征，探索团队跨界行为各个子维度的演进规律，这对团队生命周期各阶段动态管理跨界活动与提升团队跨界绩效将有重要意义。

1.3.6 质量改进团队跨界相关研究

(1)质量改进团队跨界行为相关研究

质量改进是一个持续提升产品与服务质量的过程，也是一个团队过程(team process)，包含团队内部互动与外部跨界行为。由于质量改进活动通常表现为自下而上的改进活动，并且由跨职能部门人员组成团队以解决复杂的质量问题，因而质量改进团队比研发与创新团队更需要依赖团队自身的社会资本主动管理外部跨界行为(Bessant et al.,2001)。质量改进框架蕴含的核心思想是：领导需要积极支持质量改进团队、整合跨职能团队成员、为团队提供指导和资源、邀请内部专家或外部咨询师辅导团队项目、培养团队成员搜集与分析数据的能力、开发团队成员甄选信息的能力(Imai,1986;Levin,1992)，这些核心思想均从不同方面反映了质量改进团队的跨界行为。

虽然质量改进团队得到普遍推广，但是这种团队运作方式背后隐藏着合作成本高、决策周期长以及工作重心分散等弊端(Cross & Parker,2004)，流程再造的潮流促进团队利用组织内外的非正式网络协调工作。Cross 等(2008)从社会网络视角研究改进团队如何管理内外部合作关系，这种视角能够使经理人员在网络中重新调整团队战略决策目标与安排信息流，以及通过内部沟通群体获取外部知识源。他们从“正确的声音影响团队发展轨迹”、“团队任务联结方式”、“团队外部关系的重要性”、“团队网络中发生的价值增值合作”、“潜在关系质量影响合作”、“影响合作的组织因素”等六个问题入手，探讨质量改进团队跨界与团队效能之间的关系。质量改进团队在开展跨界活动的过程中，团队领导人帮助团队确定关系网络的范围，可以避免“锁定”于特定的相关方(Espinosa et al.，2002)。Zu 等(2008)以六西格玛团队为例也发现六西格玛角色结构(role structure)是一种协调跨组织层级改进的有效机制，在这种协调机制的作用下，中层执行者为项目倡导者制定详细的战略改进计划，黑带(black belts)领导六西格玛改进项目并指导绿带(green belts)成员有序参与解决质量问题。

(2)TQM 与质量改进团队跨界行为

从理论与实践层面而言，质量改进团队及持续改进活动都是在践行 TQM(全面质量管理)的哲学思想，并且通过团队跨界合作全面提升质量绩效与经营绩效也是 TQM 的最终目标(Deming，1986；Flynn et al.，1994)。Anderson 等(1994)基于 Deming 提出的质量管理“十四条原则”构建质量管理理论，该理论模型指出：组织在领导愿景的驱动下，通过内外部合作与学习构建组织学习系统，经由过程管理影响持续改进与员工参与，最终提高顾客满意。TQM 最核心的构成要素包括七个方面(见表 1.3)，它们与质量改进跨界活动密切相关。

表 1.3　TQM 构成要素与研究小结

构成要素	各个要素测量	相关研究
领导	高管领导与主管领导承诺；公共责任与公民行为	Flynn et al. (1994)；Powell(1995)；Anderson et al. (1994)；Sila(2007)
战略计划	质量使命、目标与政策；战略制定与展开	Mohrman et al. (1995)；Dow et al. (2002)；Sila(2007)
顾客导向	顾客和市场质量；关注顾客满意；管理顾客关系	Powell(1995)；Ahire et al. (1996)；Anderson et al. (1994)；Sila(2007)
信息分析	绩效测量与分析；信息管理；使用信息技术；质量工具；标杆对比	Powell(1995)；Samson & Terziovski (1999)
人力资源管理	员工参与；员工授权；协作；奖励、认同和绩效反馈；员工培训	Flynn et al. (1994)；Anderson & Sohal (1999)；Samson & Terziovski(1999)
过程管理	产品和服务设计；过程控制；创新与持续改进流程、产品和服务	Saraph et al. (1989)；Flynn et al. (1994)；Powell(1995)；Samson & Terziovski(1999)；Sila(2007)
供应商管理	供应商质量；供应商参与；供应关系管理	Saraph et al. (1989)；Ahire et al. (1996)；Powell(1995)；Sun & Cheng(2002)

资料来源：根据 Sila(2007)等研究总结

在 TQM 的实施过程中，高层领导通过创立价值观、目标和系统来推动质量改进工作，高层领导承诺被认为是质量改进成功的最关键因素之一(Flynn et al.，1995；Powell，1995；Saraph et al.，1989)。质量目标的清晰度决定质量改进的有效性，高层领导强调质量而非成本(或排程)，并给予质量改进项目资源支持，将增强组织成员参与改进项目的积极性与激发团队效能(Ahire et al.，1996；Urhuogo et al.，2012)。然而，质量改进团队相对于研发、营销等团队的关注度低，质量改进工作经常被其他部门忽视，同时缺乏高层承诺和配套资源支撑。这要求质量团队主动通过团队成员的游说使相关方认同项目的重要性，或借助外部相关方渠道间接影响高层领导的承诺和资源支持，并在必要时请求他们帮助团队整合跨职能资源(Hackman & Wageman，1995)。相关研究表明，组织在战略与经营计划方面对顾客需求的重视与关注，将有助于质量改进团队提升产品质量与顾客满意度(Samson & Terziovski，1999；Sila，2007)。由于顾客导向与运营绩效是经营战略最为关键的问题，此类战略主要关注“如何满足顾客的一系列质量要求与期望”，因此为质量改进团队跨界合作指明了方向。

由于产品质量问题贯穿整个组织的“输入—过程—输出”系统，质量改进项目与采购、生产、研发、营销等部门关联较大，因而质量改进团队通过开展跨界管控活动优化工作流(Ancona & Caldwell，1992a)。过程管理是质量改进团队跨界活动中的重要内容，这个过程反映出产品与服务如何设计与制造，并且结合了生产与传递过程中的需求。TQM 认为组织是由一系列相互交织的过程组成，通过对这些过程的改进，能够促进质量改进团队的跨界效能(Deming，1986；Hammer & Champy，1993)。Ahire 等(1996)认为供应商质量管理、设计质量管理、质量信息传递等跨界管理行为对质量绩效有着重要影响，这些结论被后来研究者反复证实(Sila，2007)。员工授权、激发员工参与、员工培训与沟通等也是驱使质量改进团队跨界的重要因素，Samson 和 Terziovski(1999)研究证实了人员因素的标准化回归系数显著，且数值为 0.259。

在开放式创新背景下，企业开始由封闭式质量改进转向外部质量链协同(Foster，2008)，逐步加强与外部相关方的联系，通过合作攻关、技术咨询等形式解决技术难题与提高产品质量。从 TQM 相关研究可知，组织的质量文化与意识，外部其他流程相关部门的支持与协调，与企业客户、供应商的跨界关系等都会影响持续改进效果(Nair，2006；Zhang et al.，2012)。这些要素既影响团队成员的内部互动关系，又影响他们与高管团队纵向沟通的积极性，以及作出任务协调与信息侦察决策的时效性。此外，标杆对比、战略策划、市场研究等实践强调企业对外部环境的扫描与搜索，以便于企业获取外部最新的市场与技术知识。

1.3.7 团队跨界文献小结

团队跨界行为研究的理论基础是资源依赖、社会认同和管理释意等理论，在具体研究中又呈现协调、学习和网络三种视角，这些至今仍在不断发展中。有学者将团队跨界行为视为一种团队外部沟通与互动的行为，这种行为与团队内部过程相对应；众多学者尝试探讨了团队跨界的前置因素与团队绩效（或效能）之间的关系，得出了一系列有意义的结论。

综上所述，团队跨界行为相对团队内部过程而产生，当前对团队跨界行为的研究尚处于起步阶段，且主要从团队层面关注“团队跨界前置因素—团队跨界行为—团队跨界效能”的研究机理。Marrone（2010）梳理了以往团队跨界行为的研究，归纳出团队跨界行为的多层面前因变量和结果变量的汇总结果（见图1.4），其中，团队跨界行为的前置因素可以分为网络、团队和个人三大层次多个要素，它们分别作用于团队跨界行为的一个或多个维度，并产生影响。任务因素作为跨界前置因素的研究相对较少，缺乏系统性梳理，这可能会掩饰触发团队跨界的真正动因（Choi，2002；Joshi et al.，2009）。以往团队跨界行为对绩效结果作用的路径仍处于“黑箱”状态，团队外部跨界活动可能会对团队成员共同的心理状态产生影响，这种影响又会通过群体成员特征传导到团队绩效。但是，现有研究尚未有人关注团队跨界活动对团队心理作用的影响，有研究认为外部活动可能影响团队认同度和凝聚力（Janssen & Huang，2008），并且团队认同又会导致团队社会心理边界的形成（Kreiner et al.，2006）。

1.4 团队效能感相关研究

1.4.1 团队效能感的概念界定

团队效能感（team efficacy）的概念源于自我效能感，它是后者在团队层面上的一种延伸。Bandura（1997）最早将自我效能感定义为个人对自身完成特定工作或任务所具备能力的判断与预估，也是一种对自身能够胜任某项工作或任务的信念。团队效能感被视为人们在团队中感受到能否借助共同努力解决问题、增强生活理念的程度，可用于解释团队选择、努力和持续性，被定义为“团队成员在特定情境中，对于自己的团队结合在一起，并取

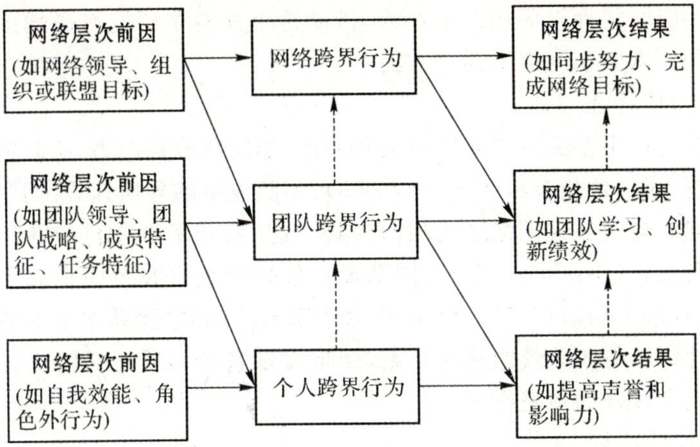

注:图中实线箭头代表作用方向;虚线代表低层面向高层面聚合。

资料来源:根据 Marrone(2010)等资料整理。

图 1.4 个体、团队和网络跨界行为的多层次模型

得特定水平成绩的能力的一种共同信念”(Bandura,1986)。

团队效能感的核心在于团队成员对团队操控能力的信念,而这个信念又与团队效能密切相关,因此,团队效能囊括相互作用、相互协调以及协作式的社会动力三个因素。Zaccaro 等(1995)基于相互协调与资源整合简化了团队效能感的定义,即“在团队成员分配、协调以及整合现有资源以成功应对特定情境需求时的一种共享性的集体胜任力”。由于团队行为依赖成员间相互协调,虽然团队效能感源于成员个体的感知,但是在团队层面产生效应。团队成员对团队效能感的认知会直接影响其完成任务与团队互动的过程,进而作用于团队绩效。本研究借鉴 Bandura(1997)的定义,将质量改进团队效能感界定为质量改进团队成员对团队能够完成特定改进任务、实现质量改进目标所需能力的信心与认知。

1.4.2 团队效能感的影响因素

Bandura(1982)认为集体效能感的信息源主要有四个,分别为获得性经验、替代经验、社会说服与情感唤起。获得性经验是形成效能感最有力的信息源,成功的经验会提高团队效能感,反之降低效能感并预期产生较差的绩效;替代经验是指成功或失败的榜样对模仿者团队效能感的影响;社会说服是指来自上级或同事的鼓励或对具体行动表现的反馈;情感唤起是指能够影响团队理解与反应的其所面临的困难与挑战。Gibson 和 Earley(2007)认为团队效能感是基于集体认知发展而来的产物,其中集体认知包

括形成、互动、协商与应用四个过程，借助这个框架本研究将影响团队效能感形成的因素归纳为以下四个方面：

(1)个体特征

个体特征主要关注团队成员某些特征，如团队成员能力、团队成员的自我效能感、成员地位差距(Gibson,2003)、团队成员的异质性等。其中，任务相关的能力与交互式记忆系统相似，团队成员相互了解各自的专长知识并影响资源配置(Bandura,1986)；团队成员地位影响自我效能感对团队效能感的作用(Bandura,1997)。Sargent 和 Chan(2001)在团队水平上考察了成员异质性特征与团队效能感的关系，结果发现这种异质性对团队效能感与团队潜能有较好的预测作用。

(2)团队特征

团队特征主要关注团队共同作用、团队凝聚力、团队氛围、团队以往成功或失败经历、团队规模等要素。如 Gonzalez(2000)对 MBA 学生进行模拟项目管理的研究发现，团队内部人际间吸引力与任务凝聚力对团队效能产生正向影响。Riggs 和 Knight(1994)研究发现团队以往成功或失败的经验正向影响集体效能感，这种成功和失败用团队成员感知执行团队功能的能力来测量。为了适应日趋复杂的经营环境变化，团队成员间的相互融合方式逐渐调整，群体效能感会受到以往绩效的螺旋形上升影响而发挥作用(Gibson & Earley,2007)。Shamir(1990)最早认识到团队凝聚力影响团队效能感，Lee 等(2002)等研究也认识到团队凝聚力和团队规范强度与团队层面的效能正相关。

(3)工作过程特征

工作过程特征包括许多方面，工作中的合作行为、竞争行为等因素是影响团队效能感的核心因素，因为这些因素影响团队成员与其他成员之间的合作(Gibson & Earley,2007)。团队内部成员之间协调与合作，促进了内部知识共享，通过成员感知到团队整体拥有的知识与能力而提高团队效能感。Lester 等(2002)研究发现在团队合作过程中，团队成立早期的合作互动行为显著影响团队效能的后续变化，并且团队最初的任务绩效在其中起着中介作用。肖久灵(2006)研究表明，当团队内部的沟通与冲突问题较大时，团队集体效能感将会受到损失，并且这种效能感随着团队存续期的增长而动态变化。

(4)领导特征

领导特征强调领导风格、领导氛围影响团队效能感，团队领导通过语言劝说影响成员自我效能(Bandura,1986)，并且领导文化影响团队支持性情境的创造。由于领导者通过与团队成员沟通团队使命与价值观，增加了团队成员对任务重要性的认识，Lester 等(2002)发现魅力型领导与团队层面效能信念密切相关。Chen 和 Bliese(2002)从 86 个军队中收集了 2585 个士兵关于经验、角色清晰以及心理负荷等方面的数据，结果表明领导行为直接影响集体效能，且组织水平越高的领导氛围对集体效能的影响越显著。与此类似，Sosik 等(1997)发现通过表达对团队成员处理挑战性任务与达到高绩效期望的信念，变革型领导对团队效能感产生正向影响，Sullivan 和 Peterson(2004)也发现了团队领导对过程的强调多于结果，将有助于建立团队效能感知。

综上可见，团队效能感的形成受到多层次因素的影响，既有个体层面和团队层面的影响，也有团队工作过程、团队领导等因素的影响。但是，大多数研究是基于 Bandura 提出的自我效能感形成的四个信息源进行拓展的。

1.4.3 团队效能感的作用效应

当前有关团队效能感的研究，大多聚焦于它对团队绩效的直接作用、中介作用和调节作用三个方面。

以往许多研究支持构建团队效能感能够提升团队绩效的观点，认为团队效能与团队短期绩效之间具有稳定的正相关关系(Gist & Mitchell, 1992;Guzzo et al.,1993)。Bandura 指出团队效能感影响团队目标设置、计划与策略制定、资源配置与集体努力程度，一般来说，团队效能感会正向影响团队绩效。团队效能感正向影响成员追求成就的动机，进而促进团队成员对团队任务投入努力。有研究以制造行业和家具制造公司的团队为对象，结果发现团队效能感正向影响团队绩效(Edmondson,1999;Little & Madigan,1997)。Earley 等(1999)研究发现团队效能感对多种绩效结果产生影响，如新技术适应能力、返工情况、绩效评价等。Silver 和 Bufiano (1996)、Durham 等(1997)等研究发现团队效能感对团队绩效的影响是通过设定团队目标实现的。

现有研究中对团队效能感中介作用的研究相对较少，在 Gibson 和 Earley(2007)提出的团队效能感模型中，认为团队效能感在个体、团队、过程任务、团队结构等因素的影响下作用于团队绩效。Prussia 等(1996)实证研究发现，团队效能感对绩效反馈与团队绩效之间的关系起着完全中介作用，但在间接经验与团队绩效之间仅起部分中介作用。王欢和尤中山(2011)利用对 48 个研发团队 325 名成员的调查数据，运用多层线性模型对“团队创新氛围、集体效能感与成员创新行为”作用机制进行跨层次研究，结果发现集体效能感在团队创新氛围对成员创新行为的影响过程中起部分中介作用。

另有研究发现，在实验室环境下团队效能感对团队绩效与团队驱动力等团队效能因素的影响更显著(Chen & Bliese,2002)。Gibson(1999)研究表明，任务不确定性对团队效能感与团队绩效的关系有显著调节作用，即任务不确定性高时，团队效能感正向影响团队绩效，反之，两者之间不存在显著相关性。Marks(1999)以大学生样本团队进行实证也得出类似结论，在常规情形下，团队效能感正向影响团队协作过程与团队任务绩效；但在新的异常情境下，团队成员高估其完成任务的能力将导致轻率的决策。除了任务不确定性，团队效能感与团队绩效之间的关系还受到目标清晰性、任务依赖性和环境不确定性等因素的影响，有研究发现在不确定性低、任务依赖性高和集体主义条件下，两者之间的正向关系比较显著(Gibson & Earley,2007)。

1.4.4 团队效能感文献小结

虽然大多研究证实团队效能感对绩效的正向影响，但也有研究指出团队会由于想法与思路惯性而不能很好地处理外部情境变化产生的问题，从而导致不良的绩效结果(Zellmer-Bruhn,2003)。如在动态复杂的任务情境中，始终不变的团队效能感会导致团队功能出现紊乱，进而产生消极影响(Gibson & Earley,2007)。并且，与自我效能感相比，由于团队效能感易受情境因素的制约，它对绩效结果的影响相对较弱。

在质量改进团队跨界过程中，团队效能感水平作为团队跨界行为的中间结果，一方面通过获取外部资源与支持，从而增强对完成改进任务与目标的信念；另一方面，通过规范外部相关方的质量行为与培育质量共识以及获取外部竞争对手与标杆信息，从而提高团队成员执行质量任务的操控能力。因此，本研究以团队效能感为中介，详细揭示质量改进团队跨界行为对绩效的作用机制。

1.5 团队社会资本相关研究

1.5.1 团队社会资本的概念与内涵

Jacobs(1961)最早给社会资本赋予现代意义上的含义，将社会资本定义为：一种通过长期积累的人际关系，这种关系能促进团队成员在合作中采取互信、合作与集体行动。随后，Loury(1977)首次将社会资本引入经济学领域，将社会资本定义为：促进或帮助获得市场中有价值的技能或特点的人之间，自然产生的社会关系。对社会资本的本质，学者们的不同理解大致可以总结为以下三种视角：

(1)资源观视角

资源观学者认为社会资本是社会结构中的资源，它们可以创造价值，使各种资源要素增值，这一视角的代表学者有 Nahapiet、Adler、Lin 等人。Nahapiet 和 Ghoshal(1998)、Lin(2001)等研究将社会资本定义为嵌入在由个体或组织拥有的关系网络中的现实或潜在资源总和。此后，Adler 和 Kwon(2002)也认为社会资本是经由长期稳定的社会关系所产生的个人和集体资源。资源观将社会资本等同于社会资源，这一定程度弱化了社会资本研究范围和资源使用者的能动性，属于 Granovetter(1992)所指出的"社会嵌入不足①"的情形，最终容易导致资源与资本概念的同义反复(杨仕元和朱缜，2009)。

(2)能力观视角

能力观学者认为社会资本是一种获取稀缺资源的能力，这一视角的主要代表者有 Burt、Portes 等人(杨仕元和朱缜，2009)。Burt(1992)将社会资本定义为"通过朋友、同事和其他联系获取使用资本的机会"，是最早将社会资本由个人层次拓展到企业层次的学者。作为结构主义学派的重要人物，Burt 提出"结构洞"(structure hole)理论，强调企业开发桥联结的重要性。Portes(1998)将社会资本定义为"个人通过嵌入在网络或更大范围的社会结构中获取稀缺资源的能力"。同时，他也关注到社会资本可能产生的消极作用，如排斥圈外人、对团体成员过高要求、限制个人自由、用规范消除差异等不利影响。国内边燕杰和丘海雄(2000)、顾新等(2003)等学者认为社会资本是行动主体通过社会联系获取资源的能力。社会资本能力观强调行动主体在社会关系中的能动性，但是对如何培育能力缺乏详细的操作性指导。

(3)社会规范观视角

社会规范观强调从规则、信任、制度等方面阐释社会资本的概念与内涵，以 Coleman、Putnam、Fukuyama 等为代表。Coleman(1988)将社会资本定义为"拥有共同特征的主体，包含某些社会结构方面的组成要素，从而

① 在 Granovetter 之前的经济学没有认识到所有经济活动的参与者及其后果，受到行动者双方关系或整个网络关系的影响，社会网络、制度等因素对经济行为产生重要的作用。

促进行动者的特定行为”。Putnam(1993)将社会资本定义为“通过协调行动提升社会效率的信任、规范与网络”,该定义侧重于诠释集体行为、长期选择以及经济发展所依赖的结构与制度安排。Fukuyama(1995)主要从经济发展与社会特征方面,将社会资本定义为“成员共享与合作的价值观与规范”。此后,世界银行(1998)将社会资本定义为“各种决定社会交互作用性质与数量大小的制度、关系和规范”。Durlauf 和 Fafchamps(2005)等在解释社会资本的治理机制时,特别强调信任作为核心要素的作用(Batt,2008)。社会规范观强调规则、信任、制度等要素对社会运作的作用机理,但是这些要素究竟是社会资本的内涵还是社会资本的功能,都没有得到很好的解释。

Adler 和 Kwon(2002)在梳理社会资本概念的主要特征之后,将社会资本定义为:一种个人或团队可以使用的信誉,利用这种信誉可以在行动者社会关系和结构中获得潜在资源,并促进行动者获取信息、影响力和一致性。这种定义同时涵括内外部联结视角,使得社会资本兼容个体行动者和集体行动者。Oh,Labianca 和 Chuang(2006)在 Adler 和 Kwon(2002)等研究的基础上给出了团队社会资本的明确定义:即通过团队内部成员社会关系以及组织层面上的正式和非正式结构,所能够获取的一系列资源的潜在能力。团队社会资本作为一个“元”概念,涵括关系联结资源及其联结的配置,由此能够获取较多的工具性利益(instrumental benefits),如从分离的区域获取及时信息,从而提高产生创新、创业或获得奖赏的几率(Ancona & Caldwell,1992a;Burt,2000)。团队社会资本中的相互信任创造互惠性交换环境,这种环境中规范和“搭便车”行为得到有效监视(Coleman,1990)。Adler 和 Kwon(2002)等通过对团队社会资本文献梳理,揭示了以往团队社会资本研究存在概念“错乱”的表象,并认为这是由团队社会资本外部与内部视角的差异导致。外部视角强调行动主体与外部联系,即遵循社会资本的桥结观(bridging view),而内部视角强调团队内部成员的联结关系。若以团队为研究对象,团队社会资本可能来自于外部社会网络,也可能来自团队内部成员间的联结(Burt,2001;袁晓婷,2010)。

由上可知,团队社会资本是一种促进其他资源转移的能力,并且这种转移能力嵌入在社会联结关系中。团队社会资本的外部视角关注如何获取资源,而内部视角关注资源在内部成员间的交换,但是团队凝聚性是社会资本发挥作用的前提。因此,本研究综合网络联结观与桥结观,将质量改进团队社会资本定义为:嵌入在质量改进团队成员社会关系网络中的资源获取能力。

1.5.2 团队社会资本的维度与测量

(1)“结构—关系—认知”三维度

Nahapiet 和 Ghoshal 提出的社会资本“结构—关系—认知”三维度划分法是团队社会资本构念开发的基础。Nahapiet 和 Ghoshal(1998)基于以往研究将社会资本划分为三个维度:即结构维度是指行动者之间联系的整体模式;关系维度侧重关注通过创造关系或由关系手段获得的资产;认知维度是指不同主体间共同理解表达、解释与意义系统(如语言、符号和文化习惯,在组织内还包括默会知识等)。这种划分方法得到后续实证研究的广泛支持和认可,为深入研究社会资本奠定了基础。柯江林等(2007)在Nahapiet和 Ghoshal(1998)的结构、关系与认知三个维度划分基础上,将三个维度理解为资源交换发生的机会、意愿与能力,认为这种理解吸纳了Granovetter(1992)的结构嵌入与关系嵌入的观点及战略管理中的共同认知思想,并明确了每个子维度下面所包含的组成要素及其定义,但是与其他相关研究如 Tsai 和 Ghoshal(1998)、何芳蓉(2003)、柯江林等(2007)对各个要素的取舍存在较大差异。

(2)团队内部社会资本与外部社会资本

Adler 和 Kwon(2002)首次提出团队社会资本的内外二分法,此后,很多学者开始从团队内部网络和外部联结两个视角探索团队社会资本构念。行动者与其他行动者之间所建立的互动联结可以带来社会资本,根据社会资本来自内部和外部社会网络,可以将团队社会资本区分为内部社会资本和外部社会资本两类(Shipilov & Danis,2006;陈璐等,2009)。Oh 等(2006)摒弃以往研究中将团队作为“一种整体”或简单视为“个人加总”的做法,考虑团队成员同时嵌入在小群体、团队和整个组织的情景。借助团队跨界管理相关研究成果(Ancona & Caldwell,1992a,1992b;Ancona,1993),Oh 等(2006)在考虑传统的内部强联结(strong tie)基础上,进一步将桥联结划分为团队成员内部横向跨界与纵向跨界的社会关系、团队外部横向跨界与纵向跨界的社会关系,并认为通过管理这些桥联结实现团队社会资本的最优配置。团队内部水平关系主要指正式领导与团队内部小群体的关系;内部垂直关系关注团队成员与团队正式和非正式领导的关系;团队间水平关系是指目标团队与组织内其他团队的关系;团队间垂直关系是指目标团队与组织的核心领袖人物建立的关系(徐伟青等,2011)。张娜和陈学中(2007)根据团队社会资本的来源层面,将团队社会资本进一步分为团队内部社会资本、团队在组织内部的社会资本(又叫团队中部社会资本)和团队外部社会资本三个维度。其中，内部社会资本维度包括结构、关系和认知三个子维度；中部社会资本主要关注团队在组织内部的网络位置与结构洞；外部社会资本关注团队与外部网络行动者的纵向联系、横向联系和社会联系。

(3)团队社会资本测量

关于团队社会资本如何测量的研究相对较少，主要可以归纳为两类：一类基于社会网络联结视角，使用社会网络分析方法测量团队社会资本(Krackhardt，1992；Hansen，1999；Sparrowe et al.，2001)。在微观层面上，对团队社会资本的测量主要有两种方法：一种是局部网法，又叫自我中心网(ego-centre)，这种方法根据个体自我的属性特征测量个体在网络中的社会联结；另一种是整体网法，关注网络的整体结构性质(刘军，2004；罗家德和赵延东，2005)。两种测量方法在指标选取上存在较大差异，前一种方法常用的指标是网络规模(网络成员的数量)、网络成分(成员异质性)、网络密度(网络成员之间联结程度)，等等；后一种方法常常测量网络密度、网络中心度、网络中心势等。局部网分析方法主要有位置生成法、提名生成法、资源生成法等，每种方法的具体操作可参照罗家德和赵延东(2005)、刘军(2004)等专著。实证研究方面，Reagans 和 Zuckerman(2001)基于社会网络分析法(SNA)获取数据衡量联结强度(包括沟通频率和情感联结)、网络密度和网络异质性均采用网络计量方法测量。Hansen(2002)对“团队间联结的路径长度”用社会网络方法测量联结中心性表示，并用咨询关系网络中的入度(indegree related)与出度(outdegree related)测量团队间联结(包括直接和间接)。在考虑社会网络子集的基础上，团队网络可以细分为团队内、跨团队和转移网络三种，其中“团队内网络”可以用网络规模和强度衡量、“跨团队网络”用网络规模、强度与竞争三个题项测量、“转移网络”用强度和竞争测量(Hansen et al.，2005)。

另一类是基于社会资本的构成要素(成员共同认知、关系或结构性社会资本)，采用问卷方法测量团队社会资本。有学者认为无论社会资本的微观层面、中观层面或者是宏观层面，社会资本对社会发展的影响均借助两类社会资本的互动实现，提出用结构型社会资本和认知型社会资本两个维度测量团队社会资本(Uphoff，1996)。Tsai 和 Ghoshal(1998)关于社会资本的三维度研究中，将社会互动作为结构性社会资本的主要指标、信任作为关系维度的核心变量、共同目标作为认知维度的核心内容。柯江林等(2007)结合 Nahapiet 和 Ghoshal(1998)等研究，开发团队社会资本的子维度及其结构模型，并采用探索性因子分析(EFA)和验证性因子分析(CFA)检验构念的信度与效度。Chen 等(2006)基于 Coleman(1988)、Nahapiet 和 Ghoshal

(1998)等研究,提炼出"网络互动"、"网络联结"、"信任关系"和"价值系统"四个变量衡量研发项目团队的社会资本。彭灿(2010)借用柯江林等(2006)的6个子维度测量团队内部社会资本的,团队外部结构型社会资本用团队内外互动强度和外部网络密度测量;团队外部关系社会资本用团队内、外部特殊信任程度测量;团队外部认知社会资本用内、外部共同语言测量。

关于团队社会资本测量究竟基于何种理论视角,采取何种方法更有效,目前两类方法仍存在较大争论(Payne et al.,2011)。虽然社会网络测量方法能够从人际联结网络的结构或关系特征角度探讨团队效能的作用机理,避免了问卷直接测量方法的主观性和共同方法变异问题,但是,由于社会网络测量方法基于整体网络,借助图论方法描述群体关系的结构特征,该方法以一定范围内的所有行动者和某种事件的全体为对象,这与管理学研究的样本代表性和随机抽样不相符合。无论是从概念层次或者构成要素方面来测量社会资本,其核心内容都是考察网络中人们之间的合作行为(Grootaert & Bastelaer,2002)。

1.5.3 团队社会资本与团队绩效的实证研究

本研究主要基于团队层面,综述社会资本与绩效之间的实证研究,首先需要简单梳理社会资本(或团队网络)与资源获取/交换的关系,它是社会资本(或团队网络)与团队绩效关系的基础。

关于社会资本(或团队网络)与资源获取/交换的关系,主要存在结构主义和功能主义两类观点(徐伟青等,2011)。前者强调社会关系或联结配置给个人或团队所带来可用资源,而后者着重关注特定联结携带的资源(Adler & Kwon,2002)。基于结构主义视角可知,团队内部与外部联结的配置将会影响团队成员与外部资源拥有者之间建立联结与交换信息的机会、激发相互帮助的动机、建立信任关系以促进团队绩效(Krackhardt,1992)。Tsai 和 Ghoshal(1998)基于"机会—意愿—能力"的思路梳理出团队间社会资本的维度结构(即结构维度、关系维度和认知维度),成为后人研究社会资本问题的重要依据。他们调查了15个电子企业的管理团队,结果发现:社会互动和信任与资源交换和整合密切相关,并给价值创造带来积极影响。此后,Tsai(2002)通过搜集24个业务团队的网络测量(点出度与点入度、频次)数据,探讨了团队间知识共享问题,结果发现:团队间网络中心性越高,越不利于团队间知识共享,并且这种作用被外部市场竞争正向调节。

Hasnen 研究发现,组织中一些团队能够有效利用其他团队的知识基,而另外的团队却无法做到。Hansen 等研究者聚焦团队间网络(或知识网络)特征对项目团队绩效的影响,以新产品开发团队的网络测量(中心度、强度、点出度/点入度、可达性/范围、中介性等特征)数据进行实证分析,结果发现:(1)弱联结在项目所需知识容易编码时,促进项目绩效;反之,在项目知识较复杂时,弱联结将对项目绩效产生不利影响;(2)项目团队与其他团队间保持较短的网络路径和直接联结,将促进团队获取更多知识与提高项目完成效率,并能促进隐性知识的转移;(3)不同团队间的社会网络子集在知识共享的不同阶段有着不同的影响(Hansen,1999,2002;Hansen et al.,2005)。

关于社会资本(或团队网络)与团队绩效的关系研究,侧重关注社会资本或团队内外部网络联结对团队效能、项目团队绩效等的影响。Tushman和Kazt(1981)利用61个研发项目团队研究团队外部网络与项目绩效之间的关系,结果发现"守门人"(gatekeeper)角色对项目绩效的作用依赖于不同的项目任务,在某些任务中,"守门人"角色促进项目团队的外部沟通。Krackhardt和Stern(1988)通过六次仿真实验研究了组织子团队内外的友谊网络(强度与网络接近性)与绩效(资源库、总产量、内部凝聚力和成员承诺)之间的关系,结果表明:当组织面临较大危机时,组织内不同团队间的友谊网络更能促进绩效。Reagans和Zuckerman(2001)研究了团队间网络特征与团队生产率之间的关系,通过对224个研发团队的调查发现,网络密度和网络异质性对团队生产率产生显著影响。在此基础上,Reagans等(2004)进一步深入探讨了"团队异质性—网络特征—绩效"之间关系,并对比两种评估团队有效性的方法:一种聚焦于团队成员的异质性特征,另一种聚焦于成员之间的社会网络。他们搜集了1518个项目团队的数据进行统计分析后发现,团队成员异质性对团队绩效的影响具有一定的模糊性,虽然内部网络密度与外部范围都对团队绩效有着正向影响,但是团队成员异质性对两者产生截然不同的效果。OH、Chung和Labianca(2004)研究一种特殊的社会连带——非正式社会化联结,通过对60个团队的实证分析发现,团队强联结与团队效能之间存在倒U形关系,缺乏多样性的联结比拥有团队多样性的外部联结效果差,并发现团队多与团队外部正式领导接触能够提高团队效能。

1.5.4 质量改进团队社会资本相关研究

质量改进团队是一种典型的项目型团队,它使用网络(或矩阵)组织形式达成特定目的,并且它的任务目标与知识创造密切相关(Lipnack et al.,1997)。当前有关质量改进团队社会资本的相关研究不多,主要集中在质量改进团队设计、医疗服务质量改进团队等相关领域。

现有对质量改进团队成员构成的研究，大多强调团队成员的不同专长和多样化社会人口特征背景（Harolds，2005；Xyrichis & Lowton，2008）。有研究以高效的医疗质量团队为例，研究发现这些团队中普遍存在容易描述与共享的目标（Mickan & Rodger，2005）、团队成员的信任感与承诺（Junger et al.，2007）。Luo（2005）以质量改进团队为研究对象，探索团队社会网络结构（包括平均中心性、小群体、咨询联结等）通过团队知识交换与整合影响团队绩效的作用机制。Meltzer 等（2010）基于社会网络分析方法（Social Network Analysis，SNA）设计质量改进团队并挑选团队成员，他们的研究不仅关注团队成员的专业背景与技能的互补性，同时强调团队成员的个体和集体之间联结，以及质量改进团队在整个组织网络中所处的位置。

1.5.5 团队社会资本文献小结

回顾已有的实证研究，我们可以发现团队社会资本与绩效关系的研究存在以下三个方面的问题：第一，从团队层面对社会资本与绩效关系的实证研究可知，团队层面社会资本对团队内、外部行为的作用机制缺乏实证探讨。目前实证研究着重关注团队绩效结果，而对团队网络（或社会资本）如何影响团队绩效的过程机制缺乏探讨。第二，当前团队社会资本与绩效关系的实证研究，通常基于自我网络的部分结构特征（即截取团队网络的一两个核心指标），验证团队网络与团队效能的关系（Henttonen，2010）。如果不站在团队社会资本的整体视角考察两者之间的关系，那么实证结果的外部效度与信度难以保证。第三，以往关于团队社会网络的研究大多关注个体层面（如个体网络中心性对绩效的影响），但项目团队层面的实证研究相对滞后且偏少，且对团队层面社会网络进行研究的学者仅仅考虑团队间网络层次，直到 Reagans 和 Zuckerman（2001）、Sparrowe 等（2001）等研究引发了学术界对团队社会网络（或社会资本）的关注。

1.6 质量绩效相关研究

1.6.1 质量绩效相关概念

要准确测量质量绩效，就必须事先弄清“绩效”的定义，Bates 和 Holton（1995）指出绩效是多维构念（multi-construct），测量因素不同导致绩效结果存在差异。目前，对绩效存在三种经典定义：第一种认为“绩效是结果”，它是指组织、团队或个人在特定工作职能、时间或活动中所带来的产出结果(Bernardin & Beatty,1984);第二种认为“绩效是行为”,指与组织、团队或个人工作目标一致的行为(Murphy,1990);第三种认为“绩效是能力”,即个体的潜在特质(Spercer & Spercer,1985),主要通过评估团队完成某项工作所具备的知识或能力来测量。由于组织中许多工作难以直接量化,用第一种方法衡量绩效可能会受到系统因素影响(Campbell,1990),比如用工作成绩、结果、目标达成、产量等衡量绩效。于是,学者们开始关注通过可观测的行为测量绩效,也有学者提出结合结果和行为两个维度共同考察绩效。

关于质量绩效的概念存在组织层面与产品层面(或项目层面)之分,前者关注整个组织的质量活动(或质量管理实践)所带来的产品质量或过程质量的改变;后者关注产品层面上的质量实践(或质量改进)所带来的产品质量或项目质量提升。卓越绩效评价准则(国家标准 GB/T 19580—2004)将质量绩效置于卓越绩效的高度,即通过一套系统与综合的组织绩效管理方法,促进组织和个人进步和发展,提升组织的整体绩效与能力,在此过程中为相关方创造价值,并使组织持续获得成功。贺金凤(2006)将质量绩效定义为“通过系统的质量管理活动所带来的结果,其中对质量绩效的评价涵括对组织质量管理活动及其结果的综合评价”。从微观层面,有学者从研发设计质量方面将质量绩效定义为产品在外观、性能、制造性、耐用性、上市时间等方面的综合表现(Garvin,1988;Sethi,2000;Lukas & Menon,2004;Fynes & De Burca,2005)。由于质量改进团队绩效更多关注单个产品和项目团队的改进情况或结果,借鉴 Barrick 等(1998)、Swink 和 Calantone(2004)等成果,本书基于质量改进项目团队层面,将质量绩效定义为质量问题解决情况、符合产品(或过程)质量目标、符合产品(过程)绩效目标、符合特定顾客需求、符合项目预算要求、符合计划进度要求等内容。

1.6.2 质量绩效的影响因素研究

质量绩效作为组织财务绩效和市场绩效的重要中介因素,其影响前因主要包括质量管理基础实践、质量管理核心实践、组织或情境因素等方面。为了探索质量管理实践对企业绩效的内在作用机制,有学者(如 Flynn et al.,1995;Samson et al.,1999;Dow et al.,1999)依照质量管理实践的内在构成及其作用机制将其划分为质量管理基础实践与核心实践。其中,前者主要指质量管理中的非机制性、社会行为等方面的支撑性措施(如领导承诺、供应商管理、顾客关系管理、人力资源管理等);后者关注质量管理中的机制性、过程与技术等方面的措施(如过程控制、产品设计、统计控制等)(熊伟和奉小斌,2012)。Prajogo 和 Sohal(2006)提出一个整合全面质量管理(TQM)实践和全面创新管理(TIM)实践的质量管理和创新管理模型,并证实 TQM 对质量绩效有很强的预测能力,技术和 R&D 管理与质量绩效有较显著的相关性。

(1)质量管理基础实践与质量绩效

Powell(1995)实证研究认为:影响质量管理绩效的关键要素是无形的、与特定行为和特质相关的要素(如高层领导、组织技能和组织文化等),并非传统实践界所关注的质量培训、标杆管理、过程管理等 TQM 工具和技术。Adam 等(1997)基于质量管理实践与波多里奇质量奖标准将质量管理活动划分为九类实践,并以欧美 977 家企业的调研样本实证探讨了各类质量管理实践与绩效之间的关系。研究结果表明,质量知识、以顾客为中心、管理者参与等基础实践活动对企业的质量结果有限制影响。Samson 和 Terziovski(1999)研究发现,基础实践对质量绩效的影响比核心实践大。两位学者以澳大利亚和新西兰 1024 个企业样本进行实证,并借助多元回归分析探讨了 TQM 要素与绩效之间的关系,结果表明:领导、人力资源、以顾客为中心等基础实践与绩效之间存在着显著相关性,但是企业的运营绩效与信息和分析负相关。质量管理基础实践除了对质量绩效的直接影响外,Flynn 等(1995)研究发现高层领导承诺、供应商关系等基础实践要素通过产品设计间接影响质量绩效和竞争优势;Ho 等(2001)实证研究了 TQM 基础实践与核心实践的关系,基础实践(培训、雇员关系等)与质量绩效之间不存在相关性,但是通过核心实践(供应商质量管理、质量数据和报告等)的中介作用对质量绩效产生间接作用。Kaynak(2003)基于完全中介模型,也验证了质量绩效在质量管理实践与市场绩效和财务绩效关系之间的中介作用。

(2)质量管理核心实践与质量绩效

不少学者的研究发现,TQM 的核心实践对质量绩效的作用更显著。Motwani 等(1994)参照 Saraph 对质量管理实践的分类体系探讨各类实践要素对企业绩效的影响,结果发现:过程管理、质量数据与报告、质量部门的作用、培训、供应商质量管理等要素与质量绩效存在显著相关关系,而高层管理的作用、产品设计和雇员关系与质量绩效的相关系数并不显著。Flynn 等(1995)较早地关注到质量管理活动与质量绩效之间的量化关系,结果发现“产品设计过程”、“统计控制与反馈”等核心实践对感知质量市场结果有显著影响,“流程管理”和“统计控制与反馈”与质量绩效显著相关。Forza 和 Filippini(1998)实证研究发现了与 Motwani 等人类似的结论,即验证了质量管理核心实践对企业绩效的影响比基础实践更显著。两位学者首次建立了 TQM 与质量符合性和顾客满意度之间的关系模型，并以 43 家意大利企业的调研数据，运用结构方程建模发现：系统的具体活动因素（过程控制程序化等）对质量成功和顾客满意度的影响，远比人力资源因素（复合型人才、员工的建议等）影响大。有学者对过程管理与质量绩效之间的关系进行了研究，结果发现过程管理可以减少浪费、提高产品质量、缩短新产品交付时间，从而改善财务绩效（Dean & Bowen，1994）。

（3）组织或情境因素与质量绩效

Sethi（2000）对影响新产品质量的团队特征（职能多样性和信息整合）和情景因素（包括时间压力、产品创新性、顾客对产品开发过程的影响、企业质量导向）进行实证，结果发现信息整合、顾客对产品开发过程的影响、企业质量导向与新产品质量绩效显著相关，产品质量与产品创新性负相关。信息整合负向调节产品创新性与质量绩效的关系，质量导向削弱信息整合与质量绩效的关系。Swink 和 Calantone（2004）以 137 个新产品开发项目为研究对象，验证设计与制造整合（design-manufacturing integration）影响设计质量，技术新颖性和项目组织复杂度仅通过设计与制造整合对设计质量产生间接影响。新产品开发速度对质量绩效有着重要影响，虽然新产品时间投入与产品质量有一定相关性（Wind & Mahajan，1997），但是开发新产品耗费太多时间也会导致开发周期延长，最终给质量绩效带来负面影响（Lukas & Menon，2004）。同时，Lukas 和 Menon 发现组织正规化和中心化程度负面影响质量绩效，正式控制和非正式控制正向影响质量绩效。Fynes 和 De Burca（2005）基于 351 个制造企业数据研究设计质量与质量绩效各个子维度的关系，通过路径分析检验了设计质量对符合性质量、外部使用质量、产品成本、上市时间等质量绩效的显著影响。

1.6.3 质量绩效的测量

由于现有研究对质量绩效的定义存在组织和产品两个层面，因而对应的质量绩效测量也有两类视角：一类聚焦于组织层面的整体质量绩效水平，另一类基于产品质量绩效进行测量。

（1）组织层面的整体质量绩效测量

Ahire 等（1996）、Prajogo 和 Sohal（2006）等基于组织层面，测量本企业对比竞争对手企业在产品绩效、产品可靠性、产品符合性、产品耐用性、产品次品、产品返工等方面的总体质量绩效情况。Dow（1999）从企业总体层面，使用“最终产品质量合格率、产品质量保证成本、质量总成本和相比竞争对手的缺陷”等四个指标测量质量绩效。Samson 和 Terziovski（1999）对企业质量绩效的测量着重考察缺陷比率、质量召回成本、质量成本(包括错误、废弃、返工和检查等费用)和交货及时率。Haner(2002)对创新质量绩效的测量通过两类测量指标实现，其中，产品或服务相关的测量指标包括顾客价值增值、目标成本控制、设计稳定性、产品投资回报、产品绩效水平等；过程相关的测量包括上市时间、改进效能与生产率、产品开发团队的效能、项目管理绩效、增加灵活性。Kaynak(2003)在测量质量绩效时，参照以往文献用产品或服务质量、生产率、浪费与返工成本占销售额比率、采购物料交付期、产品或服务交付期等五个指标衡量。

(2)产品质量绩效测量

有关产品质量绩效维度划分的研究主要源于Garvin提出的产品质量8个维度：绩效、性能、可靠性、符合性、耐久性、适用性、美观性和感知质量(Garvin,1987,1988)。Agus(2005)基于Garvin的8个质量维度测量产品质量绩效，研究结果表明产品质量绩效具有较好的信度与效度。不同质量维度的重要性因产品和行业而异。Sebastianelli和Tamimi(2003)认为产品质量的可选性定义来自于卓越的、产品基础的、用户基础的、制造基础的和价值基础的五种不同方法，他们使用回归和因子分析发现：产品质量维度和各种可选的质量定义之间存在关联关系。其中，用户基础的质量定义与美观和感知质量相关，制造基础的定义与符合性质量相关，产品基础的定义和符合性与特性显著相关。Molina-Castillo和Munuera-Aleman(2008)将产品质量分为外部质量和内部质量两个大维度，其中外部质量主要指基于价格、品牌和原产地的质量；内部质量包括主观质量(形象和设计)和客观质量(绩效、性能和可靠性)。

其他关于质量绩效的测量，既有基于产品层面的因素，又有基于项目团队层面的因素。Sethi(2000)对新产品质量绩效的测量，主要基于美观性、性能、寿命、做工和安全等方面与竞争对手相比的情况。Swink和Calantone(2004)认为，设计质量绩效构念描述了产品符合与实用性相关绩效目标的程度，具体的测量指标包括三个：产品质量目标(如没有缺陷)、产品绩效目标、特定的顾客需求。Li等(2011)对产品质量绩效的测量主要使用三个指标：我们的产品比竞争对手好、顾客对我们产品的感知可靠性高、我们产品质量比竞争对手高。

(3)本研究对质量绩效的测量

尽管对质量绩效进行测量是所有质量相关研究的起点与落脚点，但是质量绩效的测量存在多种方法与研究视角，对质量绩效缺乏系统性的界定与梳理，质量绩效的单一维度或多维度尚无探讨。因此，本研究基于项目团队层面梳理质量绩效定义，探讨质量改进团队的质量绩效测量指标之间的关联性及聚合性，以及质量改进团队跨界行为对团队完成任务时效、成本、质量等方面的影响。质量绩效概念有组织层面和产品层面之分，由于质量改进团队绩效更多关注单个产品或项目团队的改进情况或结果，借鉴 Barrick 等(1998)、Swink 和 Calantone(2004)等成果，本书界定了质量改进项目团队层面的质量绩效，并用六个指标加以测量："团队使用恰当方法有效解决了质量问题"、"团队的质量改进目标基本达成"、"团队改进后的产品(或过程)符合绩效目标"、"团队改进后的产品(或过程)符合顾客需求"、"团队能在预算范围内完成任务"、"团队比预定时间更早完成任务"。

1.6.4 质量绩效文献小结

关于质量绩效的概念存在组织层面与产品层面之分，前者关注整个组织的质量活动(或质量管理实践)所带来的产品质量或过程质量的改变；后者关注产品层面上的质量实践(或质量改进)所带来的产品质量或项目质量提升。质量绩效作为组织财务绩效和市场绩效的中介影响因素，主要影响前因包括质量管理基础实践、质量管理核心实践、组织或情境因素等方面。本书基于项目团队层面，将质量改进团队的质量绩效定义为质量问题解决情况、符合产品(或过程)质量目标、符合产品(过程)绩效目标、符合特定顾客需求、符合项目预算要求、符合计划进度要求等内容。

2 理论构建与研究设计

2.1 以往研究进展

通过上章对相关文献的回顾，我们可以发现以往质量改进团队、团队跨界行为与团队社会资本研究取得的进展主要表现在以下几个方面：

(1)质量改进团队研究成为全面质量管理“落地”的基础

目前有关质量改进团队研究遵循传统的“输入—过程—输出”模型，这种模型强调不同的团队中间过程能够解释类似输入导致绩效存在差异的原因(Ilgen et al.,2005)。以往研究虽然界定了质量改进团队的概念与内涵，但更多聚焦质量改进团队成功或失败的影响因素，或者归纳出质量改进团队的应用过程与步骤(Prybutok & Ramasesh,2005;李钊等,2008)。质量改进团队研究集成了新产品开发质量控制、精益制造、六西格玛、质量功能展开等方法，并且涵盖质量改进团队设计、质量改进团队实施的组织保障、质量改进团队研究的理论视角等内容。由于质量改进团队在组织持续改进过程中扮演的特殊角色，并且不同团队所嵌入的社会情境与任务情境存在差异，因此有必要考察此类团队在任务特征驱动下如何跨界完成质量改进任务。

(2)团队跨界活动机理是学术界关注的新方向

以 Ancona、Caldwell、Joshi 等为代表的学者将团队跨界问题推到学术研究前沿，但在此之前跨界问题已经受到多个领域研究者的关注(Katz & Tushman,1979;Allen,1984)。Ancona 等人最早以新产品开发团队为对象探析团队跨界构念，确定了使节活动(representation)、协调任务(coordination task)和侦察活动(scanning)三种跨界行为，这种划分方法揭示出团队外部沟通活动的垂直维度(使节活动)、水平维度(任务协调)和竞争维度(侦察活动)，其他维度研究均属于这三个维度的子集。团队跨界的理论基础主要源于管理学、经济学与社会学，相关理论从不同视角考察团队跨界行为的不同侧面。资源依赖理论、社会认同理论和管理释意理论表明，组织的情境特征，以及团队成员属性、团队领导与成员对环境的反应都将影响团队跨界活动。协调视角和学习视角聚焦团队跨界活动的过程，主要基于资源依赖理论；网络视角探析了相关主体间的网络关系，并揭示了团队从外部获取知识和资源的方式与过程。在此基础上，团队跨界研究者认为，团队需要管理与组织中其他团队（或团队成员）的跨界关系，获取外部重要的信息和政治资源以提升团队绩效（Ancona & Caldwell，1992a，1992b；Choi，2002）。此后，Tsai 和 Ghoshal（1998）、Hansen（1999）、Reagans 等（2004）等研究逐渐重视团队与外部相关方的互动，并证实外部跨界活动可以促进知识转移与激发团队效能。当前有关团队跨界与绩效的调节关系研究中，学者们主要关注环境特征、外部依赖性、环境波动性和任务复杂性等因素在跨界活动与团队效能间关系中可能会起的缓冲作用（Choi，2002；Faraj & Yan，2009）。

（3）团队社会资本相关研究成为国外研究热点

界定了团队社会资本的概念与内涵，并立足于内部“联结观”或外部“桥结观”对团队社会资本构念进行了测量，主要有两种测量方法：一种基于社会网络联结视角，使用社会网络分析方法测量团队社会资本（Krackhardt，1992；Hansen，1999；Sparrowe et al.，2001）；另一种基于社会资本的构成要素（包括认知、关系或结构性社会资本），采用问卷法测量团队社会资本（Nahapiet & Ghoshal，1998；Robert et al.，2008；Chen et al.，2008；柯江林等，2007）。以往对社会资本与绩效关系的实证研究，主要关注社会资本（或团队网络）与资源获取/交换的关系，这种关系成为探索社会资本对团队绩效作用的基础。当前团队社会资本的研究主要关注研发团队、营销团队、高管团队等“明星”团队（Tsai & Ghoshal，1998；Hansen，2002；Meltzer et al.，2010；柯江林等，2007；冯博和刘佳，2007；古家军和胡蓓，2008；王海珍等，2008；王端旭等，2009；施杨和李南，2010），有关质量改进团队社会资本的相关研究不多，仅有的研究集中在质量改进团队设计、医疗服务质量改进团队等领域。

2.2 有待解决的问题

虽然以往学者针对团队跨界行为开展了一定研究，并取得了丰硕成果，但团队跨界行为及其作用机制的研究仍然存在很多亟须解决的问题：

（1）团队跨界行为的构念探索与量表开发

虽然学术界对团队跨界行为这一概念的构思有一定研究，但是针对特定团队(如质量改进团队)跨界行为构念维度及其特殊性缺乏探索。以往团队跨界行为构念的研究倾向接受通用性的潜在假定,但也有学者认识到此构念依赖特定团队与任务情境,这为团队跨界提供更强的理论解释与具体测量指标(Choi,2002)。因而质量改进团队跨界行为的结构特征,不仅直接关系到企业对质量改进团队跨界行为的理解,而且涉及其对质量绩效甚至组织绩效的作用方式。有关团队跨界行为的研究目前主要集中于欧美地区的常模分析,亚洲地区的研究相对较少,国内学者对这一研究主题的实证研究尚未出现。因此,有必要以我国企业中常见的质量改进团队为对象探索团队跨界行为的构念维度,以及各个维度的关键要素与主要特征,在此基础上开发出本土企业质量改进团队跨界行为的测量量表。

(2)团队跨界行为的真正动因探究

虽然当前对团队跨界前置因素的研究包括个人层面、团队层面和网络层面,但从团队层面探讨团队跨界动因的文献相对较少,对任务特征因素如何影响团队跨界行为缺乏实证探讨。任务特征因素在具体的研究中究竟是作为质量改进团队跨界行为的前因,还是作用于团队跨界行为与团队效能之间关系的缓冲变量,有待进一步研究(薛会娟,2010)。由于质量改进团队跨界行为既受到任务特征的制约,又受到社会网络嵌入特征的影响,因此孤立考察某个因素的研究难以准确探索团队跨界的真正动因。

(3)团队跨界行为的作用机制探讨

虽然现有研究集中考察不同类型的跨界行为对绩效的作用机制,但是研究结论存在较大的分歧,有正向作用(如 Ancona & Caldwell,1992a)、负向作用(如 Ancona,1990)和调节作用(如 Faraj & Yan,2009)。有学者认为这种分歧是由于忽视了团队跨界行为的维度划分与内在作用机制导致的(Marrone,2010),并且团队面临的不同任务特征和运营环境其团队跨界行为存在差异(Choi,2002)。因此,团队跨界行为对绩效的作用机制与特定构念维度和团队类型相关,本研究聚焦于质量改进团队以揭示团队跨界行为的作用机制。

(4)团队跨界行为的情境嵌入性视角

虽然团队跨界反映和嵌入在团队与外部成员之间的关系中,但是从社会资本(或社会网络)视角分析跨界活动作用机制的研究比较缺乏。质量改进团队内部成员之间的凝聚力和团队外部联结均会影响团队跨界活动,支持型的团队内部网络结构嵌入可能有效促进个体通过跨界行为获取外部资源与信息,并使之得到快速有效的分享。团队网络嵌入类型对质量改进团队跨界活动有何差异化的影响?外部依赖(跨团队)和组织情境是否成为影响质量改进团队层面绩效的调节变量？这些都是以往研究尚未正面回答的问题。

(5)质量绩效的界定与测量

以往研究过多关注团队整体效能机制，缺乏对影响质量绩效的团队层面独特因素与作用机制进行深入分析。现有对团队绩效(包括质量绩效)的研究大多基于“投入—过程—产出(IPO)”模型，忽视了质量任务因素与质量行为过程对团队层面绩效的影响，并且对影响质量改进团队外部跨界“过程”的因素缺乏研究。此外，以往对影响团队效能(或有效性)因素的研究，能否推广到质量改进团队质量绩效的概念界定及相关研究还需要进一步探讨。

(6)团队跨界行为的演进机制研究

在质量改进团队的不同发展阶段，团队跨界行为的表现存在较大差异，但这种差异是否呈现一定的规律尚不可知。质量改进团队跨界活动是团队从外部获取资源与知识的重要方式，此类活动具有较大的动态性，在质量改进团队生命周期的不同阶段会有所变化(Gersick，1988；Levin，1992)。因此，需要通过案例研究、问卷调查等方法探索质量改进团队跨界行为的演进规律，以更好地指导质量改进团队动态管理与调整跨界行为。

2.3 研究目的

企业质量竞争力的来源是什么？一直以来，“为什么一些制造企业比其他企业在市场上更具有竞争力”困扰着管理学者与实践者(Sousa，2003)。资源基础理论(resource-based view，RBV)认为企业竞争优势源自其所拥有和控制的异质性资源，这种资源同时具备价值性、稀缺性、难以模仿和不可替代性特征(Barney，1991)。企业如何获取与提升质量、持续改进相关的异质性资源？质量改进团队作为企业持续改进的主体，通过剖析该类团队如何跨界，可以揭示出不同企业质量绩效及质量竞争力存在差异的本质，阐释企业异质性战略资源的内在形成机理。

在动态竞争环境下，质量改进任务逐渐呈现复杂化、互依性、紧迫性等特征，这驱使质量改进团队强化与其他团队间的跨界活动，及时满足外部利益相关方的要求。然而，质量改进团队究竟为何、如何进行跨界，其跨界行为有何特征？虽然有文献指出了一般团队跨界行为的构念维度、团队跨界的多层次动因、团队跨界的作用机理等，但是针对具体的质量改进团队的跨界行为维度特征与过程机制的研究比较欠缺，亟待人们探索以指导质量管理团队实践。

我们在研究质量改进团队跨界行为时，面临两个焦点问题：第一，质量改进团队跨界行为是否与一般团队跨界行为维度相同？第二，质量改进团队跨界的驱动因素与作用机制是什么？针对这两个问题，本研究计划从以下五个方面加以阐述：

第一，质量改进团队跨界行为概念构思的关键特征是什么(其中哪些特征在质量改进团队情境下尤为突出)，其结构维度如何？

第二，质量改进团队跨界行为的驱动因素是什么？

第三，质量改进团队跨界行为是如何影响质量绩效的，这种绩效传导机制是如何建立的？

第四，团队社会资本对质量改进团队跨界行为与绩效关系的调节作用机制如何？

第五，质量改进团队跨界行为在团队发展的不同阶段如何演进？

2.4 构思框架与研究内容

2.4.1 构思框架

本研究关注质量改进团队情境下，团队跨界行为概念构思的关键特征及其量表开发，探索质量改进团队如何获得更好的绩效及其背后的作用机制，并以质量改进团队跨界行为作为这一过程的表征。通过界定质量改进团队跨界行为的内涵与概念构思，探索其驱动因素和作用机制，考察团队跨界行为随着质量改进团队不同阶段的演进规律，并尝试发现团队社会资本对质量改进团队跨界行为与绩效关系的调节影响，从而完整地描绘质量改进团队跨界行为及其作用机制的图景。

本研究主要基于资源依赖理论和管理释意理论，继承学习视角和网络视角，研究质量改进团队的跨界行为及其作用机制，并从团队社会资本视角探讨质量改进团队跨界行为与质量绩效关系的调节作用。随着研究的深入，学者们发现团队跨界行为对绩效的作用并非固定不变，而是因研究情景和关键构念测量而异(Choi，2002)，因此仅研究质量改进团队跨界行为与绩效间的直接关系模型，难以对质量改进团队发展与成长作深入了解，且可能出现误导性的研究推断。并且，由于质量改进团队嵌入在组织内外部情境中，团队与外部环境的互动是获取外部资源和各种支持的重要途径(石冠峰和林志扬，2010)。因此，根据本研究的主要目的以及对相关文献的梳理，提出图 2.1 所示的研究构思框架。

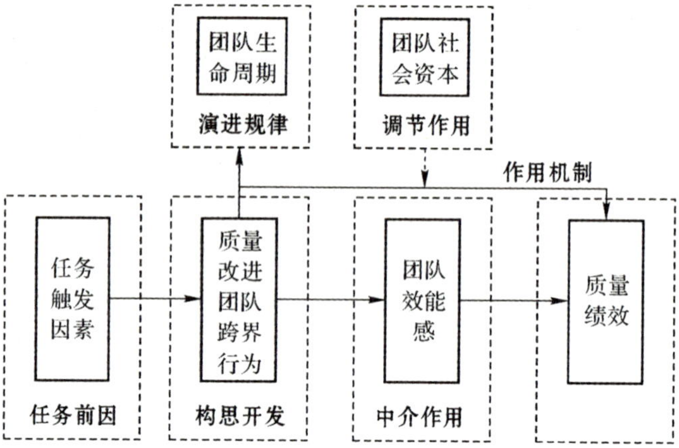

图 2.1 本书研究的构思框架

2.4.2 研究内容

根据图 2.1 的构思框架,本研究设计了以下五个子研究:

研究一:质量改进团队跨界行为的扎根理论研究

研究目的与内容:本研究拟基于扎根理论方法的思路与流程,通过对质量改进团队的访谈来获取现场资料,并对资料进行三级编码(开放式编码、主轴编码和选择性编码),从而提取质量改进团队跨界行为的内涵框架。

研究二:质量改进团队跨界行为的测量工具开发

研究目的与内容:在质量改进团队跨界行为的扎根研究结论基础上,准备进行质量改进团队跨界行为的测量,编制问卷进行调查,并采用统计方法分析调查结果,以检验质量改进团队跨界行为概念。

研究三:质量改进团队跨界行为的前因与作用机制研究

研究目的与内容:通过对质量改进团队发放调查问卷,获取大样本数据,对跨界的前因与后果进行假设检验,验证驱动质量改进团队跨界的影响因素,以及各类跨界活动对绩效的作用机制。

研究四:团队社会资本对质量改进团队跨界行为与绩效关系的调节作用

研究目的与内容:通过对质量改进团队发放问卷获取大样本数据,检验团队社会资本对质量改进团队跨界行为与绩效之间关系的调节作用。

研究五:质量改进团队跨界行为的演进规律研究

研究目的与内容:基于多重案例研究方法,通过对四个质量改进团队的研究，探索质量改进团队跨界行为在团队生命周期不同阶段的演进规律，并通过大样本数据加以检验。

2.5 技术路线

根据研究设计对相关理论进行分析和梳理，本书研究的技术路线如图2.2所示。

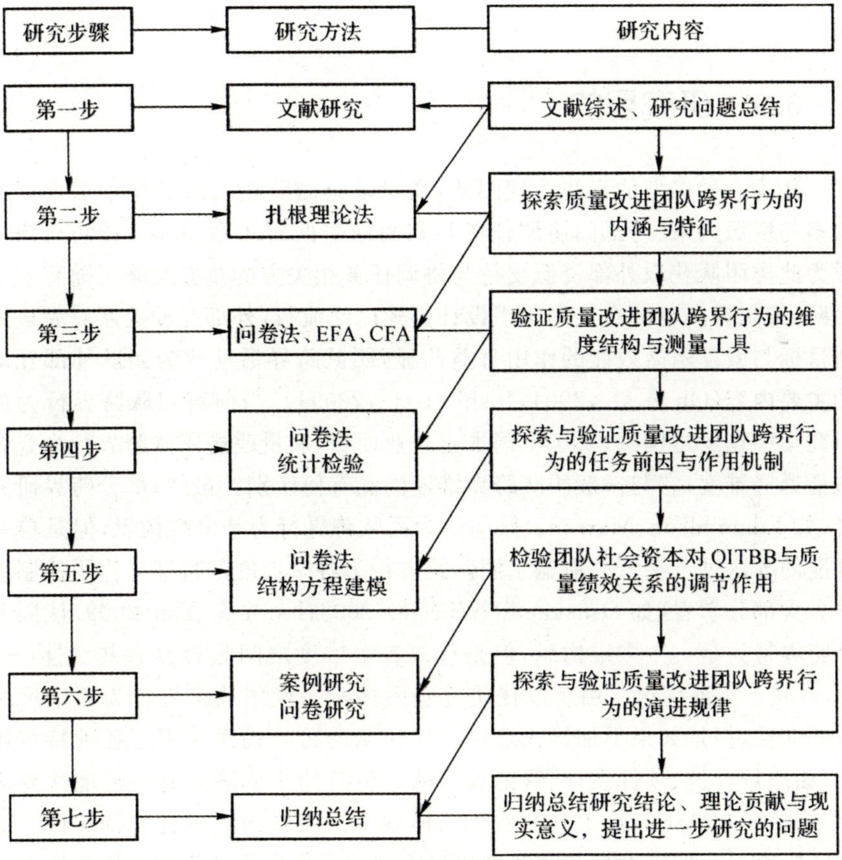

图2.2 本书的技术路线

3 质量改进团队跨界行为构思开发：基于扎根理论方法

3.1 研究目的

作为一种典型的自我管理团队，质量改进团队在实际运作中遭遇任务繁多与资源约束、跨部门协调任务与权力缺失两对矛盾(Imai,1986)，跨界成为此类团队获取外部资源支持与协调任务相关方的重要策略。随着基于团队、知识导向与分布式的组织设计模式广泛流行，外部互动关系对完成团队目标与激发团队效能的作用日益凸显，团队跨界活动成为团队外部互动的主要内容(Oh et al.,2004;Joshi et al.,2009)。当前对团队跨界行为的研究集中在发达国家，对于中国本土企业而言，质量改进团队跨界行为究竟包括哪些维度，它与一般团队跨界维度内涵有何区别？虽然，部分跨界研究者(如 Edmondson、Marrone)倾向认为团队跨界行为是单维构思，但是单一维度的界定过于狭窄并掩盖了团队跨界行为各个维度的特征与作用机制差异。大部分学者(如 Druskat & Wheeler,2003;Faraj & Yan,2009)认同团队跨界行为是一个多维构思，但是针对各个维度之间是否具有共变性(co-vary)缺乏实证探讨。由于以往研究企图探索一般团队跨界行为的维度性或共变性，但是如果不加修正地将一般团队的跨界构思应用于各种特定团队(如质量改进、软件设计、营销等团队)，将有悖于管理研究的情境性要求(Tsui,2006;Marrone,2010)，也无法体现不同团队的跨界行为特殊性。对团队跨界行为的维度性和共变性探讨需要综合考虑团队类型和任务情境的差异(Choi,2002)，这种差异不仅关系到我们对特定团队跨界行为构思的测量，而且也是团队跨界内在作用机制研究的起点。为此，本研究旨在采用扎根理论方法，通过对具有一定行业代表性的质量改进团队主管和成员进行深度访谈，并收集这些团队相关的质量改进项目资料，系统分析以探索质量改进团队跨界行为的内涵及特征，为进一步采用问卷方法检验质量改进团队跨界概念构思提供依据。

3.2 研究方法

扎根理论(grounded theory)由 Glaser 和 Strauss 于 1967 年首次提出，它是一种质性研究方法，该方法对社会学、管理学、心理学等领域的研究范式带来了变革，并被认为是“社会科学中最有影响的研究范式”。所谓扎根理论，就是运用归纳方法对现象加以分析整理得到结果，是经由系统化的资料收集与分析而发掘、发展，并已暂时被验证过的理论(李志刚和李兴旺，2006)。它不仅为社会科学研究提供了一套具体的操作指南，“提供了唯一系统的社会科学研究形式”，且该方法蕴含的基本原则成为质性研究的指导原理(涂辉文，2010)。扎根理论方法是一种探索现象的归纳性研究，并非逻辑演绎研究，其目的是帮助研究者在原始资料基础上发展理论(Parry，1998)。扎根研究之前没有理论假设，研究者带着问题直接从原始资料中概括概念和命题，并通过多次轮回升华到理论高度。该方法是一种“自下而上”建立实质理论的方法，即通过系统收集资料搜寻反映社会现象的核心概念，然后从这些概念间的联系中建构相关理论(陈向明，1999)。

当前扎根理论研究方法至少存在三个版本：Glaser 和 Strauss 的原始版本(original version)、Strauss 和 Corbin 的程序化版本(proceduralised version)和 Charmaz 的构建型扎根理论(the constructivist's approach to grounded theory)(费小冬，2008)。本研究采用目前应用最为广泛的 Strauss 和 Corbin 的程序化版本。扎根理论研究方法的要素包括：(1)阅读和使用文献，为资料分析提供新的概念和理论框架；(2)自然呈现，通过对不断涌现的数据保持充分的注意力，以使研究者保持开放的头脑对待研究对象相关的问题；(3)概念化现实存在但不易被注意到的行为模式；(4)社会过程分析，扎根理论是关于一个社会过程(而非社会单元)的研究；(5)一切皆为数据，数据形式包括现有文献、研究者本身及对研究对象的观点、历史信息或个人经历；(6)扎根理论不受时间、地点和任务的限制(费小冬，2008)。

Corbin 和 Stauss(1990)指出，扎根理论研究的主要操作程序可以概括为以下 6 个步骤：理论取样；收集资料；通过对资料逐级编码产生概念；不断进行数据间、概念间以及数据与概念间的反复比较；形成理论性概念，并建立概念间的联系；构建理论并进行评判。扎根理论的核心环节是围绕资料进行三级编码，即开放式编码(open coding)、主轴编码(axial coding)和选择性编码(selective coding)。开放式编码主要将资料逐步进行概念化(即定义研究资料提及的现象)与范畴化(即依据概念间的联系进行分类与整

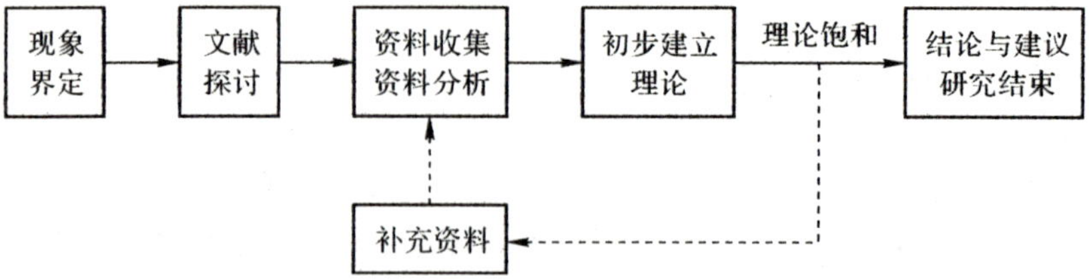

图 3.1 扎根理论研究操作流程图

资料来源:Pandit(1996)

合),概念化和范畴化处理一定程度上确保编码正确并全面反映资料内容,并将抽象概念综合成为范畴以便进一步挖掘范畴的性质和性质的维度。主轴编码是在开放式编码基础上进一步对范畴进行概括与深化,通过运用“因果条件→现象→脉络→中介条件→行动/互动策略→结果”这一典范模型,将开放式编码所获得的各项范畴联结在一起的过程。选择性编码主要指选择出核心范畴,并将其与其他范畴、概念等进行连接,补充完整概念化尚未发展完备的范畴并进一步建构其间的关系(薛宪方,2009)。选择性编码的技术主要有撰写故事线、运用图表、检视和编排备注等方法,其中撰写故事线是最常用的方法之一(Strauss & Corbin,1990)。通过扎根理论来回答研究问题的发展过程主要体现在选择性编码过程中。

扎根理论方法是开发集合性构思的有效方法,Morgeson 等(1999)针对集合性构思和理论开发提出了 11 条指导方针,如集体层面的构念开发始于对组织成员间交互的理解;在理解个体活动背景的基础上阐明集合性构思结构;在集合水平上有一系列潜在的重要因素,如交互(interaction)、整合(integration)、协调(coordination)、互相依存(interdependence),研究者应综合考虑这些因素,从而全面理解这些集合性构思的本质;研究者必须清楚如何操作构思,等等。这些指导方针的启示是通过结构和功能来描述构思,结构来自交互,可以跨时间影响交互系统,功能代表了构思的因果输出,提供了一种整合跨水平构思的机制,并没有检验集合性构思的绝对方法,对结构的讨论也没有排除对功能的考虑,因此仔细考虑研究结构和功能可以使研究者更全面地建构理论(薛宪方,2009)。

3.3 理论抽样

理论性抽样作为一套系统性的应用方法(Glaser,1992),它是扎根理论的特色所在。旨在使研究者将从资料中初步生成的理论用于指导后续资料抽样,以及资料的进一步收集与分析(徐建平,2009)。这蕴含了扎根理论"一切皆为数据"的核心思想,即扎根分析所使用的数据既包括现有文献,还包括研究过程中人的观点、相关历史信息或个人某种经历等(费小冬,2008),通过对这些要素的比较以形成概念并发掘其中所蕴含的模式。根据这一分析逻辑,本研究针对访谈所收集的现场资料进行扎根分析是可行的。

本研究旨在发掘质量改进团队跨界行为的内在结构特征,即在质量改进过程中,质量改进团队跨界行为这个概念具有哪些关键维度特征,使质量改进团队有别于一般团队?根据扎根理论抽样的目的性、合理性和可行性,本书着重针对高新技术企业的质量改进团队(高新技术企业质量改进活动显著),并且选择在团队和组织中工作时间相对较长的老员工进行访谈(以期充分了解真实信息)。

3.4 资料收集

3.4.1 资料收集方法

本研究通过访问研究团队所在企业的相关网站,以及访谈时向企业索取的相关数据材料等两种方式搜集数据。访谈旨在收集一手资料,并为研究者和研究对象之间提供互动机会,这在一定程度上能够消除研究对象的敌意,进而获取研究对象更为深层次的信息(王重鸣,2001),以及储存于企业管理者或决策者头脑中的隐性知识(颜士梅,2005)。

本研究的访谈方法包括两类:半结构化访谈和焦点小组访谈。前者由于具有清晰结构和比较固定的结构问题,可以邀请被访谈者针对半结构化问题提供发散式答案;后者在市场调研中应用较为普遍,焦点小组访谈的提纲与半结构化访谈非常相似,但是执行过程中注重访谈对象间的互动。本书的焦点小组访谈一般在某个公司选择3~5名团队成员,在我们的引导下就访谈提纲所列的问题进行深度交流,这种交流方式有利于了解质量改进团队成员对集体层面问题的想法与看法,因而非常适合团队跨界行为的调研。为了避免被访谈者疲劳,我们将半结构化访谈的时间控制在1个小时内,焦点小组访谈时间不超过2个小时。在访谈过程中,征得被访谈者同意进行录音,并在访谈结束当天整理好访谈记录与备忘录。笔者采用扎根理论方法,通过对访谈资料进行开放式编码、主轴编码和选择性编码来开发质量改进团队跨界行为的构思维度。资料分析过程中采用持续比较的分析思路,不断提炼和修正理论,直至"理论饱和"为止(王建明和王俊豪,2011)。

3.4.2 访谈设计

成功的访谈取决于访谈提纲，访谈提纲通常包括拟提问题、提问次序以及针对可能的回答设置追问式的问题（涂辉文，2010）。本研究的访谈对象是质量改进团队的主管或成员，他们大多在质量改进或质量控制方面有丰富的阅历，具有许多内隐的知识或观念，所以我们采用既具有较强理论构思又兼备灵活性的半结构化深度访谈和焦点小组访谈法，通过追问式的访谈设计揭示内隐知识。

在梳理以往文献基础上，结合本研究的目的，访谈提纲主要聚焦于以下几类问题：(1)请被访谈者介绍质量改进团队的基本情况（组建时间、成立背景、主要任务、成员规模、个人担任职责等）；(2)质量改进团队目前处于哪个发展阶段（启动与组织阶段、冲突与协作阶段、变革与更新阶段、执行与完成阶段），有哪些团队特征？(3)质量改进团队跨界活动是否依赖团队内、外部活动的协同努力？团队成员参与管理外部跨界活动给团队带来哪些利弊（举例说明）？(4)质量改进团队从外部获取支持与信息等活动对质量绩效提升是否有帮助（举例说明）？(5)质量改进团队如何协同与其他平行团队或相关部门的活动，这种协同主要依据什么程序或标准（举例说明）？(6)质量标准或质量管控如何在跨团队间实现（举例说明）？(7)质量改进团队获取外部信息的途径或方式（举例说明）；(8)您认为团队协同与其他平行团队或部门的活动、监测外部竞争对手等活动对质量绩效提升是否有帮助（举例说明）？(9)您认为在团队发展不同阶段，质量改进团队参与外部活动的内容或形式是否有差异？团队应该如何动态管理这些外部活动（举例说明）？

通过以上访谈问题，我们主要目的在于了解质量改进团队跨界行为在企业实践中的具体表现，以指导我们基于实践原型深化对概念的理解。

3.4.3 访谈对象

质量改进团队跨界是任何一个致力于持续改进的企业所必须面对的现象，考虑到质量改进活动的成效显著性与组织重视度，本书在访谈样本选择上较多关注高新技术企业，因为相对而言这些企业的产品构造较为复杂、质量改进活动更为显著。同时鉴于本书研究的核心是质量改进团队跨界行为，它要求访谈对象曾参与过且熟悉质量改进团队的活动，一般为团队的主管或骨干成员。因此，本研究在杭州、宁波、绍兴、嘉兴、湖州、长沙等地进行了19组访谈（其中包括4组焦点小组访谈）。具体情况如表3.1所示。

表3.1　被访团队所在企业背景汇总

企业名称	地点	规模	所属行业	访谈对象	访谈人数	备注
恒石纤维基业	嘉兴	中型	玻纤制品	质量经理、项目主管	2	半结构化访谈
京马电机	嘉兴	中型	电动机	项目经理	1	半结构化访谈
宁波水表	宁波	中型	仪器仪表	项目经理、项目骨干	2	半结构化访谈
巨石集团	嘉兴	大型	复合材料	质量经理、质量科长、项目经理	5	焦点小组
华联电子	宁波	中型	电子	项目骨干	1	半结构化访谈
中策动力	宁波	大型	船用动力	质量经理	1	半结构化访谈
贝发集团	宁波	大型	文具行业	项目经理、项目骨干等	3	焦点小组
华友钴业	嘉兴	大型	钴化学品	精益生产部长	1	半结构化访谈
桐昆集团	嘉兴	大型	化纤行业	项目经理	1	半结构化访谈
瑞明门窗	湖州	中型	门窗制品	项目经理、项目骨干等	3	焦点小组
帅特龙车辆部件	宁波	中型	汽车配件	项目骨干	1	半结构化访谈
杭氧股份	杭州	大型	空分设备	项目经理	1	半结构化访谈
液化空气(杭州)	杭州	大型	空分设备	项目经理	1	半结构化访谈
浙江中烟工业	杭州	大型	烟草制造	六西格玛项目经理	1	半结构化访谈
盾安集团	杭州	大型	环境设备	项目部经理	1	半结构化访谈
中联中科	长沙	大型	机械制造	项目经理、项目骨干等	4	焦点小组
海亮集团	绍兴	大型	铜加工	项目经理	1	半结构化访谈
金洲管道	湖州	大型	管道行业	项目经理	1	半结构化访谈
华安检测	杭州	中型	无损检测	项目经理	1	半结构化访谈

3.5 资料分析

本研究的原始资料是来自 19 家企业 32 位质量改进团队负责人或骨干成员的访谈记录及相关项目资料(部分访谈资料见附录),下面分别对资料进行开放式编码、主轴编码和选择性编码。

3.5.1 开放式编码

开放式编码是在前期阶段,即在确定一个中心范畴及其特征编码(选择性编码)前,所进行的比较分析(Glaser,1998),它也是一种对数据进行分析式分解的解释过程。编码前要求研究者以客观的心态,将收集的资料打散,并赋予概念,然后重新组织与归类(陈向明,1999)。与此同时,我们特别需要撰写好各种分析备忘录,以达到建构初步理论的目的。在开放式编码的过程中,我们严格秉持六项基本原则(陈向明,1999),如详尽搜集资料,不遗漏任何重要信息;尽量以当事人(被访者)的原话作为码号,并对码号进行初步命名;逐行分析资料中的词语、短语、句子、行动、意义和事件,等等。

在开放式编码阶段,我们在将原始资料打散结构后进行详细分析,结合相关文献深刻思考从数据中提取的概念和范畴。在此过程中,我们还就相关概念和范畴与质量管理及组织行为领域的研究者进行交流,通过反复考察与探讨资料、概念和范畴,并历经“数据收集—编码—分析—继续收集数据”的多次循环,最终从原始资料中抽取了 102 个概念,每个概念用“a+序号”的形式标示,详见表 3.2。这些概念可能存在一定程度的重复或内容相近,需要进一步提炼。进一步将概念提炼为更为抽象的范畴,并对其进行命名,描述性质和维度。本研究共获得 18 个范畴,用“A+序号”的形式进行编号,这些范畴分别是:边界缓冲、持续改进、顾客导向、质量导向、数据驱动、成果固化、议题销售、质量培训、技术环境、配合行动、资源配置、节点评审、政策执行、资源援引、竞争互动、流程规范、市场环境、外部参与等,每个范畴所包含的概念及其各自的性质和维度如表 3.2 所示(原始资料记录与概念标号已根据范畴进行重新排序)。

表 3.2 访谈资料的开放式编码分析

原始资料记录	开放式编码			
	概念化	范畴化	范畴属性	属性维度
我经常代表团队与公司高层领导或外部客户交谈,尽量保护团队成员不受来自上面领导施压的影响(a1),就如我们团队成员经常所说,我们不会在团队内部传递负面垃圾信息(a2); 外部环境中充满不确定性(a3),如果不与外部环境隔离开来(a4),团队很难集中精力攻克重大质量技术问题; 公司对管道纱项目的重视度较高,高层领导为了取得客户订单,每个月进行一次项目会议,并及时对项目进展给予指示,但是这些都是由我们研发主任出面沟通(a5)。	a1 保护团队成员 a2 避免信息干扰 a3 外部不确定性 a4 环境隔离 a5 避免政治干预	A1 边界缓冲包括: a1 保护团队成员 a2 避免信息干扰 a3 外部不确定性 a4 环境隔离 a5 避免政治干预	缓冲强度	大/小
设计质量控制不是一劳永逸的,我们多次邀请生产、工艺等部门对 LX 产品转子进行改进(a6); 改进过程中,在提高转子转速的同时,不断缩小噪音要求,目前噪音已经降低到国标以下(a7); 质量改进的关键在于流程驱动,不断简化和优化流程(a8),使生产成本降低、产品质量提升; 稳定产品质量的关键是提高人员素质,而提高人员素质的关键在于持续学习与知识更新(a9),比如学习先进的质量控制工具和方法等; 解决产品或工艺质量问题,有时候还真要点诀窍,需要创新思维加以解决(a10)……	a6 循环改进 a7 减少变异 a8 优化流程 a9 持续学习 a10 创新思维	A2 持续改进包括: a6 循环改进 a7 减少变异 a8 优化流程 a9 持续学习 a10 创新思维	改进程度、改进水平	大/小 高/低

续表

原始资料记录	开放式编码			
	概念化	范畴化	范畴属性	属性维度
我们对检测项目的质量把控始终高于客户要求(a11),并在提供服务过程中始终坚持以低于竞争对手的价格提供高于对手的服务质量(a12); 公司立专项改进中油墨水问题,主要是基于提高产品质量的考虑(a13),此外,国内竞争对手方面目前尚未关注这块(a14),这也许给我们带来了机会; 美式手摇外开窗,当前主要难题在于开发周期过长,这可能难以满足工程项目的需求以及抓住客户需求变化的新趋势(a15),更重要的是工程项目客户要求交货越来越具有弹性(a16); 要在激烈的市场竞争中突出重围,迫切需要我们的品管人员与技术人员换一种思维去思考产品质量缺陷,实施一种基于客户声音的源头质量改进模式,让顾客满意成为企业所有部门的职责,从而系统与彻底地解决顾客的投诉(a17)。	a11 提高服务水平 a12 质量制胜 a13 提高产品质量 a14 抢占市场先机 a15 关注顾客需求 a16 解读顾客信息 a17 重视顾客投诉	A3 顾客导向包括: a11 提高服务水平 a12 质量制胜 a13 提高产品质量 a14 抢占市场先机 a15 关注顾客需求 a16 解读顾客信息 a17 重视顾客投诉	关注程度	关注/不关注
作为汽配供应商,我们严格遵循总成商的要求进行质量改进(a18),并且与销售等部门合作及时监视和测量顾客需求和期望(a19); 作为大型空分设备的定制化生产厂家,公司客户需求信息获取基本上以项目部为主,但是采集好的顾客质量信息会在公司内部有效传递(a20); FDY 单板粗旦纤维的质量提升,主要归功于公司自去年来建立的质量追溯体系(a21); 公司确立了“以轻微创新与改进为基础、一般创新与改进为核心、重大科技项目为导向”的质量改进战略(a22),并要求研发、生产、品管等相关部门制定相应的质量提升规划(a23); 我们质量改进团队的成功,主要得益于公司层面较好的质量文化支持(a24),这种文化潜移默化地影响相关人员认同质量改进目标、质量行为准则等。	a18 基于质量需求改进 a19 监视/测量顾客需求 a20 质量信息传递 a21 质量追溯体系 a22 质量改进战略 a23 运营质量规划 a24 质量改进文化	A4 质量导向包括: a18 基于质量需求改进 a19 监视/测量顾客需求 a20 质量信息传递 a21 质量追溯体系 a22 质量改进战略 a23 运营质量规划 a24 质量改进文化	关注程度 接受程度	关注/不关注 接受/不接受

续表

原始资料记录	开放式编码			
	概念化	范畴化	范畴属性	属性维度
在项目运行过程中,我们要求车间必须每天提供质量分析数据(a25),每周提供质量分析报告(a26),这些成为我们团队改进的依据; 现在公司在车间生产管理导入 ERP 后,系统会自动输出质量信息,我们只需根据质量汇总信息监控相关生产线的质量情况进行(a27),就可以掌控整体生产情况; 以前觉得成千上万的产品质量抽检信息只不过是应付客户检查,但是团队集体学习质量管理工具以后发现,这些累计信息对我们分析与监控质量还是有很大帮助(a28)。	a25 质量数据搜集 a26 质量分析报告 a27 质量信息监控 a28 质量信息应用	A5 数据驱动包括: a25 质量数据搜集 a26 质量分析报告 a27 质量信息监控 a28 质量信息应用	强度	强/弱
为了确保改进成效,项目完成后期重点需要制定巩固措施(a29),把对策恢复到受控状态,该纳入什么标准,就纳入什么标准(a30); ……,但是每次发现存在问题时,我们会及时向上级主管部门建议采取预防措施(a31); 在项目团队中已解决的问题,可能由于后续相关生产部门没有按照标准执行(a32),从而导致问题反复出现; 解决问题的关键是,后续需要在巩固期及时收集数据(a33),以确认效果是否维持在良好水平。	a29 制定巩固措施 a30 纳入质量标准 a31 采取预防措施 a32 严格执行标准 a33 收集数据验证	A6 成果固化包括: a29 制定巩固措施 a30 纳入质量标准 a31 采取预防措施 a32 严格执行标准 a33 收集数据验证	固化效果	好/坏

续表

原始资料记录	开放式编码			
	概念化	范畴化	范畴属性	属性维度
质量改进团队不同于研发团队、营销团队，他们这些团队（或部门）在企业中牛气冲天，我们如果想在质量改进方面干点事情首先要主动说服领导同意（a34）； 为了取得领导和外部其他相关方对我们工作的支持，我们需要及时将团队内部决策情况传达给他们（a35），这样我们后续开展工作的阻力将会减少很多； 成立该项目团队时，我就预期到后续会碰到很多难题（a36）……，不过由于估计充分，后来倒慢慢挺过来了； 但是，开展此类质量改进活动，关键是通过详细的质量策划将质量责任分解到相关部门（a37），这对项目后续正常运转有帮助； 团队在公司内部其他部门领导或高层面前的形象比较重要（a38），这会影响高层对团队的信任和相关部门领导对工作的支持。	a34 说服相关方 a35 决策传递 a36 预期问题点 a37 质量策划 a38 塑造形象	A7 议题销售包括： a34 说服相关方 a35 决策传递 a36 预期问题点 a37 质量策划 a38 塑造形象	销售结果 销售意愿	成功/不成功 强烈/不强烈
质量改进团队运作过程中，对公司相关人员进行质量理念的集体培训（a39），让他们理解质量目标与质量哲学，这样可能会建立团队内外部成员之间的共同语言…… 由于质量改进活动有一套自身固有的方法体系（a40），这些方法体系背后由多个质量改进工具组成（a41），因此对团队相关方强化方法与工具的培训是必要的； 团队要协调相关方解决质量或技术问题，对车间等执行部门提供必要指导（a42），有助于保证质量问题改进成效。	a39 理念培训 a40 方法培训 a41 工具培训 a42 业务指导	A8 质量培训包括： a39 理念培训 a40 方法培训 a41 工具培训 a42 业务指导	培训强度 培训效果	强/弱 好/差

续表

原始资料记录	开放式编码			
	概念化	范畴化	范畴属性	属性维度
产品或技术的改进往往从外部环境中获取有用的参照信息，通常我们除了关注复合材料行业相关技术外(a43)，领导还要求我们关注上游化工合成、下游纤维成型等技术(a44)； 除了节能门窗技术外，我觉得我们应该扩大视野，多到外边去参观学习同类技术(a45)； 眼光仅仅盯住本地同行的产品开发动向是远远不够的(a46)，外地甚至国际同行业的产品、技术或质量功能动向值得我们及时关注(a47)。	a43 本行业技术 a44 关联行业技术 a45 同类技术行业 a46 本地同行动向 a47 外地同行动向	A9 技术环境包括： a43 本行业技术 a44 关联行业技术 a45 同类技术行业 a46 本地同行动向 a47 外地同行动向	动态性程度	激烈/缓和
在项目管理过程中，最重要的一点是协调各个相关方的交付期限(a48)，因为其中任何一个环节的延迟都会影响项目最后的完成期限…… 我们在开展项目过程中，主要是通过及时告知上道工序我们的需求时间协调合作活动(a49)，在上道工序能力范围内争取各个流程节点的最大程度配合(a50)； 任何质量问题均不是一个团队或部门就能解决的，在我们公司内部更多发挥共同攻关的作用(a51)，公司甚至与著名高校合作设立了博士后流动站，共同解决质量或技术难题； 我们公司的文化倡导大家主动配合同事的工作，有问题做到主动沟通(a52)，通过沟通促进合作(a53)； 我们需要合作精神强的个人或团队，必要时为了企业共同利益而对自己的工作方式作出一定的改变(a54)，以适应弹性合作的需要。	a48 协调期限 a49 告知进展 a50 流程配合 a51 共同攻关 a52 主动沟通 a53 主动合作 a54 改变适应	A10 配合行动包括： a48 协调期限 a49 告知进展 a50 流程配合 a51 共同攻关 a52 主动沟通 a53 主动合作 a54 改变适应	配合程度	积极/不积极

续表

原始资料记录	开放式编码			
	概念化	范畴化	范畴属性	属性维度
完成质量改进任务，当然离不开财力支持(a55)、网罗专业人员(a56)，这方面公司领导一向是比较支持的； 公司目前尚未设立专门的研发试样车间，新产品改进过程中的试样均需征用生产车间的设备(a57)，这都需要报告生产副总批准才能执行； 公司领导对质量改进的重视度高或低，具体体现在对项目资源配置的优先性上(a58)，在总体资源有限情况下，如何确保质量改进项目资源随时可以提供(a59)，必要时需要适当多配置一点资源鼓励团队多搜集外部信息(a60)。	a55 财务支持 a56 人员支持 a57 设备支持 a58 资源优先性 a59 资源提供 a60 冗余资源	A11 资源配置包括： a55 财务支持 a56 人员支持 a57 设备支持 a58 资源优先性 a59 资源提供 a60 冗余资源	配置效率	高/低
一般而言，针对设计图纸或图样需要经过质量部门的复查(a61)，对设计开发的每个阶段性成果进行相应的评审、验证和确认(a62)，以便及时发现问题和不足，并采取必要措施加以解决； 试样评审能够确保后续量产过程中质量的稳定性(a63)，避免设计不完善导致后续批量产品质量问题，量产评审主要是针对量产过程中出现的问题加以整改(a64)，提高产品过程质量与工艺质量； 设计开发项目结题时(a65)，我们一般让制造、装配、检验等部门共同参与评审，避免设计上的低级错误。	a61 设计复查 a62 设计评审 a63 试样评审 a64 量产评审 a65 交付评审	A12 节点评审包括： a61 设计复查 a62 设计评审 a63 试样评审 a64 量产评审 a65 交付评审	评审规范性	规范/不规范

续表

原始资料记录	开放式编码			
	概念化	范畴化	范畴属性	属性维度
我们公司在促进质量改进活动方面,制定了详细的质量政策(a66),并且专门成立质量改进与精益生产委员会督促质量政策的落实与质量改进项目的开展(a67); 其实,对我们而言,只要认真吃透ISO9000,公司每个过程严格遵循标准化操作流程(a68),产品质量问题能够追溯到生产过程的每个环节(a69),当然产品质量就会得到保障; 质量手册编制对质量改进有着重要作用(a70),一定程度上统一了公司各个部门和团队对质量改进的认识; 公司现在实行质量成本考核(a71),我们团队可以方便地根据质量考核信息跟踪产品质量改进成效…… 质量策划具有四两拨千斤的作用(a72)……该阶段的策划结果直接为后续多个过程提供支持,如采购、检验、生产等。	a66 质量政策 a67 政策监督 a68 体系运转 a69 质量追溯 a70 质量手册 a71 质量考核 a72 质量策划	A13 政策执行包括: a66 质量政策 a67 政策监督 a68 体系运转 a69 质量追溯 a70 质量手册 a71 质量考核 a72 质量策划	执行程度	效果好/效果差
公司领导对质量改进的注意力相对少,大多数时候团队是缺乏资源的,这时我们往往通过多种方式解决,如寻求兄弟部门援助(a73)、短期向各个部门借调人员与设备(a74),实现资源共享(a75)和发挥资源使用的协同作用(a76);在资源的调剂余缺方面,我们也借鉴其他团队或企业的经验(a77),以最经济的方式达到理想效果。	a73 寻求援助 a74 短期借用 a75 资源共享 a76 协同作用 a77 经验借鉴	A14 资源援引包括: a73 寻求援助 a74 短期借用 a75 资源共享 a76 协同作用 a77 经验借鉴	使用程度	效果好/效果差

续表

原始资料记录	开放式编码			
	概念化	范畴化	范畴属性	属性维度
目前，我们门窗同业者之间的价格竞争激烈(a78)，很多朝着高性能或环保节能门窗发展，通过提升质量与升级产品避开低端竞争(a79)；工业中间品主要通过代理商向加工厂家提供交货，所以，现在竞争对手之间主要盯住销售渠道与代理商(a80)，希望通过建立完善的营销网络提高服务质量(a81)与响应速度(a82)； 在外部竞争越来越激烈的情形下，公司近年来组建了一支由销售、研发和品管人员组成的标杆管理队伍，专门负责竞争对手信息搜集与定期分析(a83)，并定期购买竞争对手的产品进行拆分研究(a84)，希望从中找到产品改进的启发。	a78 价格交锋 a79 质量竞争 a80 渠道争夺 a81 服务保障 a82 响应速度 a83 竞争谍报 a84 逆向工程	A15 竞争互动包括： a78 价格交锋 a79 质量竞争 a80 渠道争夺 a81 服务保障 a82 响应速度 a83 竞争谍报 a84 逆向工程	互动强度	强/弱
企业的业务流程存在很大相关性，只有通过更加严格规范的工作流程(a85)，才能将顾客的需求与期望准确转化为技术特征，然后将对顾客需求的理解内存于产品质量中； 改进产品质量，追根溯源可能在于设计阶段，对设计流程的规范化是后续过程质量的保证(a86)，信息化的推进也为员工提供了相关可借鉴的流程(a87)； 关于产品质量成本的核算与考核，在公司内部财务部门已经形成了一套成熟的通行规范(a88)； 在质量管理方面，我们坚持一套高效的流程规范(a89)，通过各种认证，如 ISO9000 等来促进质量管理与质量保证的规范化(a90)和流程化(a91)，从而保障过程质量水平； 在我们公司除了正式的规定或制度，还有一些有关质量控制的不成文规定(a92)。	a85 规范工作流程 a86 规范设计流程 a87 流程信息化 a88 通行规范 a89 质量规范 a90 管理规范化 a91 管理程序化 a92 隐性规定	A16 流程规范包括： a85 规范工作流程 a86 规范设计流程 a87 流程信息化 a88 通行规范 a89 质量规范 a90 管理规范化 a91 管理程序化 a92 隐性规定	规范程度	很规范/不规范

续表

原始资料记录	开放式编码			
	概念化	范畴化	范畴属性	属性维度
我们对产品质量的改进信息，还是要综合同类产品的销售情况(a93)，以及分析替代品出现后对我们产品可能构成的威胁(a94)，这样我们的改进工作才会得到市场和顾客认可； 我们制定重型机械的质量标准，不仅仅锁定在本地的三一(a95)，同样还关注徐州重工以及国外其他竞争对手(a96)，这样我们改进后的产品在国际上才有竞争力； 当然，我们改进任何一款产品都考虑了市场价格信息，如果在整体市场价格上占据优势的产品我们会重点保持(a97)，在价格上竞争不过本地对手，那么考虑服务与交付等方面策略(a98)。	a93 同类产品的销售动向 a94 替代品趋势 a95 本地同类产品的质量 a96 外地同类产品质量 a97 外地同类产品价格 a98 本地同类产品价格	A17 市场环境包括： a93 同类产品的销售动向 a94 替代品趋势 a95 本地同类产品的质量 a96 外地同类产品质量 a97 外地同类产品价格 a98 本地同类产品价格	动态性程度 复杂性程度	激烈/缓和 复杂/简单
如何提高溴化锂的利用效率，公司发动全员提出了很多建议(a99)，最终筛选出 10 条建议付诸实施(a100)； 模块化组成的成套空分设备调试过程中，疑难问题较多，每个项目组现场调试时聘请一名公司内部的资深工程师做顾问(a101)，将销售服务升级为专家服务； 应该说，我们在项目管理方面有一定经验，如邀请生产总监胡总担任我们项目组的顾问(a102)，这也确实解决了不少项目组的实际问题。	a99 寻找外部建议者 a100 接受外部建议 a101 聘用顾问 a102 领导挂帅	A18 外部参与包括： a99 寻找外部建议者 a100 接受外部建议 a101 聘用顾问 a102 领导挂帅	参与程度 参与范围	高/低 广泛/狭小

3.5.2　主轴编码

主轴编码旨在发现和建立各概念范畴之间的联系，以及资料各部分之间的有机联系。在建立从资料中提炼概念范畴关系的基础上，进一步区分主要范畴(category)和次要范畴(subcategory)(Corbin & Strauss,1990)。在完成开放式编码后,借助一种编码典范——现象的条件(包括因果条件和中介条件)、脉络、行动/互动的策略和结果——将各个范畴联系起来,从而实现资料的重新组合。主轴编码借助典范模型联系编码范畴,利用产生某个事件的条件、这些事件所依存的脉络(即该范畴性质的维度指标)以及在事件中所采取的策略与结果,将有助于我们更准确地把握该事件(主范畴)。

本研究使用KJ法(亲和图法)对概念范畴进行主题归类(熊伟,2005),该方法包括以下三个步骤:首先,将相似主题的概念范畴归纳为一类,直到所有概念范畴都归类完毕;然后,根据各类概念范畴的主题,给每个类取一个能够概括该类下所有概念主题的类名(即次要范畴);最后,根据各类概念范畴归类主题的抽象程度与意义相近程度,形成扎根理论分析中的主要范畴。但是,归类过程中尽量考虑团队跨界研究中的概念与质量改进团队情境特征,将可以归入两类的概念范畴尽量归于最接近的类别中,其过程如图3.2所示。

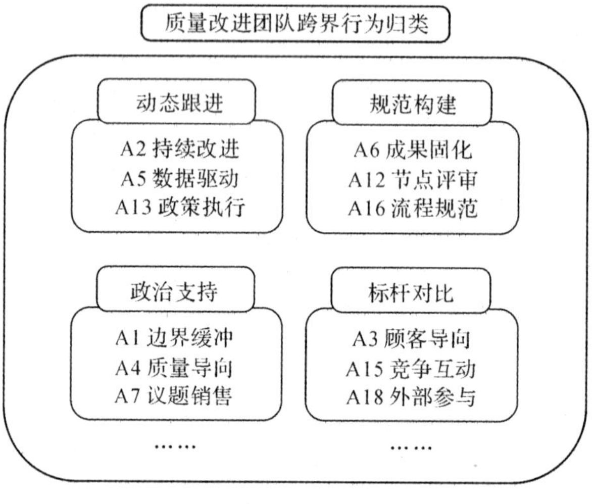

图3.2 用KJ法对开放式编码抽取的范畴进行归类

在归类完毕后,为确保分类的可靠性与信度,笔者再邀请质量管理方向有经验的两位博士生对概念范畴归类,他们事先并不知晓笔者的上述归类结果。由于两次分类结果存在一定的偏差，我们借用 Cohen Kappa 系数[①]来判断归类的一致性和信度(Cohen，1960)。经过计算，Kappa 一致性系数为 0.835，这表明两次归类的结果“几乎完全一致”。本研究对开放式编码中得到的 102 个概念和 18 个范畴进行了反复的 KJ 法归类与文献对比，将这些概念和范畴置于质量改进团队情境中，针对团队跨界所面临的活动，质量管理团队所采取的跨界行动，以及行动的结果，得到了质量改进团队跨界行为概念的 3 个主要范畴和 7 个次要范畴，如表 3.3 所示。

表 3.3　访谈资料的主轴编码分析

开放式编码抽取的范畴	次要范畴	主要范畴
A1 边界缓冲 A4 质量导向 A7 议题销售 A11 资源配置 A14 资源援引	b1 政治支持 b2 协调资源	B1 联络行为
A2 持续改进 A5 数据驱动 A13 政策执行 A8 质量培训 A10 配合行动 A6 成果固化 A12 节点评审 A16 流程规范	b3 动态跟进 b4 问题解决 b5 规范构建	B2 管控行为
A9 技术环境 A17 市场环境 A3 顾客导向 A15 竞争互动 A18 外部参与	b6 环境扫描 b7 标杆对比	B3 侦测行为

本研究通过反复比较与深入讨论开放式编码所抽取的概念和范畴，基于范畴之间的内在联系与类型关系，对这些范畴进行了联结，如表 3.3 所

① Kappa 统计量是比较两个或多个观测者对同一事物，或观测者对同一事物的两次或多次观测结果是否一致，以由于偶尔机会造成的一致性和实际观测的一致性之间的差别大小作为评价基础的统计指标。Kappa 值越大说明一致性较好，Kappa 判定标准为：－1～0 为没有一致性、0～0.20 为轻度、0.21～0.40 为一般、0.41～0.60 为中等、0.61～0.80 为明显、0.81～1 为几乎完全一致。

示。其中,“A1 边界缓冲”、“A4 质量导向”、“A7 议题销售”联结为次要范畴“b1 政治支持”;“A11 资源配置”、“A14 资源援引”联结为次要范畴“b2 协调资源”;“A2 持续改进”、“A5 数据驱动”、“A13 政策执行”联结为次要范畴“b3 动态跟进”;“A8 质量培训”、“A10 配合行动”联结为次要范畴“b4 问题解决”;“A6 成果固化”、“A12 节点评审”、“A16 流程规范”联结为次要范畴“b5 规范构建”;“A9 技术环境”、“A17 市场环境”联结为次要范畴“b6 环境扫描”;“A3 顾客导向”、“A15 竞争互动”、“A18 外部参与”联结为次要范畴“b7 标杆对比”。

通过持续的比较与分析,参考范畴之间的内在结构关系及过程联系,本书将次要范畴“b1 政治支持”、“b2 协调资源”整合为主要范畴“B1 联络行为”;将次要范畴“b3 动态跟进”、“b4 问题解决”和“b5 规范构建”整合成主要范畴“B2 管控行为”;将次要范畴“b6 环境扫描”和“b7 标杆对比”整合成为主要范畴“B3 侦测行为”。

3.5.3 选择性编码

选择性编码,即系统分析主轴编码发现的概念范畴,确定一个核心范畴,并将分析结果逐渐集中到与之相关的编码上。核心范畴是对前面所有分析结果而得到的词汇,该词汇可用于阐明整个研究的内涵,它能把其他的范畴关联起来,并形成一个完整的解释框架(涂辉文,2010)。核心范畴作为扎根研究中的关键概念,一定程度上能够囊括研究结果,它不仅可以从现有的范畴中筛选,而且可以基于被解释核心现象在更抽象层面进行提炼(Strauss & Corbin,1990)。本研究采纳后一种处理方式,并遵循陈向明(1999)等学者提出的核心范畴甄选标准。

选择性编码在扎根理论方法中居于关键地位,该环节要求编码者熟悉研究对象和研究领域,因此我们选择了另两位质量行为领域的博士生采用背靠背的方式编码,并通过讨论尽量对所要编码的范畴达成共识。此操作方法既保持了研究的过程一致性与连贯性,能够保持扎根理论的社会过程分析特色(费小冬,2008),又通过建立故事线(storyline)、对比各种范畴及其属性与维度、探讨核心范畴与基础范畴的关系以及背靠背编码等方式,从而提高了扎根研究结果的信度和效度。

具体而言,选择性编码包括下列操作步骤:(1)建立资料的内在故事线,通过深入分析原始资料和层级编码,质量改进团队跨界行为这一概念的逻辑结构自然呈现,比如在需要获取外部政治支持与协调资源的条件下,质量改进团队跨界行为才能发生,并且核心环节体现在跨界团队的质量管控行为,这个过程离不开对环境的扫描与标杆质量的对比;(2)通过比较与关联分析扎根编码得到的主范畴、次要范畴及其属性和维度,本研究发现在这些范畴中质量改进团队跨界行为占据了中心位置,它与所有范畴均存在实质关联,一定程度上代表了最主要的现象,联络行为、管控行为与侦测行为可以作为质量改进团队跨界行为在不同方面的具体表现;(3)对核心范畴和相对更基础范畴的关系进行深入分析,例如管控行为(B2)可能体现在质量改进团队的跨界动态跟进(b3),或者表现在解决问题的方式(b4),以及构建相关方遵循的质量规范(b5)等方面;而规范构建(b5)又可能通过质量改进过程中的成果固化(A6)、节点评审(A12)或者流程规范(A16)实现。这三个范畴又各自囊括了多个概念,其中成果固化包括制定巩固措施(a29)、纳入质量标准(a30)、采取预防措施(a31)、严格执行标准(a32)、收集数据验证(a33);节点评审包括设计复查(a61)、设计评审(a62)、试样评审(a63)、量产评审(a64)和交付评审(a65);流程规范包括规范工作流程(a85)、规范设计流程(a86)、流程信息化(a87)、通行规范(a88)、质量规范(a89)、管理规范化(a90)、管理程序化(a91)、隐性规定(a92)。

与以上分析相似,通过对其他次要范畴、范畴到概念都进行类似分析也得出了相应的结果。通过选择性编码建立的联系,将扎根分析中的核心范畴、主要范畴、次要范畴以及相关概念联结为一个整体,并确立了各范畴与概念之间的关联构思,从而总结出了质量改进团队跨界行为的概念结构系统,如图 3.3 所示。

最终确定质量改进团队跨界行为作为核心范畴,其根据在于:(1)质量改进团队跨界行为一定程度上能够概括扎根分析中的主要范畴和次要范畴,并在这些范畴中居于核心位置;(2)质量改进团队跨界行为的具体名称虽然没有频繁出现在访谈资料中,但是综合各种表述可知质量改进团队跨界行为是极为重要的;(3)质量改进团队跨界行为能够容易与其他范畴建立联系;(4)对质量改进团队跨界行为的研究可以形成一种理论。我们在确立质量改进团队跨界行为的核心范畴后,相关理论一定程度上会自然浮现,如质量改进团队跨界行为应该包括三个维度——联络行为、管控行为和侦测行为。

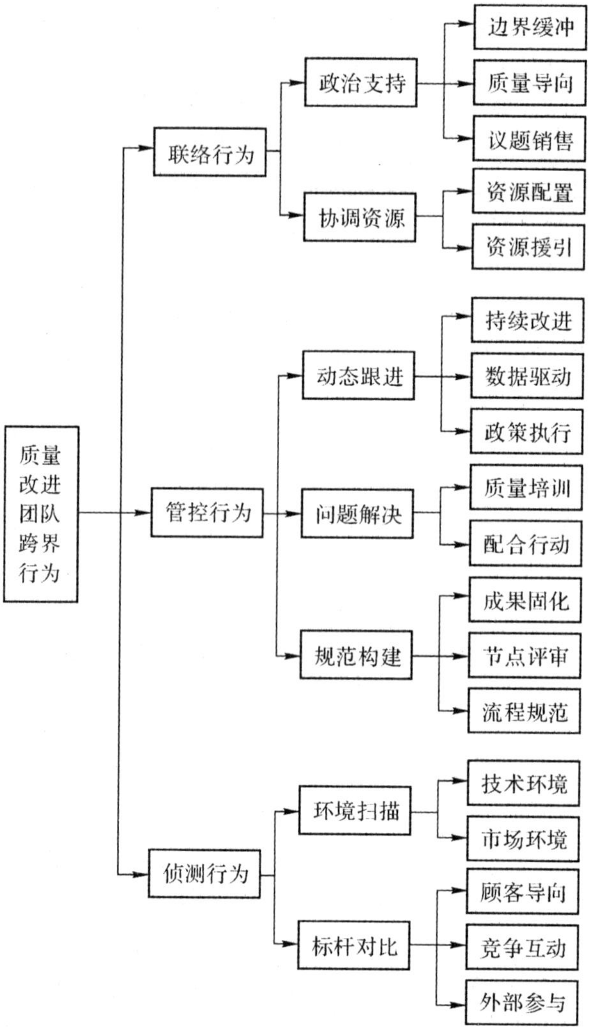

图 3.3 质量改进团队跨界行为概念构思的结构体系

3.6 研究结果讨论与总结

3.6.1 研究结果评价

Corbin 等(1990)认为对扎根理论的研究评价应该从研究程序和结论的实证扎根性两方面加以评价。Corbin 等提出了 7 个评价标准(徐建平,2009):(1)有没有产生新概念?(2)这些新概念之间是否存在相关性?

(3)这些概念联系及范畴的开发是否已经完善？(4)理论建构过程中是否涵括一定的变异？(5)研究结果的解释是否涵括现象发生的边界条件？(6)扎根研究有没有从全局角度考虑研究的过程？(7)扎根理论分析所探索的理论其重要性如何？

针对 Corbin 的评价标准，可以判定我们对质量改进团队跨界行为概念的挖掘是符合扎根理论研究方法的。首先，通过深入分析原始数据，开发出联络行为、管控行为、侦测行为等一系列新概念。并且，这些概念存在系统的关联性，层次关系与并列关系较为清晰，如联络行为、管控行为、侦测行为均属于质量改进团队跨界行为这一核心概念体系。但是，这三个概念存在并列关系，并且每个概念之下包括次要范畴，比如管控行为包括动态跟进、问题解决、规范构建，而每一个次要范畴又由各自的子范畴组成，比如规范构建涵括成果固化、节点评审和流程规范，这些范畴又包括各自所属的概念。同时，众多概念自身之间也存在一定的关联性，比如规范设计流程和流程信息化通常结合在一起发挥作用。同时，本研究是对 19 个访谈所收集的文本材料进行编码，涵括了非常丰富的原始数据信息，在原始数据分析基础上产生了 102 个概念和 18 个范畴，各个范畴具有很好的概念基础及概念密度，并在理论建构过程中覆盖了主要的概念变异。本研究的关键范畴是质量改进团队跨界行为，它能很好地涵括下属各个范畴及概念，具备较好的理论解释力，并一定程度上覆盖了影响现象的边界条件。本研究基于规范的扎根过程，先后经过了三级编码，以及数据收集、编码、分析与比较等多轮次循环，结果得到了质量改进团队跨界行为的内在结构和维度特征，为下一步测量工具开发奠定了基础，为深度挖掘质量改进团队跨界行为的构思提供了参考。

3.6.2 质量改进团队跨界行为三维度结构讨论

通过对 19 个访谈(包括半结构化访谈和焦点小组访谈)所收集的访谈资料或现场索取的材料进行扎根分析与三级编码，逐步揭示了质量改进团队跨界行为的内在结构关系，发现质量改进团队跨界行为是由联络行为、管控行为和侦测行为三个主要范畴一定程度上构成了本研究的核心范畴，同时各个范畴又各自包含一系列次要范畴与概念。

通过与现有团队跨界相关研究的对比，本研究可能在以下三个方面丰富了团队跨界行为这一重要概念：

第一，确立了质量改进团队跨界行为的三维度构念(包括联络行为、管控行为和侦测行为)。在现有对团队跨界行为的定义中，有研究将其等同于团队与外部相关方建立的各种联系(Oh et al.,2006),或者定义为团队建立和维持边界并管理跨越这些边界的互动,其中外向边界活动包括边界跨越与边界缓冲(Faraj & Yan,2009);也有研究基于营销团队将跨界行为定义为服务传递、外部表征和内部影响行为(Bettencourt et al.,2003),Druskat 和 Wheeler(2003)从组织内部视角将其定义为联络、侦测和劝说,等等。虽然有关团队跨界的各种定义存在显著差别,但是以 Edmondson、Marrone、Choi 等人为代表聚焦团队跨界行为的单维性,如 Edmondson(2003)将跨界行为界定为与其他组织团队互动过程,Marrone 等(2007)通过聚合个体跨界行为到团队层面以衡量团队跨界行为,这不利于揭开团队跨界的作用机制(Marrone,2010)。本研究针对具体的质量改进团队,探索了该类团队跨界行为的内在三维结构,进一步深化了团队跨界行为构念的多维性研究,也为下一步测量奠定了基础。

第二,发掘了团队跨界行为在质量改进团队情境下的特殊性。本研究基于质量改进团队素材所得出的结论,即质量改进团队跨界行为是由联络行为、管控行为和侦测行为共同构成的三维概念,相比现有一般团队跨界行为文献中的定义也具有质量团队特色。在国外有关团队跨界的研究中,以 Ancona 和 Caldwell(1988)为代表的学者最早探索团队跨界行为构念的多维性,先将其划分为使节活动、搜寻活动、侦察活动和防卫活动四个子维度,包含 15 种具体的跨界活动(如收集信息与资源、侦察、反馈搜寻、开放式沟通渠道、告知、协调、谈判等),而后将其简化为使节活动、任务协调和侦察活动三类(Ancona & Caldwell,1992a),但是这些研究结论难以推广到各种特定团队。我们通过扎根研究得出质量改进团队跨界行为的内在结构,在重视与外部相关方互动获取外部信息的同时,也发掘了质量改进规范和程序在跨团队(或跨部门)间的协调与监管作用,这也是质量改进团队区别于一般团队的特征。

第三,探索了中国本土企业质量改进团队跨界活动的特征。由于学术界对团队跨界行为的构念维度问题尚未达成一致见解,在欧美国家以外对团队跨界行为的研究更应该针对具体文化情境进行探索(Tsui,2006)。当前,中国本土企业的质量改进实践仍处于起步阶段,团队外部跨界水平相对较低,质量改进团队在防卫、开放式沟通渠道、告知、谈判等跨界行为方面的表现并不突出。相反,质量改进团队对外部资源获取、跨团队质量管控、外部信息侦测等方面行为给予极大的关注,特别是跨团队的质量规范构建、监督跟踪过程质量等活动在中国本土制造企业的质量改进活动中耗费较多时间。因此,本研究立足于本土制造企业的实证发现了质量改进团队跨界的维度结构与概念内涵。

在此基础上,我们界定了质量改进团队跨界行为构念三个主要范畴的内涵。在遵循扎根理论"延迟文献回顾"和"保持开放态度"原则进行数据分析的基础上(Glaser,1998),尽量从现有文献中找到与每一个主要范畴相似的定义,并进行比较。通过类似比较,既可以深化对扎根研究结果的理论认识,也可以弥补扎根研究的不足之处,并为界定质量改进团队跨界行为的概念构思找到了相关的文献支撑。质量改进团队跨界行为这一核心范畴由三个主要范畴组成:(1)联络行为主要指质量改进团队为了完成质量改进任务从团队外部相关方获取政治支持与资源配置而进行的互动活动;在以往有关团队跨界行为的研究中,使节活动(Ancona & Caldwell,1992a)、边界跨越(Faraj & Yan,2009)等概念与之类似,但这些概念不包括资源配置等内容。(2)管控行为主要指质量改进团队为了解决质量问题持续跟踪质量改进过程,构建和督促执行质量改进规范的外部互动活动;以往有关研究主要注重围绕相互依赖的任务进行协调(Marrone,2010),这与本研究的管控行为存在较大差异。(3)侦测行为是指质量改进过程中团队通过扫描外部环境与标杆对比从外部相关方搜索与获取信息促进项目完成的活动;以往研究虽然强调扫描环境(Joshi et al.,2009)、塑造组织形象(石冠峰等,2010),但是本研究的侦测行为除了侦察竞争对手与行业信息之外,还包括标杆信息获取与对标改进。

与此同时,本研究发现质量改进团队跨界行为这一核心范畴的三个主要范畴(联络行为、管控行为与侦测行为)存在一定的逻辑关系。质量改进团队通过联络行为从外部获取团队开展活动所必要的政治支持与各类资源,这些政治与资源保障为团队跨界督促质量改进与跟踪执行质量规范(即管控行为)提供了条件,同时在开展外部跨界活动中抽取部分资源监测外部环境信息与竞争对手动态(即侦测行为),从而促进质量改进团队活动的顾客需求导向与质量绩效的提升。根据这一理论逻辑,本书基于扎根方法提取的概念构思不仅明确了质量改进团队跨界行为的维度结构,拓展了对团队跨界行为的认识,也为进一步探析质量改进团队跨界行为的作用机制奠定了基础。

3.6.3 研究结果小结

本研究中,通过对 19 个企业的访谈搜集了丰富的现场资料,并基于扎根理论方法系统分析了这些资料,深入发掘了质量改进团队跨界行为的内在结构,并深化了我们对团队跨界行为这一概念的理解与认识。并且,通过与现有文献的比较分析，验证了质量改进团队跨界行为概念构思维度的合理性。总之，本研究主要取得了以下成果：

(1)质量改进团队跨界行为的概念构思包含三个特征维度(主要范畴)：联络行为、管控行为以及侦测行为。这三个维度之间具有内在的结构特征，并可以在相关范畴和概念中找到相应的关联性。

(2)本书发掘的质量改进团队跨界行为中的管控行为与侦测行为体现了质量改进团队的特征，也进一步验证了质量改进团队跨界行为的维度性符合中国本土企业的情境特色。

(3)基于扎根方法得出的质量改进团队跨界行为部分维度特征在现有文献中能找到类似或相近说法，但是本研究更加深入挖掘了各个维度的内涵，将质量改进团队跨界行为构念向前推进一步。这说明我们通过扎根研究得出的结论，既符合操作规范流程，又与现有理论文献相契合。

4 质量改进团队跨界行为结构维度的验证研究

4.1 研究目的与问题提出

上一章的扎根研究确定了质量改进团队跨界行为的概念内涵，并在这一概念基础上，初步确定了质量改进团队跨界行为的多维度结构，包括联络行为、管控行为和侦测行为三个维度，但这一构思仍缺乏定量数据的支持与验证。本章研究将在前文扎根理论方法的基础上，综合以往文献研究结果，开发质量改进团队跨界行为的测量问卷，并对质量改进团队跨界行为的维度结构进行检验。

具体而言，本研究主要遵循以下步骤：首先，通过对团队跨界行为相关理论的文献回顾与结合扎根理论分析的结论编制问卷，并运用探索性因子分析(EFA)初步明确质量改进团队跨界行为的因子结构；然后，通过验证性因子分析(CFA)来验证质量改进团队跨界行为的特征结构；最后，通过AVE均方根与潜变量相关系数的对比检验该测量工具的区分效度。

4.2 研究假设

由于质量改进任务日趋复杂，改进任务的顺利完成对外部的依赖性增强，质量改进团队跨界活动关系到质量改进项目的成败，因而近年来质量改进团队的外部跨界活动受到部分学者的关注(Cross & Parker，2004；Cross et al.，2008)。如果不加修正地将一般团队跨界构念应用于特定团队情境(如质量改进、软件设计、营销等团队)，将有悖于管理研究的情境性要求(Marrone，2010)。Edmondson、Marrone、Choi 等人的研究聚焦团队跨界行为的单维性，如 Edmondson(2003)将团队跨界行为界定为与其他组织团队互动的过程，Marrone 等(2007)通过测量个体跨界行为进而整合到 MBA 团队层面来衡量团队跨界行为。这些研究默认团队跨界行为各个子维度的变动具有同向性，对团队绩效的影响机制是类似的，并且将各个子维度捆绑在一起考察其对绩效的影响(Tsui,2006)。然而，虽然团队跨界行为每个维度具有一定的相关性，但也有其相对的独立性，对绩效所产生的影响也不尽相同。将团队跨界行为视为一个整体概念进行实证研究，可能无法发现各个子维度的独立性或依赖性、普适性或情境性等问题(Marrone,2010)，并会忽视每个子维度对团队跨界行为的独特贡献与作用机制的差异。

以 Ancona 和 Caldwell(1988)为代表的研究最早立足于组织内和组织外视角探索新产品开发团队跨界行为构念的多维性，先将其划分为使节活动、搜寻活动、侦察活动和防卫活动四个子维度，包含 15 种具体的跨界活动(如收集信息与资源、侦察、反馈搜寻、开放式沟通渠道、告知、协调、谈判等)，而后将其简化为三个子维度(Ancona & Caldwell,1992a)，并探索不同子维度对绩效的独立作用。后续 Druskat 和 Wheeler(2003)、Bettencourt 和 Brown(2003)、Faraj 和 Yan(2009)等研究，进一步从不同视角探索制造团队、营销团队和软件团队跨界行为的多维性，以及各个维度的独立变动特征。综观团队跨界行为的相关研究，大多基于 Ancona 和 Caldwell 的三维度划分标准，支持团队跨界行为是一个多维构念且主要包括使节活动、任务协调和侦察活动三个维度。究其原因，可能是 Ancona 等人的维度研究揭示了团队外部沟通活动的垂直维度(使节活动)、水平维度(任务协调)、竞争维度(侦察活动)，其他划分方法均可以归类为这三个维度的子集。但是，徐淑英和刘忠明(2004)以及 Tsui(2004,2006)指出，以往北美或欧洲文献中的大部分研究模型，若不进行跨文化比较或本土实证验证，则研究模型不能推广到其他国家。

由于团队跨界行为构念依赖特定团队与任务需求(Marrone,2010)，学术界对团队跨界行为的维度性和共变性(covary)问题难以达成一致。虽然 Ancona 等(1988)提出的团队外部跨界活动构念包括使节活动、任务协调、侦察活动和防卫活动，但大多数研究尤其是针对非研发团队的研究表明，防卫活动往往表现为对团队内部知识的分类、传递和保护，这种行为在质量改进团队中并不明显，而且与使节活动和侦察活动难以区分(Marrone,2010)。鉴于此，本研究更注重质量改进团队通过与权力阶层接触获取资源与政治支持、与横向职能部门共同构建规范与监控质量行动，并持续搜寻和扫描外部环境信息及竞争对手动态，即聚焦质量改进团队跨界的联络行为、管控行为和侦测行为。本研究对 Ancona 等人提出的量表进行实证研究评价，并对中国本土制造企业的质量改进团队进行探索，这有利于深化团队跨界领域的研究。因此本研究针对质量改进团队跨界行为的多维度构思，提出如下研究假设：

H1a：在中国本土情景下，质量改进团队跨界行为是一个多维构念，包括联络行为、管控行为和侦测行为三个维度。

H1b：质量改进团队跨界行为的三个维度不具有共变性，是彼此独立变化的。

4.3 研究方法

4.3.1 质量改进团队跨界行为预试问卷的编制

对质量改进团队跨界行为的准确测量是本研究的关键之一。由于团队跨界行为研究起步较晚，学者们还没有开发出成熟的测量量表。现有团队跨界行为的测量基本参考了 Ancona 和 Caldwell(1992a,1992b)，但这种量表既没有结合质量改进团队的任务情境，也没有测量出质量改进团队外部活动的显著特征。Marrone 等(2007)基于 Ancona 和 Caldwell(1992a)的测量量表，从中截取六个测量条款测量个体跨界行为。Faraj 和 Yan(2009)用四个条款测量跨界缓冲，如“吸收团队外部压力”、“阻止外部过分要求”等，个体层面的 Cronbach α 为 0.79，团队聚合层面上的 Cronbach α 为 0.82。Ancona 和 Caldwell(1992a,1992b)用四个条款测量“侦测行为”，如“搜寻竞争对手同类项目的信息”、“扫描组织内外的环境以获得营销思想”、“从团队外部获取技术知识或思想”等。从他们对侦测行为的测量条款可以知道，“从团队外部获取技术知识或思想”与任务协调之间存在重叠，该条款在任务协调上的因子载荷为 0.491，在侦测行为上的因子载荷为 0.587，因此有必要对该条款进一步作探索性分析。

基于上述研究编制预试问卷。首先是确定测量题项，为了保证问卷的信度与内容效度，我们优先考虑从成熟量表中进行选择，结合前文的三维度假设，参考相关文献及扎根研究结论，共汇编 30 个题项，内容如表 4.1 所示。为了增强量表的内容效度以及精简性，接下来邀请三位质量行为研究人员(一位副教授和两位博士生)讨论与筛选量表题项，在综合考虑维度划分、题项文字表述以及企业实际情况后，对每个维度的题项进行删减。在此基础上，根据专家对问卷题项设计、语言表达和问卷格式等方面的宝贵意见和建议，笔者对问卷初稿进行了细致修改。为了确保测量题项符合企业的实际情况，笔者就问卷的初稿先后向来自浙江、上海、湖南等地的多位企业高管(拥有 EMBA 或 MBA 学位)征求意见，请他们评价以下两个方面：变量间逻辑关系是否符合实际情况，以及变量测量是否反映企业相关情况。

并且，邀请5位企业中层人员进行访谈，请他们对问卷的可理解性和清晰性作出评判，笔者根据他们的意见对问卷进行修改以形成预试问卷。笔者利用一次校外培训机会发放问卷进行预测试，由于是地方政府组织的培训，学员均来自企业的品质管理部门或质量改进团队的主要成员，对质量改进团队有着较为全面的认识，因此是较为理想的调查对象。最后预试问卷每个维度保留7个题项，形成了包括21道题的质量改进团队跨界行为预试问卷（详见附录）。

表 4.1 质量改进团队跨界行为问卷初始题项及其来源

编号	测量条款	来源
1	团队领导经常承担来自外部环境中的压力，以避免团队成员的工作受到干扰	Ancona & Caldwell (1992a,1992b)；Marrone et al. (2007)
2	团队经常拒绝外部人员给团队提出的不合理要求	
3	团队经常说服其他人认同质量改进项目的重要性	
4	团队定期向单位高层领导汇报项目工作进展	Faraj & Yan(2009)
5	团队经常说服外部人员（如客户等）接受团队决策	
6	团队领导建立与外部相关方的关系寻求他们的支持	
7	团队根据顾客的质量需求协同相关部门进行改进	根据扎根研究结论编写
8	团队从外部获得项目所需的资源（如资金、人员等）	
9	团队经常向各个职能部门短期借调人员与设备	
10	团队经常与外部团队合作解决项目难题	Ancona & Caldwell (1992a,1992b)
11	团队经常协调与团队项目相关的外部活动	
12	团队经常与关键外部相关方协商项目期限	Faraj & Yan(2009)；Marrone(2010)
13	团队经常与外部人员共同评审质量改进方案	
14	团队经常利用搜集的质量数据监控产品质量	根据扎根研究结论编写
15	团队经常与相关部门共同进行质量策划活动	
16	团队借助公司质量体系监督质量政策执行情况	
17	团队在项目开展过程中对相关部门进行质量培训	
18	团队经常主动与相关部门沟通以提高流程配合效率	
19	团队重视质量改进的规范流程与程序化	
20	团队在质量改进过程中重视成果的固化和推广	

续表

编号	测量条款	来源
21	团队密切关注竞争对手在类似项目方面的举措	Ancona & Caldwell (1992a,1992b);Bresman(2010)
22	团队密切关注组织内、外部环境中的市场信息或动态	
23	团队密切关注组织内、外部环境中的技术信息或动态	
24	团队经常寻找能给项目提供相关技能或建议的外部人	Faraj & Yan(2009) Wong(2004)
25	团队积极通过团队外部人员获得建议和支持	
26	团队经常关注替代产品的关键信息	根据扎根研究结论编写
27	团队关注顾客质量需求与顾客投诉信息	
28	团队关注竞争对手的产品质量与服务信息	
29	团队专门分析了竞争对手的产品质量与性能	
30	团队聘用外部技术专家或领导作为顾问	

本研究作上述处理主要是基于两方面的原因:一方面是了解企业被调查者对问卷题项理解的难易程度,避免部分题项模糊;另一方面采用 SPSS 16.0 对数据进行了基本的描述统计、项目分析,检验了数据的峰度、偏度,从而删除了部分不理想的题项。预试量表采用李克特七级评分,从“完全不符合(1)”到“完全符合(7)”。

4.3.2 研究样本

由于高新技术企业的技术和产品大多具有一定的复杂性,企业的发展更加依赖质量改进团队的持续创新活动,所以本研究以高新技术企业作为质量改进团队的母体,并选择电子通讯、电气自动化、机械制造、复合材料、仪器仪表、纺织服装、环保工程、冶金与能源、电力、化工等行业集中进行样本搜集。为了确保随机抽样的顺利进行,本研究将第一轮抽样的重点区域限定为浙江、湖南等省,并将可能联系到的企业制成调研目录,以构成本研究的抽样框。本研究所选择的质量改进团队主要散布在企业的品管部门、研发部门、技术部门和生产部门,质量改进团队的形式可以是质量改进小组、设计改进小组、六西格玛项目团队、卓越绩效团队、精益团队等,但每个团队成员不少于 4 人。为了确保调研工作顺利进行,笔者在大样本调研前确定了调研计划、调研企业名单、问卷发放与回收方式、问卷填写要求、问卷发放过程中可能出现的问题及应对策略。

第一轮抽样共向70家企业发放了成套问卷，根据被调查企业的规模和实际随机抽取1～3个质量改进团队，共计发放了120套问卷（每套包括1份主管问卷和3份以上的成员问卷）。根据以下四个标准对回收的问卷进行筛选：(1)问卷填写是否完整；(2)同一个团队的有效问卷是否达到3份（含团队主管问卷）；(3)同一团队回收的问卷是否存在明显雷同；(4)问卷填写是否呈现明显规律，如所有问题均选择同一选项等。最终对回收的94套问卷进行初步检查，发现有12套问卷不同题项的选择不符合要求，有效问卷82套分布在58家企业，有效问卷回收率达68.3%，最终获得了294份个体数据[①]。以下是有效样本基本信息的描述性统计分析。

有效问卷涉及的质量改进样本团队的基本特征如表4.2所示。样本质量改进团队所在企业的特性分布情况大致为：民营企业（含民营控股）居多，有34家，占58.62%；大多数样本企业的规模处在101～500之间，其中机械制造行业企业数量最多，有17家。有效样本质量改进团队的规模主要集中在6～15人之间，这样的规模对团队有效运营而言是较为合适的；样本质量改进团队成立时间主要集中在1年以上，这说明质量改进团队对所承担的改进任务与组织有一定的认识，研究结论可以反映出团队现有的质量改

表4.2 样本质量改进团队所在企业的基本情况

	统计内容	个数	占比		统计内容	个数	占比
企业性质	国有企业	9	15.52%	企业所属行业	电子通讯	8	13.79%
	集体企业	4	6.90%		电气自动化	7	12.07%
	民营企业	34	58.62%		食品加工及机械	10	17.24%
	外资企业	11	18.96%		机械制造	17	29.31%
企业规模	100人及以下	11	18.97%		纺织服装	4	6.90%
	101～300人	20	34.48%		复合材料	3	5.17%
	301～500人	17	29.31%		冶金与能源	4	6.90%
	501～1000人	4	6.90%		石油化工	3	5.17%
	1000人以上	6	10.34%		其他	2	3.45%
团队规模	5人及以下	9	10.98%	团队成立时间	3个月及以下	2	2.44%
	6至10人	42	51.22%		4～6个月	7	8.54%
	11至15人	18	21.95%		7～12个月	16	19.51%
	16至20人	7	8.53%		1～3年	44	53.66%
	21人及以上	6	7.32%		3年以上	13	15.85%

① 在第一轮数据搜集阶段，由于质量改进团队跨界行为测量处于探索性阶段，出于研究样本数量的考虑，因此要求团队主管和团队成员均对质量改进团队跨界行为问卷予以回答。

进活动情况。由于本研究聚焦于高新技术企业，这些企业的规模大多在 100 人以上，员工具有一定的技术基础；所属行业大多属于国家支持发展的行业（如机械制造、电气自动化、汽车电子行业等）。由于高新技术企业的质量改进活动较为普遍，有效管理高新技术企业的持续改进活动，提高企业质量水平、改进质量绩效将具有重要意义。

有效样本团队的人口描述性统计情况如表 4.3 所示，共有 294 名质量改进人员（其中包括 82 名团队主管和 212 名团队成员）。从人口描述统计特征可以发现，样本质量改进团队成员主要以男性为主，年龄大多集中在 26～35 岁之间，成员受教育的程度以本科学历为主，这说明样本质量改进团队成员主要是一批具有高学历的知识型年轻员工。

表 4.3 样本质量改进团队成员的基本情况

成员性别			成员年龄			成员教育程度		
类别	人数	百分比	类别	人数	百分比	类别	人数	百分比
男	216	73.47%	25 以下	45	15.31%	大专及以下	51	17.35%
女	78	26.53%	26～35	171	58.16%	本科	171	58.16%
			36～45	55	18.71%	硕士	62	21.09%
			46～55	19	6.46%	博士	10	3.40%
			55 以上	4	1.36%			

4.3.3 数据统计分析

本研究将正式调查获得的 82 个团队的 294 个有效样本数据，采用 SPSS 随机分组功能，将整个样本分为两组，各有 147 个样本，前 147 个样本数据用于探索性因子分析，后 147 个样本数据用于验证性因子分析。本研究使用 SPSS 16.0 对样本一数据进行描述性统计和探索性因子分析，计算了 Cronbach's Alpha 系数；借助 Amos 7.0 对样本二数据进行验证性因子分析。本研究的主要任务是开发质量改进团队跨界行为量表，考虑到量表开发阶段数据处理的便利性，以及质量改进团队跨界行为虽然体现了团队特征，但最终通过团队成员的感知和行动表征，所以参照国际惯例均利用个体问卷获取数据做探索性因子分析和验证性因子分析，但在后文的关系假设检验阶段对个体问卷数据进行团队层面的聚合（Gibson & Birkinshaw, 2004）。

4.4 质量改进团队跨界行为的探索性因子分析

4.4.1 项目筛选与样本检验

因子分析是一种多变量化简技术，旨在分解原始变量，从中归纳出潜在的“类别”，相关性较强的指标归为一类，不同类间变量的相关性较低（张文彤和董伟，2004）。因子分析通常包括探索性因子分析和验证性因子分析。探索性因子分析旨在精炼测量题项与提高测量信度，主要通过 SPSS 16.0 中的信度分析功能实现。此外，在初期的探索性因子分析中，对于跨因子负荷的题项，我们结合专家对文字表述的修改意见删除了语意含糊的题项。最后，正式问卷保留了 14 个题项。

在上述工作基础上，我们对开发的测量工具进行了 Bartlett's 球形检验，考察因子分析的各个变量之间的相关性与共同信息是否满足要求。张文彤和董伟(2004)指出，当 KMO 值大于 0.70 时 EFA 效果尚可，Bartlett's 球形检验达到显著水平即可进行因子分析。我们对 147 个 EFA 分析用样本的探索性因子分析所得到的 KMO 值为 0.781，Bartlett's 球形检验的卡方值为 1092.272(df=91)，显著性概率为 0.000，这说明样本适合进行因子分析。

4.4.2 探索性因子分析结果

在对探索性因子分析的 147 份样本进行 KMO 和 Bartlett's 球形检验后，根据 Varimax with Kaiser Normalization（方差最大法）标准抽取 3 个特征根大于 1 的因子，累计方差解释比例为 61.221%，具体质量改进团队跨界行为的因素负荷矩阵如表 4.4 所示。

表 4.4 质量改进团队跨界行为的探索性因子分析结果(N=147)

测量题项	因子 1	因子 2	因子 3
因子 1：联络行为 α 系数=0.7847，解释变异量：24.298%			
团队领导经常承担来自外部环境中的压力，以避免团队成员的工作受到干扰	0.693		
团队经常拒绝外部人员给团队提出的不合理要求	0.665		
团队经常说服其他人认同质量改进项目的重要性	0.701		
团队定期向单位高层领导汇报质量改进项目工作进展	0.709		
从团队外部获得项目所需的资源（如资金、人员、设备等）	0.662		

续表

测量题项	因子1	因子2	因子3
因子2:管控行为α系数=0.8794,解释变异量:22.478%			
团队经常与外部团队合作解决项目难题		0.687	
团队经常协调与团队项目相关的外部活动		0.581	
团队经常与相关部门共同进行质量策划活动		0.652	
团队经常与外部人员共同评审质量改进方案		0.732	
团队在质量改进过程中重视成果的固化和推广		0.711	
因子3:侦测行为α系数=0.8608,解释变异量:14.445%			
团队密切关注组织内、外部环境中的市场信息或动态			0.712
团队密切关注组织内、外部环境中的技术信息或动态			0.642
团队关注竞争对手的产品质量与服务信息			0.657
团队关注顾客质量需求与顾客投诉信息			0.601

注:省略了0.30以下的载荷,下同。

从表4.4可以看出,所有14个测量题项在相应因子上呈现较好的负荷,并且每个测量条款的因子载荷都超过0.50,因此可以说明质量改进团队跨界行为具有较好的因子结构(王重鸣,2001)。根据扎根研究结果以及团队跨界行为和质量改进团队相关研究文献,结合探索性因子分析结果,我们将抽取的三个因子分别命名为:(1)联络行为(5个测量题项),主要指质量改进团队外部相关方获取政治支持与资源配置优先性而进行的互动活动;(2)管控行为(5个测量题项),主要指质量改进团队为了解决质量问题持续跟踪质量改进过程与构建/督促执行质量改进规范的外部互动活动;(3)侦测行为(4个测量题项),主要指质量改进过程中团队通过扫描外部环境与标杆对比向外部相关方获取信息以促进任务完成的活动。这三个因子共解释了61.221%的变异,其中联络行为解释了24.298%的变异,因子负荷范围0.662～0.709;管控行为解释了22.478%的变异,因子负荷范围0.581～0.732;侦测行为解释了14.445%的变异,因子负荷范围0.601～0.712。

通过探索性因子分析,质量改进团队跨界行为的三个维度之间的Pearson相关系数描述性统计参见表4.5。从表4.5可知,三个维度之间在0.01水平上显著正相关,联络行为与管控行为、联络行为与侦测行为、管控行为与侦测行为的相关系数分别为0.364、0.311和0.238,均处于0.2～0.6之间,说明质量改进团队跨界行为三个维度具有适度的相关性。同时,质量改进团队跨界行为各个维度间不能共享的变异($1-r^2$)在87%～95%。根据Ancona和Caldwell(1992a)、Faraj和Yan(2009)的观点,我们可以由此推测质量改进团队跨界行为的三个维度彼此独立变动。

表 4.5　质量改进团队跨界行为的三维度描述性统计(N=147)

变量(维度)	均值	标准差	联络行为	管控行为	侦测行为
联络行为	5.292	0.9263	1		
管控行为	4.955	1.2542	0.364**	1	
侦测行为	5.118	1.0976	0.311**	0.238**	1

注：** 为在 0.01 水平显著相关。

总体而言，通过探索性因子分析，我们初步验证了扎根理论分析所得出的质量改进团队跨界行为的三维概念构思，但是该构念维度的内在稳定性需要借助验证性因子分析加以佐证。

4.5　质量改进团队跨界行为的验证性因子分析

4.5.1　拟合指标

为了检验质量改进团队跨界行为的三维度构念模型的合理性与有效性，本研究根据以往研究采用拟合指数评价和选择模型。在验证性因子分析(CFA)过程中，通过分析模型拟合程度来判断测量模型的有效性。通常，研究者使用较多的绝对拟合指数有 χ^2(chi-square test)、χ^2/df(df)、RMSEA(Root Mean Square Error of Approximation，近似误差均方根)、GFI(Goodness-of-Fit Index，拟合优度指数)和 AGFI(Adjusted Goodness-of-Fit Index，修正拟合优度指数)，相对拟合指数主要有 NFI(Normed Fit Index，标准拟合指数)、IFI(Incremental Fix Index，修正拟合指数)、CFI(Comparative Fit Index，比较拟合指数)等(侯杰泰等，2004；徐碧祥，2007)。在验证性因子分析与 SEM 建模前，需要筛选模型的整体拟合度指标，本研究采用以下几个指标：

①卡方指数(χ^2)。χ^2 指数是各种拟合指数的基础，其他各种指数多是它的各种形式的修正。χ^2 指数可用来恰当反映模型的拟合优度，但是当参数过多(或过少)时，样本容量直接影响 χ^2 值及其检验结果(侯杰泰，温忠麟和成子娟，2004)。为了降低对样本数量的敏感性，有学者建议用 χ^2/df 指标来评价模型拟合度，当 χ^2/df 指标值介于 2～5 之间时，可以接受模型。

②近似误差均方根(RMSEA)。在众多指数中，RMSEA 由于受样本容

量 N 的影响较小，对错误模型比较敏感，并惩罚了复杂模型，是一个比较理想的拟合指数（侯杰泰等，2004）。一般认为，当 RMSEA 的值不超过 0.05 时，表示理论模型可以接受，模型匹配良好（Steiger，1989）；大于 0.05 且小于 0.08 时，表明模型拟合较好；而 RMSEA 大于 0.08 小于 0.10，则认为模型拟合一般；大于 0.10 则表示模型拟合较差（黄芳铭，2005）。

③拟合优度指标（GFI）和调整拟合优度指数（AGFI）。GFI 类似于回归中的可决系数 R^2，可以据此判断理论模型的变异数与共变数可解释观察资料的变异数与共变数的程度。但是，由于 GFI 也会受到样本容量大小的影响，因此需要同时考虑调整拟合优度指数（AGFI）（黄芳铭，2005）。Bagozzi 和 Yi（1988）研究认为，当 GFI 和 AGFI 的值大于 0.90，可以判断假设模型拟合良好并且可接受。

④规范拟合指数（NFI）、修正拟合指数（IFI）和比较拟合指数（CFI）。NFI 是理论模型相对于基准模型 χ^2 减少的比例，但是容易受到样本容量的限制；IFI 是对 NFI 的修正，它在一定程度上降低了 NFI 对样本容量的敏感性（黄芳铭，2005）；而 CFI 是与独立模型比较来评价拟合程度的。一般认为，上述三个指标的值均要大于 0.90 才表示假设模型可以接受（Bagozzi & Yi，1988；侯杰泰，温忠麟和成子娟，2004）。

本研究拟采用的拟合指标体系及其相关临界值如表 4.6 所示。

表 4.6　模型整体拟合度评判指标及其标准

类型	简称	指标全称	取值范围	评判标准
绝对拟合指标	χ^2/df	Normed Chi-square	>0	其值小于 1.0 时表示模型拟合过度；1.0～2.0 表示模型拟合良好；大于 2.0 或 3.0，表示模型拟合较差
	RMSEA	Root Mean Square Error of Approximation	>0	0.05～0.08 表示模型拟合不错；0.08～0.10 时表示模型拟合中度；大于 0.10 时表示模型拟合不好
	GFI	Goodness of Fit Index	0～1，可能<0	其值需大于 0.9，越接近 1 越好
	AGFI	Adjusted Goodness of Fit Index	0～1，可能<0	其值大于 0.9，大于 0.85 也可接受

续表

类型	简称	指标全称	取值范围	评判标准
相对拟合指标	NFI	Normed Fit Index	0～1	其值大于 0.9,越接近 1 越好
	IFI	Incremental Fix Index	0～1,可能<0	其值大于 0.9,越接近 1 越好
	CFI	Comparative Fit Index	0～1	其值大于 0.9,越接近 1 越好

资料来源:根据 Bagozzi 和 Yi(1988)、黄芳铭(2005)等资料综合整理

4.5.2 质量改进团队跨界行为的结构维度

为了更好地验证质量改进团队跨界行为的因素结构,本研究提出三个竞争性模型进行比较,即 M1、M2 和 M3(见图 4.1)。模型 1(M1):单因子模型,它是由联络行为、管控行为和侦测行为构成的单维构念,共 14 个观察变量。模型 2(M2):正交三因子模型,它包括三个互不相关的维度(联络行为、管控行为和侦测行为),共 14 个观察变量。模型 3(M3):斜交三因子模型,它由三个相互关联的维度(联络行为、管控行为和侦测行为)构成,共 14 个观察变量。模型 1、模型 2 和模型 3 是嵌套模型。

根据验证性因子分析的数据,我们分别检验上述单因子模型、正交三因子模型和斜交三因子模型,其相应的拟合指标如表 4.7 所示。

表 4.7 质量改进团队跨界行为验证性因子分析相关拟合指数(N=147)

模型	绝对拟合指标						相对拟合指标		
	χ^2	df	χ^2/df	GFI	AGFI	RMSEA	NFI	IFI	CFI
模型 1	319.931	77	4.155	0.582	0.542	0.147	0.528	0.561	0.550
模型 2	210.570	77	2.735	0.805	0.736	0.109	0.690	0.685	0.691
模型 3	125.442	74	1.695	0.910	0.902	0.069	0.904	0.913	0.912
评价标准	—	—	<2	>0.9	>0.9	<0.1	>0.9	>0.9	>0.9

通过表 4.7 的拟合指标比较,相对于单因子模型和正交三因子模型,三因子斜交模型的拟合结果与数据的匹配性更好(χ^2/df=1.695,GFI、NFI 等拟合指标均大于 0.90,RMSEA 小于 0.08);如图 4.2 所示,各个测量项目在其因子上的标准化载荷系数均大于 0.60,各因子之间也存在显著的相关关系。上述结果都支持了质量改进团队的三因子结构模型,并且各个维度之间存在中等程度的相关性,共同变异不是很高。因此,我们可以认为在质量改进团队跨界行为是一个多维构念,它包括适度相关的三个维度:联络

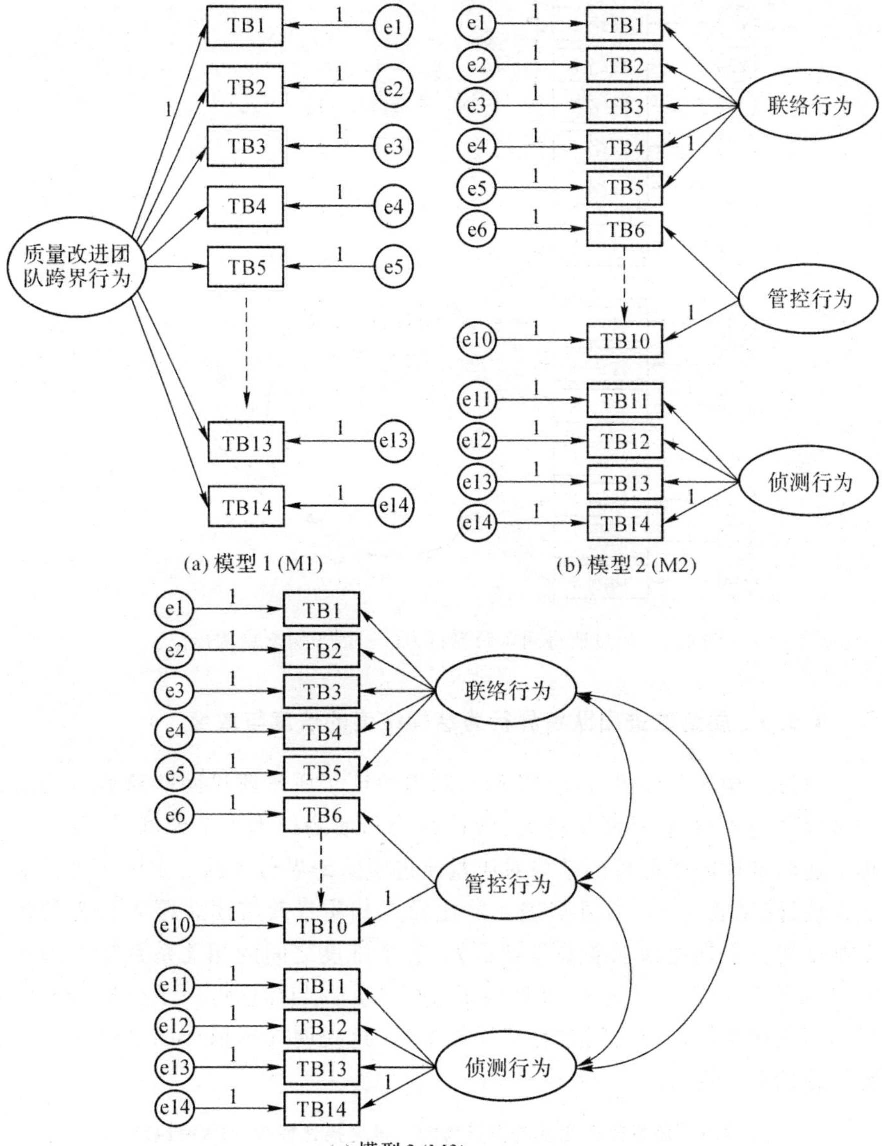

(c) 模型 3 (M3)

图 4.1　质量改进团队跨界行为构念的三个竞争性因子模型

行为、管控行为和侦测行为，同时这三个维度之间具有非共变性，即假设 1a 和假设 1b 得到验证。

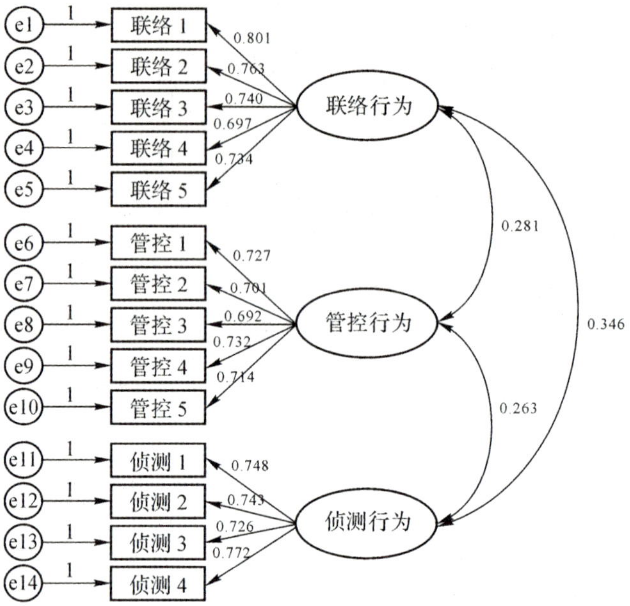

图 4.2　质量改进团队跨界行为的三因子斜交结构模型

4.5.3　质量改进团队跨界行为结构维度的信度与效度

通过结构方程建模方法(SEM),基本验证了质量改进团队跨界行为的三维度结构模型(包括联络行为、管控行为和侦测行为三个维度)。我们根据上述验证性因子分析的结果对质量改进团队跨界行为的三个因子进行描述性统计(见表 4.8),通过与表 4.5 比较可知质量改进团队跨界行为的各个维度得分平均值和标准差差异不大,各个维度之间的相关系数矩阵均在 0.01 水平上显著。因此,验证性因子分析(CFA)与探索性因子分析(EFA)样本的描述性统计值之间具有结构相似性,这说明样本取样的一致性与研究结论的有效性。

表 4.8　质量改进团队跨界行为的三维度描述性统计(N=147)

变量(维度)	均值	标准差	联络行为	管控行为	侦测行为
联络行为	5.116	0.9632	1		
管控行为	4.908	1.2450	0.282**	1	
侦测行为	5.221	1.0784	0.340**	0.267**	1

注:** 为在 0.01 水平显著相关。

运用 SPSS 进行 Item-Total 相关系数分析，结果发现各个项目的相关系数值均超过 0.40，且各维度的信度最低值为 0.752，因而说明质量改进团队跨界行为问卷具有较高的信度。通过上述验证性因子分析后发现质量改进团队跨界行为的三维度结构的构思效度较高，质量改进团队跨界行为的斜交三维结构是一个可以接受的概念构思。

表 4.9　质量改进团队跨界行为的三维结构信度分析($N=147$)

	联络行为		管控行为		侦测行为	
	最小值	最大值	最小值	最大值	最小值	最大值
I-T 相关系数	0.403	0.692	0.596	0.750	0.532	0.714
α 系数	0.752		0.807		0.796	

4.6 研究讨论与总结

4.6.1 质量改进团队跨界行为三因子内涵与解释

本研究结合我国质量改进团队的情境特征与本土企业质量管理背景，基于扎根研究的结论与相关文献，借鉴以往成熟量表开发了质量改进团队跨界行为的测量工具，通过探索性因子分析(EFA)萃取了质量改进团队跨界行为的三因子结构维度，验证性因子分析(CFA)结果表明质量改进团队跨界行为三维度构思具有较好的信度与效度。即在中国本土企业情景下，质量改进团队跨界行为具有一阶三因子结构，由“联络行为”、“管控行为”和“侦测行为”三个子维度构成。本研究中的质量改进团队跨界行为既继承了以往一般团队跨界行为的共性，又具有中国质量改进团队情境下的特殊性。

联络行为量表包括五个测量项目，主要测量了质量改进团队从外部相关方获取政治支持与配置资源而进行的互动活动，这些活动通常需要团队领导吸收外部压力和拒绝外部不合理要求，通过说服他人认同项目重要性与向高层领导汇报等方式获取项目所需的各种资源。在以往有关团队跨界行为的研究中，也有与联络行为相类似的说法，比如 Faraj 和 Yan(2009)提出的“边界跨越”，即团队深入其环境为获取重要的资源和支持而采取相关行动；Ancona 和 Caldwell(1992a)提出的“大使活动”，即主要用于向高阶团队阐述项目期望、形成好的印象和寻求支持。但是，Ancona 等人提出的“大使活动”并不包括资源配置与资源援引等内容，“大使活动”的实质应该包括利用政治支持获取资源配置的优先权等内容。因此，联络行为这一因子的命名既有文献依据，又是对以往团队跨界行为研究的拓展。

管控行为量表包括五个测量项目，主要测量质量改进团队为了解决质量问题持续跟踪质量改进过程与构建/督促执行质量改进规范的外部互动活动。质量改进团队成功实现外部合作，一方面要强化与外部相关方的协调活动，必要时邀请相关部门共同参与评审质量改进方案，另一方面依赖质量改进项目的前期质量策划与项目结题后的成果固化和推广。Ancona 和 Caldwell(1992a)提出任务协调活动包括与其他人讨论设计方面问题，协调制造及生产过程中的需求，获得有关产品的反馈信息，与相关部门讨论市场战略以及供给的实时情况。由此可知以往有关团队跨界行为的研究中，主要注重围绕相互依赖的任务进行协调(Marrone，2010)，但是由于团队跨界依赖于任务性质与任务内容，一般团队的任务协调活动与本研究的质量改进团队管控行为存在较大差异。

侦测行为量表包括四个测量项目，主要指质量改进过程中团队通过扫描外部环境与标杆对比从外部相关方获取信息以促进项目完成的活动。组织内、外部的市场信息与技术信息成为质量改进团队知识搜索的客体，以顾客为导向的质量改进理念驱动团队关注外部竞争对手的产品质量信息与服务信息。虽然 Ancona 等人的研究表明，侦察行动与团队成功之间的关系并不明显，但是侦察活动的重要性可能在项目启动时比项目运作期更突出。汤普森(2007)总结了 Ancona(1990)基于外向视角提出的三种团队应对外部环境的策略，认为调查式团队的工作主要关注顾客需求，并测试解决方案，修正经验信息，启动项目与收集数据。由于质量改进的标准取决于顾客对市场上同类产品的对比与感知，持续扫描外部环境可以获取产品最新的质量标准与顾客投诉信息，这有助于企业挖掘甚至超前满足顾客的魅力型质量需求(熊伟，2005)。

4.6.2 质量改进团队跨界行为的质量特色

本研究发现质量改进团队的联络行为、管控行为和侦测行为之间存在较为显著的相关关系，这说明质量改进团队跨界行为是由这三个因子构成的集体构念。三因子结构的团队跨界行为体现了在供应链质量管理时代，质量改进团队跨界活动的新特点与趋势：

第一，企业应该高度重视质量改进团队的跨界活动，并根据具体情境适当配置不同的跨界策略。在面临复杂任务与资源约束情形下，质量改进团队成员必须与组织中其他职能团队互动才能完成质量改进任务。质量改进团队跨界的联络行为、管控行为和侦测行为之间存在一定的独立变动特征，这表明团队跨界行为的三个维度并不是完全同水平变动，实践中需要根据具体情境确定各类跨界活动的水平。但是，质量改进团队跨界行为的整体构念有利于外部活动的开展，这意味着，组织应当鼓励质量改进团队及其成员参与跨界活动，获取必要的支持与资源；同时应该营造一种支持质量改进团队跨界活动的质量文化。企业领导在被动响应质量改进团队的“联络行为”之余，应该为质量改进团队顺利开展工作创造条件，引导企业从内部质量控制转向外部大质量管理，进而提升基于质量管理实践的组织经营绩效(Flynn et al., 1994; Anderson et al., 1994; Powell, 1995; Sila, 2007; Kaynak & Hartley,2008)。

第二，在质量改进团队运营过程中，企业需要更加关注质量改进团队内外部环境以及团队与外部相关行动者的互动。质量改进团队与外部相关方互动的规范主要体现在一系列质量标准与操作规范上，如通过外部协调与整合导入 ISO9000、标准作业程序(SOP)等技术，它们既作为日常运营的惯例提高任务的可重复性，又作为变革工具提高运营绩效(Naveh & Marcus, 2005)。随着组织运营的敏捷化与竞争动态化，质量改进团队应当积极开展外部跨界活动以获取足够的资源和信息，并避免外部环境中的不确定性(Hackman,2002)。质量改进团队逐渐成为承担组织持续改进活动(或渐进式创新)的主要力量，组织内部需要建立一种针对质量改进团队的弹性授权机制，以促进质量改进团队广泛开展外部跨界活动。

第三，在获取外部信息方面，应该发挥质量改进团队跨界获取各类信息的积极作用。质量改进团队跨界活动可以获取解决质量问题的相关信息、团队活动的外部支持或反馈信息、外部顾客对产品质量改进的满意度信息，以及通过产品与服务质量跟踪获取可用的反馈信息。Ancona 和 Caldwell (1988)等人将外部信息获取或侦测行为细分为塑造(modeling)、信息与资源收集(gathering)、环境扫描(scanning)和寻求反馈(feedback seeking)四类，这些信息对企业产品质量改进、流程与工艺更新等有重要参考价值。

4.6.3 本研究的主要结论

通过上述研究，本研究得出以下结论：

(1)质量改进团队跨界行为是由联络行为、管控行为和侦测行为构成的三维构念，且这三个维度是独立变化的。

(2)探索性因子分析和验证性因子分析均验证本研究开发的质量改进团队跨界行为量表具有较好的信度与效度。

(3)质量改进团队跨界行为构念内涵，既体现了我国本土制造业质量改进团队跨界行为的特征，又囊括了质量改进团队自身的特殊性。

4.6.4 本研究的局限性

本研究的不足主要体现在：一方面，鉴于质量改进团队跨界行为这一概念的特质，调研中所援引的一部分个体分布在生产、研发等部门，并且一部分个体参与企业工作的年限还较为欠缺（2 年以下），有待于今后的研究取样中加以改进；另一方面，受到研究样本的局限，研究中仅根据来自 58 家企业的 294 份个体层面的样本对质量改进团队跨界行为进行探索性因子分析与验证性因子分析，并且对质量改进团队跨界行为的结果没有进行概化验证，未来研究需要进一步扩大抽样范围与样本容量验证质量改进团队跨界行为的维度结构。此外，虽然我们在开发质量改进团队跨界行为测量工具的过程中参考了一般团队跨界的量表，但是总体上而言，该量表还需要进一步的实证检验。

5 质量改进团队跨界行为的前因及其作用机制研究

5.1 研究目的与问题提出

质量改进团队是为了完成提升企业现有产品、技术、流程或服务等改进任务而组建的团队(Juran et al.,1974)。作为一种典型的自我管理团队,质量改进团队从改进项目的立项、执行到结题的全过程都是以任务为导向的。一方面,由于团队成员来自跨职能部门,缺乏正式权力,组织对其政策承诺与资源支持程度低。另一方面,团队所承担的质量改进任务(如专题改进、过程质量预防/保证、设计开发质量控制等)贯穿了组织"输入—过程—输出"的各个环节。质量改进任务的性质决定了团队在整个工作流程与资源交换关系中的位置,这种位置又确定了团队与其他团体在完成任务时的互依性(Druskat & Kayes,1999;Choi,2002)。尤其是当任务不确定性高、团队完成任务对外部的依赖性较强时,质量改进任务多与资源短缺这一矛盾制约质量改进团队开展活动,团队必须主动寻求外部相关方的支持和配合。但是,只有充分明确质量改进任务的本质和特征,质量改进团队才能有针对性地开展跨界活动。

资源依赖理论可以解释基于组织内部的资源交换关系如何驱动团队间互动(Tsai,2002),这在一定程度上暗示了任务依赖性对团队参与外部跨界活动的触发作用。由于所有团队完成任务必须依赖其他团队,Joshi 等(2009)认为任务相关的前因会影响使节活动或任务协调。当任务性质不确定时,Amedore 和 Knoff(1993)发现由跨学科专家组成的科研团队更倾向增加外部跨界咨询活动。但是,高复杂性的任务包括许多非结构化的问题,这难以套用标准化操作程序(SOP),团队必须增加外部跨界活动加以解决(Choi,2002)。在团队任务面临时间压力情境下,行动者通过协调外部的配合行动以及标准化操作流程来实现共同目标(Garapin & Hollard,1999;

DeVoe & Pfeffer,2011)。

虽然Ancona、Keller等学者发现团队成员特征、职能异质性等因素影响团队外部沟通行为,并且团队成员特性(如职位、职业背景、受教育程度等)通过汇聚到团队层面形成集体层面的构念,从而一定程度上影响团队跨界行为(Burt,1992;Mehra et al.,2001;Klein et al.,2004),还有学者聚焦跨界自我效能感、团队领导特征等因素,但是这些研究尚未揭示团队跨界的真正前因(Amedore & Knoff,1993;薛会娟,2010;等)。以往学者更多从团队外部沟通、团队外部关系、团队外部谏言等角度探讨团队跨界行为,但是这些外部行为既不能概括团队跨界行为的全貌,也没有揭示团队跨界行为的前因。基于资源依赖理论可知,质量改进任务特征驱动团队跨界寻求资源与支持,但是以往研究并没有揭示不同任务特征对跨界行为及其各个子维度的驱动作用(Edmondson,1999),因此本研究试图从任务情境角度回答"质量改进团队为何跨界"这一问题。

以往研究对团队跨界行为影响绩效的实证结果难以达成一致,这可能由团队跨界行为的维度划分差异与内在作用机制"黑箱"导致(Marrone,2010)。团队跨界活动同时跨越物理边界与社会心理边界,这给团队共同心理机制产生一定影响(石冠峰和林志扬,2010)。团队心理状态一定程度上影响团队输入所带来的输出差异,并影响团队效能机制形成过程(Marks et al.,2001)。但是,以往学者聚焦于团队跨界对团队效能(或绩效)的直接作用,对团队跨界所引发的群体心理特征变化缺乏关注,这难以详尽揭示团队跨界对绩效影响的过程机制。管理释意理论指出,团队成员是否受到激励取决于他们对领导所阐释的任务情境的理解与认同程度,这种认同度最终会影响团队成员的自我效能感与集体效能感(Bandura,1986;Gioia & Chitipeddi,1991)。在质量改进团队跨界过程中,团队效能感水平作为团队跨界行为所带来的中间结果,一方面通过联络行为获取外部资源与各种支持,规范外部相关方的质量行为与形成质量共识,获取外部竞争对手与标杆信息,从而增强团队对完成质量改进目标的信念与执行质量任务的操控能力;另一方面,这种团队心理状态又会对执行任务的行动和努力产生直接影响,从而达到提升团队绩效的目的。因此,探讨质量改进团队跨界的任务前因与作用机制,有助于回答质量改进团队为何跨界,以及质量改进跨界活动对质量绩效影响的过程机制。

在上一个研究中,已采用扎根理论方法,探索并验证了质量改进团队跨界行为的概念与维度结构。但是,理论研究者与实践者期望探讨质量改进团队跨界的驱动因素与过程机制,并由此打开质量改进团队跨界作用机制的“黑箱”。因此,本研究在回顾相关文献基础上,分析质量改进团队跨界行为的任务特征前因及其作用机制,进而提出质量改进团队跨界行为的相关理论假设,并采用大样本调查与统计方法加以检验。

5.2 研究假设

5.2.1 质量改进团队跨界行为的前因要素:任务特征

资源依赖理论指出团队是一个开放系统,团队在执行任务过程中必须与外部不断进行互动,以获取完成任务所需的资源与能力(Druskat & Wheeler,2003)。团队跨界依赖其所嵌入的任务特征,Choi、Joshi 等学者普遍认同任务特征因素是驱动团队跨界的动力因素。其一,团队完成任务对外部的依赖性由团队在组织内部工作流程中的位置决定(Choi,2002),这种依赖性大小取决于目标团队为完成任务与外部交换资源的程度。其二,在任务复杂的情境下,团队跨界活动对外部互补性资源与专业化知识的需求将会增加,这种相关性大小最终取决于复杂任务。其三,完成任务的紧迫性对团队跨界活动也会产生影响(Weick,1990),在质量改进团队情境下,时间压力是否会驱动跨界活动有待进一步验证。由于团队跨界策略的选择依赖团队对任务环境的判断(如依赖性、复杂性等)(Dutton et al. ,2002;Maitlis,2005),因此质量改进团队增强对外部任务环境的准确感知,将会提高跨界活动的针对性与有效性,进而影响团队跨界效能。

(1)任务互依性与质量改进团队跨界行为

由于团队必须从外部获取资源输入并将产出物输出到外部环境中,任何团队都离不开其所嵌入的外部环境,不同之处在于各个团队对外部的依赖程度有别(Druskat & Kayes,1999)。例如,生产团队与组织中其他团队(如销售、物流、采购、包装、质量管理等)互动的频率比设备维修团队更高。任务依赖性(即互依性)是指团队为了完成任务目标而与其他团队交换资源的程度,这在以往跨界行为的研究中比较缺乏(Choi,2002)。资源依赖理论告诉我们,团队跨界活动因组织内团队间的资源关联性而异(McCann & Ferry,1979;Adler,1995),并且组织内各个团队间(或部门间)的战略关联性或资源匹配性创造了一种共同语言和共同目标,这进一步形成团队间的依赖性(Tsai,2000)。总体而言,质量改进团队对外部的依赖性大小由完成质量任务从团队间转移或协调的资源(如人力资源、财务资源、设备设施等)需求决定。如果外部跨界活动根据任务依赖性增大而增加,将有助于质量改进团队快速有效地在组织内部传递顾客需求与期望信息(Flynn et al.,1994),并缩短产品实现过程与降低产品过程质量监控的难度。

质量改进团队面临的改进任务涉及整个组织的“输入—过程—输出”系统的各个环节,团队需要主动建立与外部关键相关方(如管理团队、支持职能部门、技术支持者等)的联系,以消除职能部门间壁垒和获取外部相关方支持(Levin,1992;Nair,2006)。质量改进团队对外部其他流程的依赖性较大,主要体现在三个方面:第一,质量改进团队由于缺乏正式权力,解决问题的方式有别于其他团队,往往通过非正式影响力获得其他相关方的配合行动,通过质量理念与方法的培训获取相关方对质量改进项目的认同;第二,质量改进团队在同时处理多个相互依赖的任务时,一般通过内部质量控制程序搜集质量改进流程相关节点的数据,基于这些数据挖掘质量问题的真正原因(Chen & Tirupati,1995);第三,在质量改进过程中通过节点评审、流程规范等方式监测关联节点的质量,并通过成果固化等方式构建质量改进规范与推广改进成果。当质量改进团队成员的行为在一定程度上影响相关流程绩效时,团队会谨慎选择质量改进方案(Sethi,2000)。并且,通过详细的环境扫描获取行业内及其关联行业的市场与技术知识(Sinkula,1994;Hurley & Hult,1998),借助顾客导向、竞争互动与外部参与等策略促进质量改进项目,提高顾客满意度与忠诚度。由此可以推断,质量改进团队对其他团队的技术、专长和其他资源的依赖可能成为触发团队跨界行为的重要因素。

基于以上分析,本研究提出以下假设:

H2a-1:质量改进任务互依性与联络行为之间存在正相关关系。

H2a-2:质量改进任务互依性与管控行为之间存在正相关关系。

H2a-3:质量改进任务互依性与侦测行为之间存在正相关关系。

(2)任务复杂性与质量改进团队跨界行为

质量改进团队是否开展跨界活动一定程度上取决于任务复杂性(Ancona & Caldwell,1990),它是指团队成员整体对完成团队任务困难度和/或复杂度的感知。复杂度高的任务通常表现为需要处理更多信息,过程中涉及的步骤(或要素)较多,并且很少有现成程序可以遵循,因此完成复杂任务需要综合知识与高水平的技能(Perrow,1967;Campbell,1988;Gladstein,1984)。在复杂任务情境下,团队参与外部跨界活动显著影响团队理解与执行任务的效能标准(effectiveness criteria),而对简单与常规性任务绩效的影响不显著(Choi,2002)。由于低复杂性的任务具有较大的常规性与结构化特征,可以通过标准化操作程序执行,如简单的QC小组遵循PD-

CA循环与QC小组工作程序。相反,高复杂性的任务(如复杂产品质量改进项目、供应链质量控制)通常难以清晰界定,任务不确定性大且难以通过惯例完成(Galbraith,1977),这就需要团队成员发挥自身的创造性思维加以完成。

高度复杂的质量改进任务可能触发团队参与外部跨界活动。Faraj和Yan(2009)研究认为随着团队信息处理变得复杂,团队更加需要协调内部和外部关系和资源。通过参与跨界活动,团队能够清楚了解外部环境,从而帮助团队更好地理解外部需求,有针对性地获取信息与资源。质量改进团队为了响应复杂任务而采取的信息搜集、网络构建、绩效评审和资源获取等活动就是本书提出的联络行为。也有研究(如Ancona & Caldwell(1992a))认为,复杂任务的绩效评判标准通常由外部相关方(如顾客或高层管理者)制定,质量改进团队通过跨界活动可以增进关键相关方对项目进展与质量绩效的了解,从而获得外部相关方对团队质量绩效的客观评价。复杂性高的任务难以明确阐述完成任务的"手段—目的"关系,所以也无法找到完成任务的捷径(Edmondson,2002;Joshi et al.,2009)。因此,执行复杂任务的质量改进团队需要及时将团队内部的决策与后续行动计划告知外部相关方,并获得他们的反馈,以根据外部相关方的需求合理调整后续行动方案。

在复杂的任务情境下,质量改进团队与外部平行团队可能的互动活动(即管控行为),主要包括动态跟进质量任务、构建质量规范与解决质量问题。由于质量改进团队遵循标准化的操作流程(如PDCA循环、8D等)可以独立完成简单任务,因而不需要与外部相关方进行过多的互动(Choi,2002;Lin & Germain,2003)。相反,复杂任务大多需要跨团队的合作支持,通过质量改进团队向外部跨界相关方普及质量改进工具和方法,以及搜集解决复杂问题的方案,才能顺利完成质量改进项目(Linderman et al.,2006)。团队通过质量监督与保证程序协调跨部门之间的合作,从而指导相关方更好地监测关键质量控制点,将复杂的质量任务化繁为简。

在复杂任务情境下,质量改进团队面临的不确定性和环境压力较大,倾向从竞争对手和外部环境中搜寻类似经验知识以解决质量和技术问题(Mohrman et al.,1995)。任务复杂性促使团队从外部获取专长知识与信息(Hargadon,1998),这些专长知识既包括质量改进项目或问题相关的技术知识,又包括通过环境扫描与标杆对比获取的一般信息。在质量改进过程中,由于某些技术问题短期内难以解决,需要与外部高等院校和科研机构长期合作攻关,利用合作方对行业内其他企业类似问题的解决方法与经验,从而提高质量改进成效。

基于以上分析，本研究提出以下假设：

H2b-1：质量改进任务复杂性与联络行为之间存在正相关关系。

H2b-2：质量改进任务复杂性与管控行为之间存在正相关关系。

H2b-3：质量改进任务复杂性与侦测行为之间存在正相关关系。

(3)任务时间压力与质量改进团队跨界行为

为了应对交货期压缩与知识日新月异的挑战，质量改进团队逐渐通过外部跨界活动搜寻知识源，以解决团队内部经验与知识的不足(Edmondson et al.,2003)。在此背景下，时间压力成为质量改进团队变革与更新阶段重点权衡的因素(Levin,1992;Sethi,2000)，这种压力给团队成员带来一定的焦虑感，因此质量改进团队必须找到经济有效的问题解决方式。时间压力是指员工在多大程度上感觉没有足够的时间来完成工作任务(Markus & Oldham,2006)，团队一旦认识到质量改进任务的时间期限将至，将可能向外部领导寻求帮助，或者重新梳理改进流程或系统，从而高效执行质量改进任务。在质量改进过程中，传统的数据收集范围可能经过重新调整而变窄，也可以通过更为简单的实验检验质量问题的根本原因。为了解决时间压力问题，质量改进团队通过重构一套系统化的团队宪章与工作计划，借助并行工程优化质量改进团队的工作流程。任务时间压力对完成任务的方式可能会产生影响(Weick,1990;Karau & Kelly,1992)，搜寻外部现有类似方案或知识是解决问题的思路之一。Betsch 等(1999)研究发现，随着任务时间压力的增加，先前的知识(经验)会对人们的选择产生重要影响，促使团队搜寻或采用外部成熟经验。在我们的访谈中也发现，在面临任务紧迫的情形下，质量改进团队通常采取以下几种做法：第一，通过与领导或顾客进行沟通，就能否推迟项目交付时间进行磋商；第二，通过与外部相关方协调，使得相关流程节点自发遵循质量管理规范与标准，减少外部配合和协作过程的质量问题；第三，通过主动搜集竞争对手或客户信息，寻找解决类似问题的技术突破口，或者邀请外部行业专家莅临指导与提出建议。

基于以上分析，本研究提出以下假设：

H2c-1：质量改进任务时间压力与联络行为之间存在正相关关系。

H2c-2：质量改进任务时间压力与管控行为之间存在正相关关系。

H2c-3：质量改进任务时间压力与侦测行为之间存在正相关关系。

5.2.2 质量改进团队跨界行为与质量绩效之间关系的相关假设

(1)质量改进团队跨界行为对质量绩效的直接影响

虽然质量改进团队跨界可能会带来诸如角色压力、冲突和模糊性等挑战，但是更多情况下给跨界行动者及其所代表的集体产生了积极结果（Marrone，2010），包括团队创新、团队效能提升、目标达成，等等。Ancona（1990）聚焦于咨询团队的研究发现，侦测团队有较强的外部市场导向，因而质量绩效得到客户的较高评价。随后，Ancona 和 Caldwell（1992a）也发现团队在处理外部环境关系时面临一个难题，即如何在不同时期选用不同的外部活动以最大化团队绩效。采用大使活动和任务协调的跨界团队在一定时期内可能提高绩效与创新性，但是团队执行低水平的外部活动或采取永久性的自我防卫措施将会陷入低绩效。Marrone 等（2007）研究也发现团队层面的跨界行为对咨询团队的客户评价绩效与团队评价绩效均有显著影响。

由于质量改进任务与组织结构中各个部门的工作流程密切相关，团队跨界行为对质量绩效有着关键作用（Ancona，1990；Tushman，1977）。资源依赖理论认为团队跨界行为有助于获得更多现实或潜在资源，并能提高团队效能（Hansen，1999；Tsai，2001；Stock，2006）。当团队内部不具备质量改进所需的资源与知识时，其成员主要依赖参与外部试错学习过程获得新知识，并通过与其他团队或外部环境之间交换信息实现持续学习（Allen，1977；Tushman，1977）。质量改进团队跨界行为提升质量绩效的机理可能有：第一，定性数据显示高水平的跨界行为可能给团队带来更多有价值的资源，如信息、项目进展反馈、获得外部相关方的支持（Ancona & Caldwell，1992a）。质量改进团队通过与外部团队之间的沟通建立信任关系，有助于及时获得信息、政治与情感资源，进而促进团队做出创造性的决策和获取中介位置收益。第二，团队跨界活动影响外部关键相关方对质量绩效的评价（Guinan et al.，1998），如 Druskat & Wheeler（2003）发现团队跨界活动（包括建立关系、搜索信息、劝说他人支持团队工作等）对绩效有显著影响。第三，也有研究认为团队跨界行为可以促进团队内部活动的改进（Choi，2002），如团队成员对外部需求的共同理解、增强内部凝聚力以及促进内部沟通与协调，这些收获最终也会促进质量绩效（Edmondson，2003）。关于质量改进团队跨界行为的各个子维度对质量绩效的影响，以下分别进行探讨。

联络行为是指质量改进团队从外部相关方获取政治支持与资源配置而进行的互动活动。Ancona 等将寻求高阶团队对团队项目进展的反馈的行为定义为大使活动，主要用于向高阶团队阐述项目期望，在高管团队层面为团队项目塑造良好的印象，并在适当时寻求高管团队的支持（如人力资源、财务资源、项目协调等）（Choi，2002；Golden & Veiga，2005）。由于质量改进团队与跨界目标之间存在中等程度的相互依赖，联络行为产生的结果对跨界双方都有影响。通过联络行为，质量改进团队为决策获得了更高层面的支持或承诺，跨界目标团队对项目进展有了更多了解，有利于后者优化项目计划和资源分配决策。朱兰《质量管理手册》(第五章)指出高层领导在营造质量意识和设定质量目标的同时，还必须承担一系列角色(Juran，1974)。由于某些质量改进项目具有独特重要性，团队需要争取高层的注意力与各种支持，其他一些较低层次项目也需要邀请高层领导进行集中评审(Ahire et al.，1998)。以六西格玛团队为例，高层领导使用权威和权力将六西格玛"黑带"和"绿带"系统整合到组织的员工队伍中，调整绩效评价标准和六西格玛项目绩效的补偿方案，并为项目开展提供充足资源，这将激励员工跨界完成质量改进任务。在联络活动中，质量改进团队通过保护团队过度暴露于外部环境，以免受到外部不确定性的干扰，这在一定程度上提高了团队内部理性行动的可能性(Scott，1998)。有研究将团队边界视为成员活动的界线，强调团队边界对团队内部顺利运转的缓冲职能(Miller，1967；Thompson，1967)，通过建立与维持团队边界以保护团队免受外部环境中不必要的干扰。Mohrman 等(1995)研究发现知识型工人由于同时参与多个团队，他们面临的工作目标和任务优先级常常存在冲突，这时团队需要参与边界缓冲活动，如使用正式战略和程序以及非正式编码和规范缓解和管理团队成员面临的外部需求。

管控行为是指质量改进团队为了解决质量问题，持续跟踪质量改进过程与构建/督促执行质量改进规范的外部活动。在以往有关团队跨界行为的研究中，协调活动主要指围绕相互依赖的任务进行协调(Marrone，2010)，但是与本书的管控行为定义存在较大差异。管控活动通常是在平级之间展开，Marks 等(2001)引入团队间过程或团队共同努力监控跨团队的项目进展和工作流。在高度任务依赖的情境下，监测任务能够获取多样化的信息和观点，为核心团队和相关行动者带来好处，如完成共同目标、平行支持和合作、团队效能，等等(Joshi & Jackson，2003)。由于产品质量问题通常源于整个组织的"输入—过程—输出"系统，质量改进项目与采购、生产、研发、营销等部门关联较大，因而质量改进团队主动开展跨界活动可以优化项目工作流(Ancona & Caldwell，1992b)。Ahire 等(1998)研究认为供应商质量管理、设计质量管理、质量信息传递等跨界管理行为对质量绩效有着重要影响，这些研究结果被后来研究者反复证实。TQM 理论也认为组织由一系列相互交织的过程组成，通过跨职能部门传递顾客需求信息以设计与制造出符合顾客要求的产品，这是质量改进团队跨界管理的重要内容(Choo et al.,2007;Zatzick et al.,2012)。

侦测行为是指质量改进过程中,团队通过扫描外部环境与标杆对比从外部相关方获取信息促进项目完成的活动。这些行为包括团队搜索与质量问题或项目相关的专业知识,以及理解与响应项目运营的基本环境,如外部趋势、机会和威胁(Bresman,2010)。Ancona 和 Caldwell(1992a,1992b)研究认为侦测行为是一种特殊的外部学习活动,团队成员跨界学习与更新知识对绩效将会产生较大影响。此类跨界活动让跨界团队了解外部环境,促进团队学习和改进,而团队改进又进一步促进质量绩效(Hargadon,1998)。质量改进团队及时调整团队社会心理边界以处理其与环境之间的相互影响,建立与企业外部关键相关方(如供应商、客户、合作伙伴等)的交流平台,将有助于强化外部相关方对团队整体目标的认同(Samson & Terziovski,1999;Hoe,2008)。特别对于跨企业边界的质量改进项目,外部关键相关方在改进市场质量绩效(如使用质量、顾客满意等)方面发挥重要的作用。质量改进团队通过主动利用与外部相关方的"松散联结"搜索组织外部环境中的市场信息和技术知识(Luo,2005;Tiwana,2008),甚至通过外部相关方获取竞争对手信息。

基于此,本研究提出以下假设:

H3a-1:质量改进团队联络行为与质量绩效之间存在正相关关系。

H3a-2:质量改进团队管控行为与质量绩效之间存在正相关关系。

H3a-3:质量改进团队侦测行为与质量绩效之间存在正相关关系。

(2)质量改进团队跨界行为对质量绩效的间接影响

质量改进团队具备一般团队的构成要件,如团队内部的高凝聚力、相互依赖与对共同目标的承诺(Kreiner et al.,2006),而这些要件的形成归结于团队成员对目标的共同理解与团队身份认同(identity)。然而,团队认同不仅形成内部凝聚力,还形成了团队社会心理边界。团队跨界活动同时跨越物理边界与社会心理边界,这必定对团队共同心理机制产生一定影响,并通过这种心理机制间接影响绩效(Janssen & Huang,2008)。Cannon-Bowers 和 Salas(1993)研究表明,在复杂与动态情境下,团队成员通过外部互动活动形成对外部环境的共同理解,有助于解决成员冲突与减少内部过程消耗,并进一步提高团队成员跨界的集体效能感。团队成员集体对跨界活动所带来效能感的认识,将会影响团队成员完成任务的信念与努力程度,从而影响团队绩效(Choi,2002)。

由于组织赋予的正式权力与影响力有限,质量改进团队开展跨界活动面临诸多困难,团队成员需要突破组织内部传统的分工规则与协调规范,通过与跨界方的常规互动以建立信任关系，并利用外部资源（如人员、经费等）与支持协同促进质量改进（Deming，1986）。质量改进团队跨越企业内部垂直边界，与高层管理者建立互信与相互尊重的关系联结，可以增加高层领导对质量改进项目冒险的意愿和分担项目责任，并为团队完成任务获取必要的资源和支持，从而影响团队成员完成质量改进任务的信心（Dul et al.，2011；Chang et al.，2011；王秋菊和殷国鹏，2009）。具体而言，一方面，质量改进团队与外部非正式团队的领导保持联系，利用后者在团队网络的中心位置，以及非正式领导的权力与促成变革的能力，获取必要的项目资源和外部支持（Brass，1992）；另一方面，通过与正式领导保持互信关系，质量改进团队可以寻求更多的人力资源支持（如招聘新成员、重新配置团队成员、安排团队成员参加相关培训）和高层协调（如高层领导协助团队与客户沟通需求变更信息），这将减少项目运转过程中的阻力，提高团队成员完成任务的成效性（Ancona & Caldwell，1992a，1992b；Sarin & McDermott，2003；王黎莹，2010）。同时，获得高层领导对质量改进任务的承诺也是联络行为的重要内容，它影响公司整体对质量管理的态度与质量文化建设（Linderman et al.，2003；刘杰，2008）。若高层管理者在追求利润最大化目标时兼顾产品质量，同时支持质量改进工作并主动承担质量管理责任，这将增强组织全员的质量意识和参与质量管理活动的积极性，进而提高质量改进团队成员的工作效能。此外，以往研究认为在团队面临挑战时，来自有影响力的个人的劝说性沟通（或行为表现的反馈）是构建集体信念或团队效能的必要条件（Bass et al.，2003）。Guzzo 等（1993）也认为变革型领导通常会为下属提供智力支持，鼓励下属超越个人志向建立共同目标、使命或愿景，并与成功榜样或直接成功经验相结合，通过肯定团队的成绩、鼓励成员努力与勇于克服困难来影响团队效能感（Shea & Howell，1998）。外部领导人在确定质量改进团队项目时，通过阐述"为什么项目对组织很重要"、"高层领导对团队质量绩效的期望"、"质量改进项目的疑难点"等问题，描绘一幅富有吸引力的愿景引领质量改进方向，强调质量改进目标的意义与构建团队成员集体的认同感（Anderson et al.，1994；Shamir et al.，1998），这对提高团队成员整体的效能感有着重要影响。因此，质量改进团队多与外部领导接触将会提高团队成员完成质量改进任务的信念，高层领导对团队成员的支持有利于消除团队成员对项目的焦虑与恐惧，同时也帮助他们判断完成任务所具备的内外部条件与能力。

质量改进团队与外部其他团队或组织建立信任关系，将扩展团队与外部相关方交流的深度与广度，从而在执行任务过程中获取更多支持，降低外部任务协调的难度，提高团队完成质量改进任务的操控能力与信念（Hansen，1999）。组织中的共同目标与信念为不同团队（或组织）间的知识交换与整合提供了基础，这种沟通增强了项目团队完成任务的信心（Li，2005）。在质量改进项目开展过程中，管理层可能责备团队进度缓滞，但这种猜疑可能由一系列外部协调事件引起（Levin，1992）。例如，团队需要的资源没有按时配置到位、培训时间被推迟、直线主管反对下属投入质量改进工作等。在协调与管控外部相关方过程质量（或流程规范）时，团队成员对组织中任何反对或支持改进活动的信号变得敏感。一般通过外部质量培训、告知任务进展、联合攻关等方式争取外部相关方的配合行动，提高团队完成质量改进任务的外部操控能力。在项目实施过程中，主要通过强化质量标准与流程规范、设计研发评审等方式掌控过程质量，并将执行任务过程中的经验与方法加以固化推广到后续相关行动，从而保障质量改进项目结果的可靠性与稳健性（Sutcliffe & Sitkin，1996）。因此，为了解决质量问题，持续跟踪质量改进过程与构建/督促执行质量改进规范的外部互动活动，将获得公司内部平行部门对质量改进任务的支持，及时监控改进工作流程与信息流动情况，从而提高质量改进团队完成任务的操控能力与外部协同能力。

质量改进团队嵌入在合作网络中，桥联结组织内外部的“结构洞”，因而通过跨界活动能够获得新的思想和产品质量信息，提高团队学习与解决复杂质量问题的能力（Granovetter，1973；Borgatti & Cross，2003）。在组织内部，由于质量改进团队通常由跨职能部门与多样性背景的员工组成，团队成员拥有的异质性外部网络联结为团队接触其他部门的知识与观点提供了机会（Weisz et al.，2004）。这种网络异质性特征有助于质量改进团队与生产、技术、营销等部门建立横向联结和知识/信息的共享机制，从团队外部获取更多新颖的产品或市场信息（Smith et al.，2005），从而促进质量改进团队作出正确判断与提高质量绩效。在动态竞争环境下，质量改进团队主动从组织外部知识源搜索质量改进任务相关的信息与知识，能更好地理解与应对项目运营的基本环境与行业标杆的成功经验（即班杜拉提出的替代经验），从而促进团队通过间接方式了解自身能力水平，同时提高对顾客需求与质量改进目标理解的准确性（Gibson，2003；Emmerik，2011）。为了获得高层领导对外部侦测活动的支持与承诺，在项目实施过程中质量改进团队定期向管理层呈送简报，将内外部信息监测报告及时呈送高层领导，促使他们维持对质量改进战略的敏感性与时效性。总之，对外部环境与竞争对手的系统扫描，将有助于质量改进团队吸收外部经验教训与跟踪市场动态，借鉴外部类似成功经验与质量改进方案，尽量做到“知己知彼，百战不殆”，提高团队跨界活动效果的预见性。

基于此，本研究提出以下假设：

H3b-1：质量改进团队联络行为通过团队效能感正向影响质量绩效。

H3b-2：质量改进团队管控行为通过团队效能感正向影响质量绩效。

H3b-3：质量改进团队侦测行为通过团队效能感正向影响质量绩效。

5.3 研究方法

5.3.1 研究样本

本研究通过第二轮问卷调查获取实证研究数据，为了保证抽样的代表性，本研究遵循荣泰生(2005)提出的抽样程序筛选样本。

第一，定义抽样母体：鉴于高新技术企业技术和产品的复杂性，企业的发展更加依赖质量改进团队的持续改进活动，所以本研究以高新技术企业作为质量改进团队的母体，并选择电子通讯、电气自动化、机械制造、复合材料、仪器仪表、汽车制造、环保工程、电力、化工等行业集中搜集样本。

第二，确定抽样框：考虑到时间、费用等限制条件，本研究将抽样的重点区域限定为浙江、湖南、江苏、上海、广东、河北等省，并将可能联系到的企业制成调研目录，构成本研究的抽样框。

第三，确定抽样单位：本研究基于团队层面进行分析，所选择的质量改进团队主要散布在企业的品管部门、研发部门、技术部门和生产部门，质量改进团队的形式可以是质量改进小组、设计改进小组、六西格玛项目团队、卓越绩效团队、精益团队等，但团队成员不少于4人。

第四，选择抽样方法：为了确保调研工作的顺利开展，本研究的抽样将遵循简单随机抽样原则进行(王重鸣，2001；马庆国，2002)。由于针对公司质量改进团队的大样本调研难度较大，特别是在中国情境下，多种因素限制研究者进行完全随机抽样，因此，本书选择便利抽样为主，并且尽量保证样本的代表性。

第五，制定抽样计划：为了确保调研工作顺利开展，笔者在正式大样本调研前制定了详尽的调研计划，其中涵括调研时间，介绍信和电话预约等方式确定企业联系人，问卷发放与回收方式，问卷填写要求及问卷发放过程中可能出现的问题及应对策略。

第六，确定样本大小：SEM 建模需要一定数量的样本，Bagozzi 和 Yi (1988)认为样本数量不少于50个，最好达到估计参数的5倍以上。侯杰泰等(2004)建议结构方程建模需要100～200个样本,同时黄芳铭(2003)也指出样本太大也会使最大似然估计方法(Maximum Likelihood,ML)变得非常敏感,并使拟合度指标变差。因此本研究预期的质量改进团队样本大于150个。

第七,选择样本:根据事先确定的调研名录,随机抽取100家企业,然后参照质量改进团队列表,根据每个企业规模和实际拥有的质量改进团队数量随机抽取1～5个不等,最后邀请1名团队主管和3名团队成员共同完成一套问卷。

本研究选择浙江、湖南、江苏、上海、广东、河北等地作为问卷发放区域,浙江和湖南省内的问卷尽量由笔者及助理完成,其他区域笔者委托朋友向企业的质量改进团队发放问卷。本次调查集中在2011年5月20日至2011年11月20日之间,共历时6个月。本研究定位在团队层面,为保证数据质量与可用性,每套问卷由质量改进团队的1名主管(填写团队社会资本、质量绩效部分)及3位成员(主要获取背景变量、任务特征、质量改进团队跨界行为、团队效能感等信息)共同填写,并且被调查者比较熟悉所在团队的整体运作情况,能够客观评价团队相关情况。

期间主要通过三个途径发放问卷:第一种是现场发放。此类问卷发放方式主要针对浙江省内重点目标企业,有些是向笔者已进行案例深度访谈的企业搜集问卷,并现场解答疑问,该部分共发出问卷66套(每套包含4份问卷),回收66套,回收率为100%;第二种通过E-mail发出调查问卷40套,经过反复邮件沟通与电话跟催,回收完整问卷23份,回收率为57.5%;第三是委托同学、朋友、亲友协助发放问卷,共发出调查问卷150套,回收104套,回收率为69.3%。根据以下四个标准对回收的问卷进行筛选:(1)问卷填写不完整;(2)同一个团队的有效问卷少于4份;(3)同一团队的问卷存在明显雷同;(4)问卷填写呈现明显规律,如所有选项均选择同一选项等。最终对回收的193套问卷进行初步检查,删除了32套符合上述标准的问卷,得到有效问卷161套,共计644份。由于采用实地调查、电子邮件、邮寄等多种方式收集发放与回收问卷,因此需要检验这些调查方法对样本的独立性、有效性等是否产生影响,以验证所有调查是否来自同一样本母体(张玉利和李乾文,2009)。

有效样本质量改进团队所在企业的区域分布如表5.1所示,共有73家,其中浙江企业26家,湖南14家,累计超过50%,其原因可能在于浙江属于笔者目前求学与咨询客户所在地,经常联系的企业问卷回收率较高,湖南系笔者的故乡所在地,亲戚朋友人脉关系较好,能够获得较多的支持。

表 5.1　样本质量改进团队所在企业的地区分布情况

地区	企业数	百分比	团队数	百分比
浙江	26	35.61%	68	42.24%
湖南	14	19.18%	33	20.50%
江苏	6	8.22%	12	7.45%
上海	8	10.96%	14	8.70%
广东	9	12.33%	17	10.56%
陕西	2	2.74%	4	2.48%
河北	5	6.85%	8	4.96%
山东	3	4.11%	5	3.11%
合计	73		161	

有效的质量改进样本团队所在企业的基本情况如表 5.2 所示。样本质量改进团队所在企业的特性分布情况大致为：民营企业（含民营控股）居多，有 43 家，占 58.90%，团队数量 93 个，占 57.77%；大多数样本企业的规模处在 101～500 之间，占 64.38%，团队数量为 86 个，占 53.41%；机械制造行业企业数量最多，有 22 家，占 30.13%，团队数量也最多，达到 58 个，占 36.02%。本研究聚焦于高新技术企业，这些企业的规模大多在 100 人以上，具有一定的技术基础，所处行业大多属于国家支持发展的高新技术行业（如机械制造、电气自动化、汽车电子等）。由于高新技术企业的质量改进活动备受关注，有效管理高新技术企业的质量改进团队跨界活动，对提高质量改进绩效将具有普遍意义。

表 5.2　样本质量改进团队所在企业的基本情况

	统计内容（$N=73$）	测量代码	企业数	所占比例	团队数	所占比例
企业性质	国有企业（含国有控股）	1	11	15.07%	29	18.01%
	集体企业（含集体控股）	2	5	6.85%	12	7.45%
	民营企业（含民营控股）	3	43	58.90%	93	57.77%
	外资企业（含外资控股）	4	14	19.18%	27	16.77%
企业规模	100 人及以下	1	14	19.18%	19	11.80%
	101～300 人	2	25	34.25%	38	23.60%
	301～500 人	3	22	30.13%	48	29.81%
	501～1000 人	4	5	6.85%	22	13.67%
	1000 人以上	5	7	9.59%	34	21.12%

续表

	统计内容（N=73）	测量代码	企业数	所占比例	团队数	所占比例
所属行业	电子通讯	1	10	13.70%	25	15.53%
	电气自动化	2	9	12.33%	20	12.42%
	食品加工及机械	3	13	17.81%	21	13.04%
	机械制造	4	22	30.13%	58	36.02%
	纺织服装	5	5	6.85%	9	5.59%
	复合材料	6	2	2.74%	7	4.35%
	冶金与能源	7	5	6.85%	6	3.73%
	石油化工	8	4	5.48%	8	4.97%
	汽车（包括汽配）	9	2	2.74%	5	3.11%
	其他	10	1	1.37%	2	1.24%

有效样本质量改进团队及其人口描述性统计情况如表 5.3 所示，从表中可以看出，样本团队的规模主要集中在 6～15 人之间（占 73.91%），这样的规模对团队有效运营而言是较为合适的；样本质量改进团队成立时间主要集中在 1 年以上（占 68.95%），这说明质量改进团队对所承担的改进任务有一定的认识，研究的结论可以反映出团队现有的改进活动情况。有效样本团队共有 644 名质量改进人员，其中包括 161 名团队主管和 483 名团队成员。从人口描述统计特征可以发现，样本质量改进团队成员以男性为主（占 73.45%），年龄主要集中在 26～35 岁之间（占 58.23%），成员接受教育的程度以本科学历为主（占 58.07%），这说明样本质量改进团队成员大多是高学历的年轻员工。

表 5.3 样本质量改进团队的基本情况

统计内容（N=161）		团队数	所占比例	统计内容（N=644）		成员数	所占比例
团队规模	5 人及以下	17	10.56%	成员性别	男	473	73.45%
	6～10 人	83	51.55%		女	171	26.55%
	11～15 人	36	22.36%	成员年龄	25 以下	98	15.22%
	16～20 人	14	8.70%		26～35	375	58.23%
	21 人及以上	11	6.83%		36～45	121	18.79%
团队成立时间	3 个月及以下	5	3.10%		46～55	42	6.52%
	4～6 个月	13	8.07%		55 以上	8	1.24%
	7～12 个月	32	19.88%	成员教育程度	大专及以下	90	13.98%
	1～3 年	86	53.42%		本科	374	58.07%
	3 年以上	25	15.53%		硕士	136	21.12%
					博士	44	6.83%

5.3.2 测量工具

在数据收集阶段，对变量进行有效测量是后续实证研究的基础，因此在测量上我们尽量参考成熟量表(质量改进团队跨界行为的测量除外，因为当前尚未无质量情境下的测量工具)。

(1)任务特征

质量改进团队任务特征主要衡量团队成员承担任务的相互依赖程度、任务复杂性及其面临的时间压力。任务相互依赖性(互依性)是指质量改进团队为了完成任务目标而与其他团队交换资源的程度。相互依赖性测量主要参考了 Dean 和 Snell(1991)的相关项目，具体包括三个测量题项："质量改进任务与其他团队工作存在流程相关性"、"质量改进任务依赖团队间配合"和"质量改进团队经常跨团队交换资源"。任务复杂性是影响质量改进任务及绩效的重要因素，有关任务复杂性的研究主要来自于三个领域：信息处理与决策领域、任务与工作设计领域、目标设定领域(Campell, 1988)。Campell(1988)根据复杂性的四种来源(多种路径、多种结果状态、冲突依赖和不确定性)区分了 16 种具有不同特征的任务。本研究根据 Jehn(1995)、Stock(2006)等研究，从可重复性(repetitivity)、可分解性(analyzability)、影响任务绩效的可能路径等方面，提炼出四个条款测量任务复杂性，分别是："任务包含许多变化"、"主要工作是解决复杂问题"、"难以将工作常规化"、"需要大量信息或备择方案"等。质量改进任务的时间压力整合了 Caplan 等(1980)和徐建平(2009)的相关测量，主要用四个测量条款进行测量，分别是"质量改进任务的时间期限紧迫"、"质量改进团队成员面临大量工作"、"质量改进团队成员没有时间干其他的活动"和"质量改进团队成员总觉得时间太少"。任务特征三个变量的测量采用李克特 7 点量表，从 1(完全不符合)到 7(完全符合)，下同。

(2)质量改进团队跨界行为

质量改进团队跨界行为是指为了完成质量改进任务，质量改进团队努力建立和管理与其他团队的外部联结或跨越组织边界的外部联结(如外部顾客、供应商)的活动。本书采用了前文开发的质量改进团队跨界行为三个维度结构，包括联络行为、管控行为以及侦测行为。其中，联络行为主要指质量改进团队从外部相关方获取政治支持与资源配置而进行的互动活动；管控行为主要指质量改进团队为了解决质量问题持续跟踪质量改进过程与构建/督促执行质量改进规范的外部活动；侦测行为是指质量改进过程中通过扫描外部环境与标杆对比向外部相关方获取信息以促进项目完成的活动。本书用 14 个测量题项衡量这三种跨界行为,此量表的信度和效度已在上文研究中得到了检验,该量表的具体测量项目详见附录。

(3)团队效能感

本书将团队效能感界定为质量改进团队成员对团队具备能够完成特定改进任务、实现质量改进目标所需能力与信心的一种认知。对于团队效能感的测量方法,学术界存在多种不同的见解(Gist,1987):一是将团队成员个体的自我效能评价予以加总,但此方法没有考虑 Bandura 提出的社会性影响过程和社会性对照过程等因素(Lindsley,Brass & Thomas,1995);二是由团队成员分别对自己所在团队的集体效能感知评估,然后将这些数据整合后加以平均,该方法适合团队效能的研究;三是将基于团队成员的共同讨论对团队集体效能的总体评价作为衡量集体效能的结果(Guzzo et al.,1993),但是难以用于研究对象过多(或者样本容量过大)的情形。本书采用方法二,即邀请团队成员分别作答,然后对测量结果进行加总并平均以测量团队效能感。本书主要基于 Guzzo 等(1993)开发的七个测量题项,分别是“本团队成员对团队非常有信心”、“团队干了很多事情”、“对本团队而言,没有特别困难的任务”、“本团队能够高质量完成任务”、“本团队的工作是富有成效的”、“本团队能够解决任何问题”和“本团队的工作效率较高”。

(4)质量绩效

由于对质量绩效的定义存在组织和产品两个层面,因而对应的质量绩效测量也有两类视角:一类聚焦于组织层面的整体质量绩效水平,另一类基于产品质量绩效进行测量。Dow(1999)从企业总体层面采用四个指标测量质量绩效,即最终质量合格率、质量保证成本、质量总成本和与竞争对手相比的缺陷水平。Samson 和 Terziovski(1999)对企业质量绩效的测量着重考察缺陷比率、质量召回成本、质量成本(包括错误、废弃、返工和检查等费用)和交货及时率。现有产品质量绩效维度的划分主要来自 Garvin,他提出产品质量包括八个维度:绩效、性能、可靠性、符合性、耐久性、适用性、美观性和感知质量(Garvin,1987,1988)。Swink 和 Calantone(2004)认为,设计质量绩效构念描述了产品符合与适用性相关绩效目标的程度,具体的测量指标包括三个:产品质量目标(如没有缺陷)、产品绩效目标、特定的顾客需求。借鉴 Barrick 等(1998)、Swink 和 Calantone(2004)等成果,本研究基于项目团队层面的定义,将质量改进团队的质量绩效定义为解决质量问题的成效、符合产品(或过程)质量目标、符合产品(过程)绩效目标、符合特定顾客需求、符合项目预算要求、符合计划进度要求等内容。

(5)控制变量

本研究主要关注团队层面的特有属性和团队行为及行为结果之间的关系,因此需要控制其他可能对团队行为结果产生影响的特征变量。相关研究表明,团队规模、团队成立时间、团队所处的发展阶段等团队层面要素可能对团队跨界行为存在影响,同时组织层面的因素如企业性质、企业规模、企业所属行业等控制变量也会影响质量绩效。研究还需要进一步探讨团队发展阶段是否对质量改进团队跨界行为产生动态的影响。由于本研究聚焦于团队层面,所以团队成员个体的人口统计特征不作为控制变量。根据相关文献,上述控制变量均为分类变量,其中团队规模可以分为5人及以下、6～10人、11～15人、16～20人、21人及以上;团队成立时间可以分为3个月及以下、4～6个月、7～12个月、1～3年、3年以上;企业性质分为国有(含国有控股)、集体(含集体控股)、民营(含民营控股)、外资企业(含外资控股);企业规模分为100人及以下、101～300人、301～500人、501～1000人、1000人以上;企业所处行业由被调查者自行填写。以往研究中,团队所处发展阶段由问卷填写者自行回答具有较强的主观性,因此本研究根据质量改进团队生命周期特征设置"团队成员冲突程度"、"团队规范形成情况"、"团队成员沟通顺畅性"、"团队凝聚力"、"团队解决问题的合力大小"等五个测量条款加以识别。对上述五个测量条款的测量借鉴Tuckman(1965)等研究,根据每个特征的成熟度采用四级量表衡量。

5.3.3 回答者偏差处理及无应答偏差检验

因为调查问卷大部分题项采用李克特(Likert)七级量表进行测量,问卷填写者需要根据自己对题项的主观评价完成问卷,这难以避免出现数据结果偏差影响问卷测量的客观性与准确性。本研究借鉴Fowler(1988)的建议,从四个方面采取措施降低回答者偏差[①]对研究的负面影响:

第一,尽量选择在该企业拥有两年以上工作经验的质量改进团队成员或主管填写问卷,并允许填写者咨询相关人员,这样可以减少答卷者因不了解所需答案的相关信息而带来的负面影响。

第二,本问卷所涉及的题项问题不超出近三年情况,这样避免回答者记忆模糊给问卷调查所带来的负面影响。

第三,本问卷在指导语部分强调本研究的学术性,以及承诺为问卷填写者提供的相关信息给予保密,这可以减少问卷回答者因过于谨慎而不愿提

① 回答者偏差最常见的是社会称许性(social-desirability bias),指个体对社会赞赏、社会认同的渴望与追求(Arnold & Feldman,1981)。

供真实答案的顾虑。

第四，本研究问卷广泛征求学术界和企业界专家的意见，并在企业处进行预测试，根据预试修改问卷的表述与措辞，排除表述含糊或存在歧义的题项，这样避免答卷者对所提问项的不理解而带来的负面影响。

本研究通过两种方法对样本数据检验无应答偏差。首先调查问卷拒绝填答者，结果并未发现因问卷设计不妥或者对问卷中相关变量测量的异议等而被拒绝填答的情形。其次，根据 Armstrong 和 Overton(1977)建议采用模拟外推法(extrapolation method)检验未回答问卷在背景资料方面的差异性，具体操作是将后面回收的一半问卷与前面回收的另一半问卷进行方差检验。我们对问卷调查第一阶段回收的 91 个团队样本数据与第二阶段回收的 70 个样本团队数据在任务特征、质量改进团队跨界行为、团队效能感和质量绩效方面进行 t 检验，以分析不同阶段所得样本之间的差异。方差分析结果显示，两者在背景变量、核心变量等方面不存在显著差异。

本研究变量指标的 t 检验结果见表 5.4。其中，原假设(H_0)表示两阶段调查所获取的样本数据在总体均值上无显著差异，结果中第一行数据表示假设方差相等的 t 检验结果，第二行数据为假设方差不相等的 t 检验结果(陶懿，2011)。从表 5.4 可知，任务特征、质量改进团队跨界行为、团队效能感和质量绩效等变量前后两阶段方差与均值齐性检验结果显示均值没有显著差异，即本研究中的大样本数据不存在无应答偏差问题。

表 5.4　问卷回收前后阶段的样本均值差异比较

变量		方差齐性检验			均值齐性 t 检验			
		F 值	Sig.	*t* 值	df	Sig.(t 检验)	差值的 95% 置信区间	
							下限	上限
任务互依性	假设方差相等	2.226	0.143	−1.550	159	0.124	−0.2021	0.0435
	假设方差不相等			−1.237	135.80	0.219	−0.2024	0.0442
任务复杂性	假设方差相等	1.712	0.206	−0.490	159	0.625	−0.1949	0.1177
	假设方差不相等			−0.486	157.30	0.628	−0.1965	0.1193
任务时间压力	假设方差相等	1.436	0.312	−0.673	159	0.551	−0.1742	0.1371
	假设方差不相等			−0.664	151.20	0.537	−0.1734	0.1208
质量改进团队跨界行为	假设方差相等	0.489	0.486	0.489	159	0.626	−0.1113	0.1846
	假设方差不相等			0.491	137.02	0.624	−0.1107	0.1835
团队效能感	假设方差相等	0.821	0.414	0.523	159	0.634	−0.1124	0.1878
	假设方差不相等			0.519	139.02	0.617	−0.1087	0.1792
质量绩效	假设方差相等	0.181	0.671	−0.313	159	0.754	−0.3931	0.2862
	假设方差不相等			−0.468	141.47	0.757	−0.3982	0.2905

5.3.4 共同方法变异的事前预防和事后检验

共同方法变异(Common Method Variance,CMV)是因为数据来源或评分者一致、相同的测量环境、项目语境或项目本身特征所造成的自变量与因变量之间的人为共变(Podsakoff et al.,2003),这种自变量与因变量之间的人为共变会对研究结果及结论产生误导(周浩和龙立荣,2004)。消除同源偏差问题的方法是测量前尽量使用相关预防措施,如从不同来源测量预测变量与效标变量,对测量进行时间、空间、心理、方法上的分离,承诺保护问卷填写者的匿名信息、平衡项目的顺序效应以及改进量表项目等(周浩和龙立荣,2004)。

(1)事前预防

CMV 的事前预防主要有两个方面的内容:一是采用隔离方式收集资料,二是优化问卷题项的编排。具体而言,本研究在 CMV 事前预防方面采取了以下措施:第一,样本数据收集分为前后两个阶段,且数据来源于不同地区的 100 个企业,从而有效实现资料收集的时间与空间分离;第二,本研究在变量测量上尽量将自变量(调节变量)和因变量相分离,分别放在团队成员和主管问卷中进行测量,避免测量的样本数据来自同一评分者;第三,问卷调查过程采用匿名填写方式,并向被调查者强调样本数据的学术性及个人信息的绝对保密性,减少填答者的顾虑,保证数据的有效性和真实性。

(2)事后检验

本研究主要采用 Harman 单因素检验[①]来判断问卷测量过程中的共同方法变异是否严重,具体做法是:将问卷的所有变量一起进行因子分析,如果在未旋转(Un-rotated)的因子分析结果中,只析出一个公因子或某个因子解释力特别大,那么可以判定存在较为严重的 CMV 问题(Podsakoff et al.,2003)。本研究通过对所有自变量、中介变量和因变量进行因子分析,从结果中抽取了 8 个特征根大于 1 的因子,累计解释了 73.18%的总变异,但是最大因子的解释力仅为 17.82%。因此,可以认为本研究中共同方法变异问题对结果产生的影响并不显著。

5.3.5 研究流程与研究方法

本研究采用大规模问卷调查进行实证研究,设计了 A、B 两种问卷,分

---

① Harman 单因素检验技术的基本假设是:如果方法变异大量存在,进行因子分析将会析出单独一个因子,或者析出一个能解释大部分变量变异的公因子(熊伟和奉小斌,2012)。

别由每个质量改进团队的一位主管和三位团队成员填写。在问卷A中，主要测量团队社会资本、质量改进团队绩效等问题；在问卷B中，主要测量任务特征、团队效能感、质量改进团队跨界行为等内容。研究首先运用SPSS 16.0和AMOS 7.0对测量工具的信度与效度进行检验，然后，对个体水平的数据加总为团队水平数据的适合性进行了检验。在此基础上采用结构方程建模（Structural Equation Modeling，SEM）探索潜变量之间的关系，并检验与完善本研究所提出的初始理论模型。

5.4　研究结果与分析

5.4.1　测量工具的信度和效度检验

从方法论的角度观察，研究者们通常从信度（reliability）与效度（validity）两项指标评价研究的科学性及其价值（李怀祖，2004）。在统计学中，信度主要考察问卷测量的可靠性，是对测量结果内部一致性程度的一种考察，它是评价测量工具是否具有一定可靠性或稳定性的统计分析方法（卢纹岱，2002）。效度是指测量的正确性，即实证测量在多大程度上反映了概念的真实含义（巴比，2005）。因此，效度系数越高，表示越能够测量到所要测量的概念。通常来说，量表的效度包括四类：即内容效度（content validity）、构念效度（construct validity）、聚合效度（convergent validity）以及区分效度（discriminant validity）（杨志蓉，2006；林枫，2011）。在构念测量的信度与效度得到保证后，根据潜变量之间的统计关系作出的推论才有实际意义。本研究考察了测量量表的内部一致性信度、聚合效度、区分效度与内容效度。

对净化后的题项进行因子分析（factor analysis），以检验量表的构思效度（construct validity）。因子分析用以决定构念维度的构成，主要通过分析样本数据的内在联系对初始量表的测量题项提取若干个因子，所提取的因子最大限度地解释了所要测量的构念（冯海龙，2009）。根据研究目的可以将因子分析分为探索性因子分析（Exploratory Factor Analysis，EFA）和验证性因子分析（Confirmatory Factor Analysis，CFA）。探索性因子分析主要应用在数据分析的初期，用来解释测量题项包含多少个可能的潜在因子（或维度），但在明确因子的维度结构后，还需要进一步应用验证性因子分析确定每个潜在因子对该变量的影响程度与潜在因子间的关联程度（张家放，2002）。是否适合采用探索性因子分析，主要观察KMO（Kaiser-Meyer-Olkin）样本测度与巴特莱特球形检验（Bartlett test of sphericity）（马庆国，

2002)。若 KMO 越接近于 1,表示越适合做因子分析,一般以 0.7 为临界值,大于 0.50 也可以接受;而如果巴特莱特的统计值达到显著水平,则表明可以做探索性因子分析。

内容效度又叫表面效度,用于测量量表是否涵盖了它所要测量的某一构念的所有项目,这主要依靠研究者对构念的准确定义或语义判断(荣泰生,2005)。由于本研究所采用的量表主要借鉴已有的成熟量表编制而成,这些量表经过了多次实证检验,已经被相关领域专家学者认同。此外,本研究在初始量表筛选的基础上,通过与专家访谈、质量改进团队调研等方式对原有量表的条款稍作增减,因此本研究的各个变量测量具有较好的内容效度。

收敛效度又叫聚合效度,主要是指不同观察变量是否可以用来测量同一个潜变量,即测量同一潜变量或维度的各个题项之间的相关性。对收敛效度的检验主要通过平均变异数抽取量(Average Variance Extracted, AVE)进行测量,AVE 是可以观察到项目的总变异量被潜变量解释的百分比,其要求测量条款的解释力大于误差的方差(Carmines & Zeler,1979; Fornell & Larcker,1981)。一般认为,AVE 的最低标准为 0.50,表示误差的解释小于测量条款(Bagozzi & Yi,1988)。AVE 的计算公式如下:

$$\text{AVE} = \frac{\sum \lambda^2}{[\sum \lambda^2 + \sum \varepsilon j]} \tag{1}$$

其中,λ 是测量题项在潜变量上的标准因子载荷量,ε_j 是第 j 项测量项目的测量误差。对因子载荷而言,测量的有效性要求其超过一定的标准,并且在统计上达到显著水平,一般推荐的标准化因子载荷最低水平为 0.40(杨志蓉,2006)。因此,参考拟合指标的可接受标准、标准化因子载荷和 AVE 的临界标准,进行 CFA 分析以检验各个潜变量的收敛效度。

区分效度是指变量的维度结构中某一维度与其他维度在特质方面的差异程度(冯海龙,2009),即不同的测量题项是否测量不同维度。对区分效度的检验有多种方法,如潜变量相关系数法、AVE 的均方根法、因子分析法等(张玉利和李乾文,2009)。借鉴 Fornell 和 Larcker(1981)等研究,我们将不同潜变量 AVE 的均方根与不同变量直接的相关系数进行比较,以检验变量测量的区分效度。如果潜变量与测量条款之间的共有方差大于其他潜变量共有的方差,即两个潜变量之间的相关系数小于 AVE 均方根,即可判断测量具有区分效度(Bagozzi,Fornell & Larcker,1981)。本研究主要对任务特征和质量改进团队跨界行为进行区分效度分析。

本研究采用结构方程建模,运用两阶段分析方法,检验测量 SEM 模型的信度与效度，以及结构模型内部的路径关系。由于在上一章中已经对质量改进团队跨界行为进行了探索性因子分析与验证性因子分析，均表现出了较高的信度和效度，因此在本研究中只需进行验证性因子分析。由于任务特征和质量绩效是在整合了其他研究者的相关工具基础上开发的，因此我们分两个阶段使用不同的样本分别进行探索性因子分析与验证性因子分析，而团队效能感等量表均采用成熟量表进行测量，所以在本研究中仅需进行验证性因子分析。

(1)质量改进团队跨界行为的验证性因子分析

质量改进团队跨界行为的验证性因子分析结果如表 5.5 所示，通过相关拟合指标值我们可以判断理论模型与数据之间的匹配性较好(χ^2/df=1.853，GFI 等指标大于 0.90，RMSEA=0.073)，所有标准化的因子载荷系数均大于 0.70(除管控 3 外)，AVE 大于 0.50，并且因子载荷达到显著性水平，表明质量改进团队跨界行为具有较好的收敛效度。

表 5.5　质量改进团队跨界行为验证性因子分析相关拟合指数(N=161)

拟合指标	绝对拟合指标						相对拟合指标		
	χ^2	df	χ^2/df	GFI	AGFI	RMSEA	NFI	IFI	CFI
指标值	137.103	74	1.853	0.932	0.925	0.073	0.908	0.921	0.934
评价标准	—	—	<2	>0.9	>0.9	<0.1	>0.9	>0.9	>0.9

质量改进团队跨界行为的区分效度检验，参照图 5.1 的载荷系数可以计算三个维度的 AVE 分别为 0.569、0.517 和 0.548，各个变量 AVE 的平方根分别为 0.754、0.719 和 0.740。联络行为与管控行为之间的相关系数为 0.38，联络行为与侦测行为之间的相关系数为 0.36，管控行为与侦测行为之间的相关系数为 0.29。从中可以看出，各个潜变量 AVE 的平方根值均超过其所在行和列的两个潜变量间的相关系数，表明质量改进团队跨界行为的测量量表具有较好的区分效度。

(2)任务特征的探索性因子分析与验证性因子分析

为了检验任务特征量表的信度与效度，基于第一轮调查获取的 82 套问卷中的 212 份员工层面问卷(任务特征由员工填写)，利用 SPSS 16.0 软件中的主成分方法提取探索性因子，在此过程中选取方差最大化旋转(Varimax)方法。在对任务特征的整体量表进行 KMO 检验和巴特莱特球体检验后发现，KMO 值为 0.802，巴特莱特球体检验卡方值为 692.272(df=55)，显著性概率为 0.000，这表明适合进行因子分析。从因子分析结果来看，3 个因子的特征根大于 1，累计方差解释比例为 63.965%，并且每个测

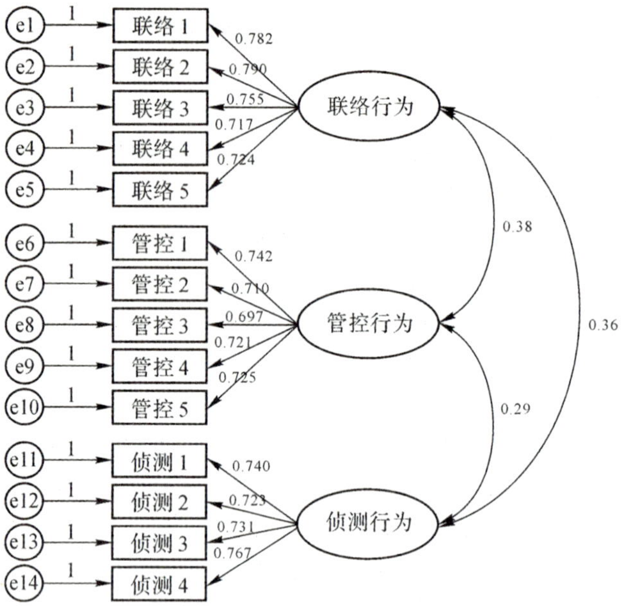

图 5.1　质量改进团队跨界行为的验证性因子分析

量条款的因子载荷都超过 0.50，说明总体上任务特征包含 3 个子维度。通过 Cronbach's Alpha 系数计算，任务特征各个维度的 α 系数均大于 0.70，说明该测量工具有较好的内部一致性信度，可以用于大样本调查。

表 5.6　任务特征的探索性因子分析(N=212)

测量题项	因子 1	因子 2	因子 3
因子 1：任务互依性 α 系数＝0.7673，解释变异量：18.104%			
质量改进任务与其他团队工作存在流程相关性	0.792		
质量改进任务依赖团队间配合	0.723		
质量改进团队经常进行跨团队交换资源	0.674		
因子 2：任务复杂性 α 系数＝0.7932，解释变异量：20.410%			
任务包含许多变化		0.813	
主要工作是解决复杂问题		0.783	
难以将工作常规化		0.862	
需要大量信息或备择方案		0.724	
因子 3：时间压力 α 系数＝0.8306，解释变异量：25.451%			
质量改进任务时间期限紧迫			0.857
质量改进团队成员面临大量工作			0.782
质量改进团队成员没有时间干其他的活动			0.812
质量改进团队成员总觉得时间太少			0.692

通过对第一轮取样的212个样本作探索性因子分析，基本验证了任务特征测量工具的简单结构。因此，本研究运用第二轮调查收集的161套问卷样本数据，并且通过ICC(Intraclass Correlation Coefficient)检验之后，我们将其聚合到了团队水平。在此基础上，运用AMOS 7.0软件进行验证性因子分析。任务特征的验证性因子分析结果如表5.7所示，通过相关拟合指标值我们可以判断理论模型与数据之间的匹配性较好($\chi^2/df=1.369$，GFI等指标大于0.90，RMSEA=0.048)，所有标准化的因子载荷系数均大于0.70，并且统计上显著，AVE大于0.50，因此可以判断三维的任务特征模型具有较好的收敛效度。

表5.7 任务特征验证性因子分析相关拟合指数

拟合指标	绝对拟合指标						相对拟合指标		
	χ^2	df	χ^2/df	GFI	AGFI	RMSEA	NFI	IFI	CFI
指标值	56.116	41	1.369	0.938	0.921	0.048	0.918	0.927	0.930
评价标准	—	—	<2	>0.9	>0.9	<0.1	>0.9	>0.9	>0.9

任务特征的区分效度检验，可以参照图5.2的载荷系数计算三个维度的AVE分别为0.658、0.610和0.581，各个变量AVE的平方根分别为0.811、0.781和0.762。任务互依性与任务复杂性之间的相关系数为0.452，任务互依性与任务时间压力之间的相关系数为0.215，任务复杂性与任务时间压力之间的相关系数为0.191。从中可以看出，各个潜变量AVE的平方根值均超过其所在行和列的两个变量间的相关系数，表明任务特征的测量具有较好的区分效度。

(3)团队效能感的验证性因子分析

团队效能感的验证性因子分析结果如表5.8所示，通过相关拟合指标值我们可以判断理论模型与数据之间的匹配性较好($\chi^2/df=1.230$，GFI等指标大于0.90，RMSEA=0.038)，所有标准化的因子载荷系数大部分大于0.70，表明该模型的载荷都是统计显著的。

表5.8 团队效能感的验证性因素分析拟合指标

拟合指标	绝对拟合指标						相对拟合指标		
	χ^2	df	χ^2/df	GFI	AGFI	RMSEA	NFI	IFI	CFI
指标值	17.223	14	1.230	0.930	0.923	0.038	0.920	0.932	0.958
评价标准	—	—	<2	>0.9	>0.9	<0.1	>0.9	>0.9	>0.9

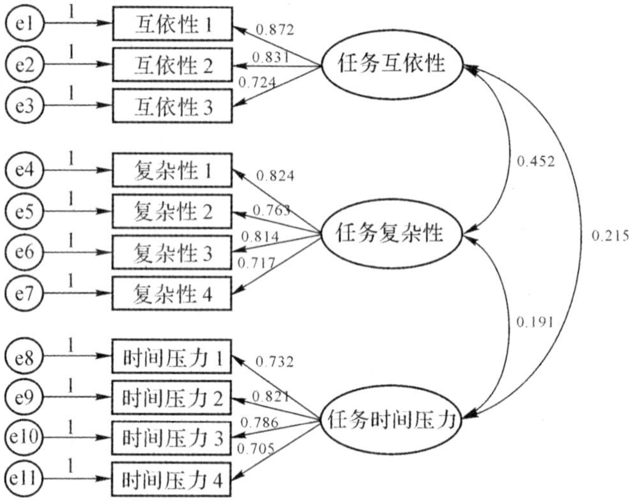

图 5.2　任务特征的验证性因子分析

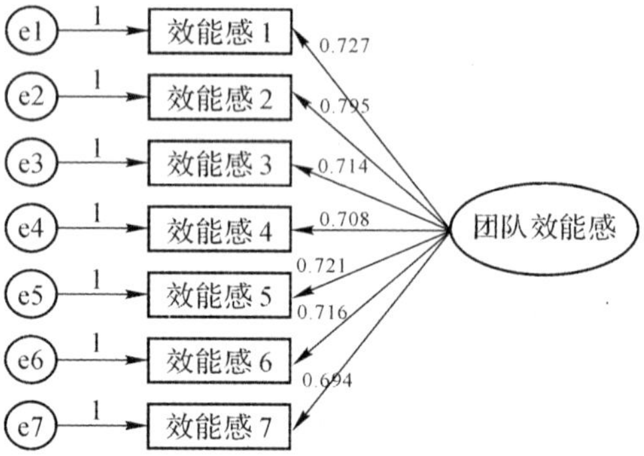

图 5.3　团队效能感的验证性因子分析模型

(4)质量绩效的探索性因子分析与验证性因子分析

为了检验质量绩效量表的信度与效度，我们使用第一轮调查获取的 82 份主管问卷(质量绩效由主管填写，超过该量表所有项目的 5 倍，符合统计要求)，利用 SPSS 16.0 软件，运用主成分法进行探索性因子提取，在此过程中选取方差最大化旋转(Varimax)方法。在对质量绩效的整体量表进行 KMO 检验和巴特莱特球体检验后发现，KMO 值为 0.868，巴特莱特球体检验卡方值为 290.644(df=15)，显著性概率为 0.000，表明适合进行因子分析。基于因子分析的结果，仅有 1 个因子的特征值大于 1，累计方差解释比例为 68.337%，并且每个测量题项的因子载荷都超过 0.50，说明总体上测量较好地符合质量绩效理论构思。通过 Cronbach's Alpha 系数计算，质量绩效的 α 系数均大于 0.70，说明该测量工具具有较好的内部一致性信度，可以被用于大样本调查（见表 5.9）。

表 5.9　质量绩效的探索性因子分析（$N=82$）

测量题项	因子 1
因子 1：质量绩效 α 系数＝0.8847，解释变异量：68.337％	
团队使用恰当方法有效解决了质量问题	0.830
团队的质量改进目标基本达成	0.767
团队改进后的产品（或过程）符合绩效目标	0.744
团队改进后的产品（或过程）顾客需求	0.805
团队能在预算范围内完成任务	0.796
团队比预定时间更早完成任务	0.851

质量绩效的验证性因子分析结果如表 5.10 所示，通过相关拟合指标值我们可以判断理论模型与数据之间的匹配性较好（$\chi^2/df=1.417$，GFI 等指标大于 0.90，RMSEA＝0.051），所有标准化的因子载荷系数均大于 0.70，表明该模型的载荷都是统计显著的。从图 5.4 可知，质量绩效的理论构思模型是可以接受的，因此可以据此判定质量绩效的测量指标表现出较好的收敛效度。

表 5.10　质量绩效验证性因子分析相关拟合指数

拟合指标	绝对拟合指标						相对拟合指标		
	χ^2	df	χ^2/df	GFI	AGFI	RMSEA	NFI	IFI	CFI
指标值	12.751	9	1.417	0.927	0.922	0.051	0.932	0.931	0.928
评价标准	—	—	<2	>0.9	>0.9	<0.1	>0.9	>0.9	>0.9

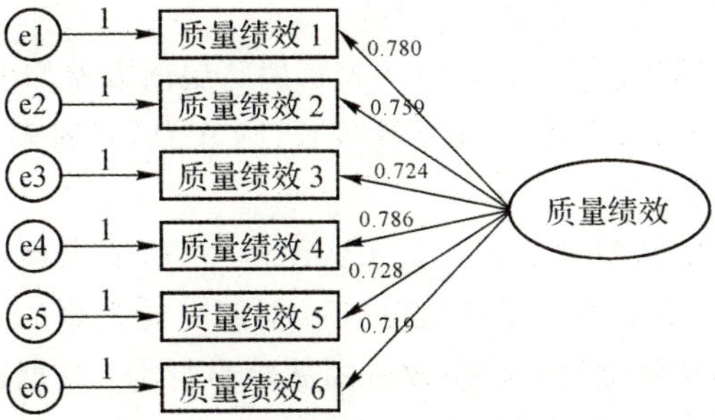

图 5.4　质量绩效的验证性因子分析

5.4.2　团队层面数据加总验证

一般而言，团队层次的概念包括整体型（global）、共享型（shared）和形构型(configural)三类，其中，共享型和形构型的团队层次概念都是个体层次概念在较高层次的聚集(aggregation)和涌现(emergence)(Ployhart & Moliterno,2011;宝贡敏和钱源源，2009)。团队概念不同的突现形式采用不同的操作化方法对低层次数据进行加总，而具体加总方法的选择要结合被加总概念的属性以及团队任务的性质综合考虑。本研究主要考察高新技术企业中的质量改进团队跨界行为与质量绩效，隐含假定了团队成员及主管对团队运作有着同等重要的影响，因此从理论上可以将个体概念线性加总为团队概念(James et al.,1984;Bell,2007)。为了保证符合测量层面的匹配性理论，所有的调查项目均以团队环境和团队活动为参照点。为了定量评估个体成员评分聚合(aggregation)到团队层面的合理性，通常需要计算回答者之间的统计偏差 r_{WG} 来确保团队成员回答的可聚合性(James et al.,1984)，一般要求 r_{WG} 在 0.70 以上为可接受水平(Bliese,2000;Chen et al.,2004)。r_{WG} 指标是评价者评分方差的均值与期望方差之比，具体的计算公式如下：

当变量中只有一个测量题项时采用公式(2)：

$$r_{WG(1)} = 1 - \left(\frac{S_{\bar{x}j}{}^{2}}{\sigma_{EU}{}^{2}}\right) \tag{2}$$

当变量含有多个测量题项时采用公式(3)：

$$r_{WG(J)} \frac{J\left(1-\left(\frac{S_{\bar{x}j}{}^{2}}{\sigma_{EU}{}^{2}}\right)\right)}{J\left(1-\left(\frac{S_{\bar{x}j}{}^{2}}{\sigma_{EU}{}^{2}}\right)\right)+\left(\frac{S_{\bar{x}j}{}^{2}}{\sigma_{EU}{}^{2}}\right)} \tag{3}$$

$$\sigma_{EU}{}^{2} = \frac{A^{2}-1}{12}$$

公式中，J 表示测量题项的数量，$S_{\bar{x}j}{}^{2}$ 表示团队层面方差均值，$\sigma_{EU}{}^{2}$ 代表期望方差，A 表示测量的量表等级(如 7 级量表，则 A 为 7)。对多个测量题项的变量，主要采用公式(3)。

调节变量与团队绩效变量主要来自团队主管，要求他们参照团队层面进行填写，因而不需要加总。根据公式(3)对第二轮搜集的 161 个团队自变量(任务特征、团队效能感和质量改进团队跨界行为)数据进行团队层面加总的验证，通过计算发现 161 个团队在各个自变量上的 $r_{WG(J)}$ 均超过了 0.80，所有变量的 $r_{WG(J)}$ 大于 0.70 的临界标准，这表明这些质量改进团队的个体测量值可以加总得到团队层面的测量值。限于篇幅，我们仅列举各个主要变量的 $r_{WG(J)}$ 的平均值，如表 5.11 所示。

表 5.11 各个待测量变量的 $r_{WG(J)}$ 平均值

待测量变量	$r_{WG(J)}$ 的平均值	待测量变量	$r_{WG(J)}$ 的平均值
任务互依性	0.932	联络行为	0.931
任务时间压力	0.905	管控行为	0.903
任务复杂性	0.893	侦测行为	0.886
团队效能感	0.910		

5.4.3 控制变量的影响分析

本研究所有控制变量均采用编码化处理，属于典型的分类变量，因此采用单因子方差分析（One-way ANOVA），可以检验控制变量对质量改进团队跨界行为及质量绩效的影响（荣泰生，2005）。本研究中所需要考虑的控制变量包括企业层面变量，如企业性质、企业规模、所属行业等；团队层面的控制变量包括团队规模、团队成立时间等。本研究由于聚焦于团队层面，团队成员的个体属性，如性别、职位、学历等对中间变量与自变量的影响可以暂时不予考虑（杨志蓉，2006）。

（1）企业规模对中介变量和结果变量的影响分析

从表 5.12 可知，样本团队所在企业的规模对联络行为、管控行为、侦测行为、团队效能感和质量绩效均没有显著影响。说明企业规模大小，对企业是否关注质量改进团队跨界行为，以及质量改进团队跨界行为的实施效果并没有影响。

表 5.12 企业规模对中介变量和结果变量的影响分析（ANOVA）

	F 值	显著性概率 p	是否显著
联络行为	1.312	0.260	否
管控行为	0.859	0.504	否
侦测行为	0.867	0.483	否
团队效能感	1.137	0.338	否
质量绩效	1.115	0.353	否

（2）企业性质对中介变量和结果变量的影响分析

从表 5.13 可知，样本团队所在企业的性质对联络行为、管控行为、侦测行为、团队效能感和质量绩效均没有显著影响。说明不管在国有企业（含国有控股）、集体企业（含集体控股）、民营企业（含民营控股），还是外资企业（含外资控股），他们在质量改进团队跨界行为，以及质量改进团队跨界行为的实施效果方面并没有明显差别。

表 5.13　企业性质对中介变量和结果变量的影响分析(ANOVA)

	F 值	显著性概率 p	是否显著
联络行为	0.692	0.554	否
管控行为	0.338	0.799	否
侦测行为	1.187	0.315	否
团队效能感	1.256	0.278	否
质量绩效	1.746	0.134	否

(3)所属行业对中介变量和结果变量的影响分析

从表 5.14 可知,样本团队所在企业的所属行业对联络行为、管控行为、侦测行为、团队效能感和质量绩效均没有显著影响。说明电子通讯、软件服务、机械制造、复合材料、生物医药、汽车制造、环保工程、电力、化工等不同行业的企业,它们在质量改进团队跨界行为,以及质量改进团队跨界行为的实施效果方面并没有明显差别。

表 5.14　所属行业对中介变量和结果变量的影响分析(ANOVA)

	F 值	显著性概率 p	是否显著
联络行为	0.950	0.504	否
管控行为	0.675	0.786	否
侦测行为	0.963	0.489	否
团队效能感	0.385	0.886	否
质量绩效	1.201	0.278	否

(4)团队规模对中介变量和结果变量的影响分析

从表 5.15 可知,样本团队的规模对联络行为、管控行为、侦测行为、团队效能感和质量绩效均没有显著影响。说明不同规模的质量改进团队中,质量改进团队跨界行为的实施效果方面并没有明显差别。由于团队规模对质量绩效的影响达到显著水平,但不同团队规模对质量绩效的影响需要进一步借助方差齐性检验进行两两比较。

表 5.15　团队规模对中介变量和结果变量的影响分析(ANOVA)

	F 值	显著性概率 p	是否显著
联络行为	1.073	0.376	否
管控行为	1.482	0.194	否
侦测行为	0.397	0.851	否
团队效能感	1.592	0.163	否
质量绩效	3.480	0.038	是

从方差齐性检验结果显示团队规模对质量绩效的影响具有方差齐性(Sig. =0.636>0.05)，因此，采用LSD(Least Significance Difference)方法对不同规模的团队进行两两比较。进一步的比较分析如表5.16所示，对团队规模"5人及以下"、"6～10人"、"11～15人"、"16～20人"和"21人及以上"的均值进行两两比较，给出均值差以及均值差异的显著性检验。结果显示，规模在"5人及以下"的团队在质量绩效上显著高于其他四类规模团队，但规模在"6～10人"的质量改进团队的质量绩效显著高于"16～20人"，"11～15人"的质量改进团队显著高于"16～20人"的团队，而后者又显著低于"21人及以上"的质量改进团队。这说明质量改进团队的质量绩效并不随着团队规模增加而上升，反而较小的团队规模能够保持质量改进过程中的灵活性与自主性，团队需要根据任务确定成员规模。

表5.16　不同团队规模在质量绩效上的差异比较分析

因变量	(I) 团队规模	(J) 团队规模	平均差异 (I-J)	显著性
质量绩效	5人及以下	6～10人	0.685**	0.007
		11～15人	0.864**	0.002
		16～20人	1.708**	0.000
		21人及以上	0.931**	0.001
	6～10人	11～15人	0.179	0.430
		16～20人	1.024**	0.001
		21人及以上	0.246	0.264
	11～15人	16～20人	0.844**	0.007
		21人及以上	0.066	0.790
	16～20人	21人及以上	−0.778*	0.012

注：*为0.05水平上显著相关，**为0.01水平上显著相关(双侧检验)。

(5)团队成立时间对中介变量和结果变量的影响分析

从表5.17可知，样本团队的成立时间对联络行为、管控行为、侦测行为和质量绩效均没有显著影响。说明质量改进团队成立早晚，对质量改进团队跨界行为及其效果方面并没有明显影响。

表5.17　团队成立时间对中介变量和结果变量的影响分析(ANOVA)

	F值	显著性概率 p	是否显著
联络行为	1.708	0.132	否
管控行为	0.765	0.567	否
侦测行为	2.763	0.074	否
团队效能感	0.729	0.613	否
质量绩效	0.271	0.928	否

5.4.4 质量改进团队跨界行为的前因检验

本研究应用结构方程(SEM)来验证任务特征对质量改进团队跨界行为的影响关系以及团队跨界行为对质量绩效的作用机制，这种方法综合了多元回归分析、路径分析和验证性因子分析等技术(李怀祖，2004)。SEM可以为每个参数值进行显著性检验，并同时分析多个自变量与因变量之间的影响关系。

在进行结构方程建模之前，需要对数据的有效性与合理性进行验证。SEM建模需要一定数量的样本，Bagozzi 和 Yi(1988)认为样本数量至少大于50个，理想情况下达到估计参数的5倍以上。侯杰泰等(2004)建议结构方程建模需要100～200个样本，但是样本太大也会使最大似然估计方法变得异常敏感，并使拟合度指标变差(黄芳铭，2003)。本研究的样本数量为161套，已经达到结构方程建模的最低样本容量要求。同时，使用极大似然估计法拟合结构方程，要求所有数据服从正态分布。有研究认为，当偏度绝对值小于3，峰度绝对值小于10时，可以判定样本基本上服从正态分布(Kline，1998)。本研究使用SPSS 16.0对样本数据的偏度与峰度分析后发现，所有变量的偏度与峰度的绝对值均符合要求，由此可以推断第二轮调查获取的161套数据基本服从正态分布，可以进行后续分析。因此，本研究的样本容量、分布状态以及测量的信度与效度均达到结构方程建模的要求，在此基础上进行所有变量的简单相关分析(见表5.18)。从相关系数表中可知，任务特征与质量改进团队跨界行为各个维度均有显著相关关系，初步验证了任务特征前因的相关假设，后续构建结构方程模型进一步检验任务特征前因与质量改进团队跨界行为之间的关系。

根据任务前因的研究假设，本研究构建了任务特征对质量改进团队跨界行为的结构方程模型路径图(见图5.5)。其中，任务互依性、任务复杂性、任务时间压力3个潜变量是外生变量，联络行为、管控行为和侦测行为3个潜变量为内生变量。外生变量作为其他变量的原因，并不受模型中其他变量的影响，这些变量的值从外部输入。但是，内生变量的值因其他变量而定，即受模型中其他变量的影响，相当于回归分析中的因变量(朱朝晖，2008)。除了潜变量和显变量外，模型中还存在着e1～e25共25个显变量的残差变量和e26～e28共3个内生潜变量的残差变量，它们的路径系数默认值为1，这些变量旨在保证模型验证过程。由于从问卷中获取的指标值可能会存在一定误差，导致指标值难以与模型完全匹配，因此在验证模型时必须引入残差变量。

表 5.18 描述性统计分析及变量间相关关系(N=161)

变量	平均值	标准差	1	2	3	4	5	6	7	8	9	10
1.任务互依性	4.966	1.288	1									
2.任务复杂性	5.575	0.975	0.513**	1								
3.任务时间压力	5.693	1.062	0.416**	0.283**	1							
4.联络行为	5.104	1.082	0.368**	0.441**	0.253**	1						
5.管控行为	4.882	1.309	0.306**	0.356**	0.180*	0.408**	1					
6.侦测行为	5.183	1.188	0.191*	0.276**	0.255**	0.361**	0.307**	1				
7.团队效能感	5.346	1.083	0.167*	−0.089	−0.226**	0.405**	0.334**	0.356**	1			
8.质量绩效	5.508	1.031	0.104	0.194*	0.214**	0.427**	0.453**	0.368**	0.418**	1		
9.内部社会资本	4.886	1.234	0.178*	0.166*	0.105	0.374**	0.283**	−0.236**	0.259**	0.273**	1	
10.外部社会资本	5.717	1.023	0.292**	0.098	0.164*	0.336**	−0.128	0.204**	0.247**	0.164*	0.525**	1

注:(1) * 为在 0.05 水平显著相关;** 为在 0.01 水平显著相关;

(2)任务特征、质量改进团队跨界行为和团队效能感的数据已进行团队层面聚合;

(3)控制变量在此省略。

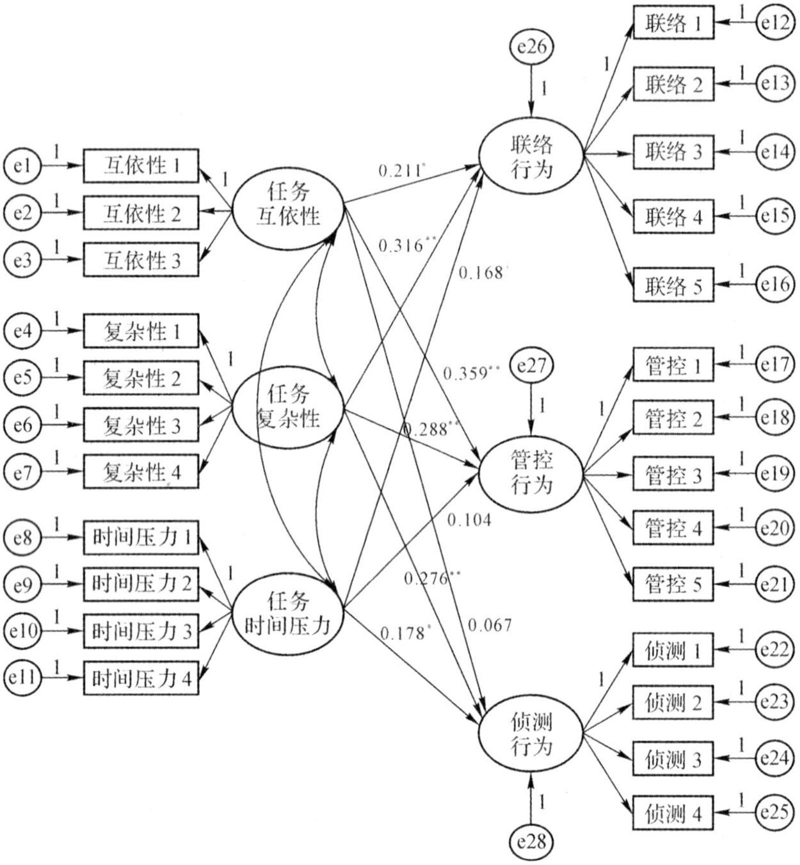

图 5.5 任务特征对质量改进团队跨界行为影响的模型

表 5.19 任务特征对质量改进团队跨界行为影响的模型检验结果

路径	标准化估计值	标准误差(S. E.)	临界比 C. R.	显著性概率 p
联络行为←任务互依性	0.211	0.097	2.196	0.018*
联络行为←任务复杂性	0.316	0.109	3.263	0.000**
联络行为←任务时间压力	0.168	0.076	2.387	0.065+
管控行为←任务互依性	0.359	0.125	2.749	0.000**
管控行为←任务复杂性	0.288	0.093	2.915	0.000**
管控行为←任务时间压力	0.104	0.076	1.387	0.165
侦测行为←任务互依性	0.067	0.078	1.211	0.253
侦测行为←任务复杂性	0.276	0.073	3.357	0.000**
侦测行为←任务时间压力	0.178	0.104	1.646	0.047*
拟合优度指标值：$\chi^2=532.938$，d. f. $=260$，$\chi^2/df=2.050$，GFI $=0.897$，AGFI $=0.869$，RMSEA $=0.081$，NFI $=0.886$，IFI $=0.910$，CFI $=0.917$				

注：+表示 $p<0.10$；*表示 $p<0.05$；**表示 $p<0.01$

从表 5.19 中可以看出，模型图路径的拟合参数 $\chi^2/df=2.050$，GFI 等拟合系数超过或接近 0.90，RMSEA=0.081，这表明任务特征与质量改进团队跨界行为关系模型所有拟合指标已基本达到或接近拟合标准，说明拟合路径可以接受。任务互依性对质量改进团队跨界行为的拟合路径图中，任务互依性与联络行为之间的标准化路径系数为 0.211，p 值为 0.018；任务互依性与管控行为之间的标准化路径系数为 0.359，p 值为 0.000；任务互依性与侦测行为之间的标准化路径系数为 0.067，p 值为 0.253，没有达到显著水平。任务复杂性对质量改进团队跨界行为的拟合路径图中，任务复杂性与联络行为之间的标准化路径系数为 0.316，p 值为 0.000；任务复杂性与管控行为之间的标准化路径系数为 0.288，p 值为 0.000；任务复杂性与侦测行为之间的标准化路径系数为 0.276，p 值为 0.000。任务时间压力对质量改进团队跨界行为的拟合路径图中，任务时间压力与联络行为之间的标准化路径系数为 0.168，p 值为 0.065，达到边际显著水平；任务时间压力与管控行为之间的标准化路径系数为 0.104，p 值为 0.165；任务时间压力与侦测行为之间的标准化路径系数 0.178，p 值为 0.047。因此，假设 H2a-1、H2a-2 得到支持，假设 H2a-3 没有得到支持；假设 H2b-1、H2b-2 和 H2b-3 完全得到支持；假设 H2c-1 得到部分支持，假设 H2c-2 没有得到支持，H2c-3 完全得到支持。

5.5.5 质量改进团队跨界行为对质量绩效的作用机制

根据本研究提出的假设，构建了质量改进团队跨界行为对质量绩效作用机制的结构方程模型路径图（见图 5.6）。其中，联络行为、管控行为和侦测行为 3 个潜变量是外生变量，团队效能感和质量绩效为内生变量。外生变量作为其他变量的原因，并不受模型中其他变量的影响，这些变量的值从外部输入。但是，内生变量的值因其他变量而定，相当于回归分析中的因变量（朱朝晖，2008）。除了潜变量和显变量外，模型中还存在着 e1～e27 共 27 个显变量的残差变量和 e28、e29 两个内生潜变量的残差变量，它们的路径系数默认值为 1，残差变量的作用在于保证模型验证过程。由于从问卷中获取的指标值可能会存在一定误差，导致指标值难以与模型完全匹配，因此在验证模型时必须引入残差变量。

从表 5.20 可知，模型图路径的拟合参数 $\chi^2/df=1.743$，GFI 等拟合指数均大于 0.90，RMSEA＝0.075，因此可以判断模型已基本达到拟合标准，说明拟合路径可以接受。质量改进团队跨界行为对质量绩效的拟合路径图中，联络行为与质量绩效之间的标准化路径系数为 0.303，p 值为 0.000；管控行为与质量绩效之间的标准化路径系数为 0.315，p 值为 0.000；侦测行为与质量绩效之间的标准化路径系数为 0.165，p 值为 0.046。因此，假设 H3a-1、H3a-2 和 H3a-3 完全得到支持。

表 5.20 质量改进团队跨界行为对质量绩效作用机制的模型检验结果

路径	标准化估计值	标准误差 (S. E.)	临界比 C. R.	显著性概率 p
团队效能感←联络行为	0.274	0.076	3.107	0.000**
团队效能感←管控行为	0.189	0.121	2.103	0.034*
团队效能感←侦测行为	0.122	0.068	1.481	0.107
质量绩效←团队效能感	0.289	0.103	2.901	0.000**
质量绩效←联络行为	0.303	0.097	2.862	0.000**
质量绩效←管控行为	0.315	0.109	3.467	0.000**
质量绩效←侦测行为	0.165	0.104	2.049	0.046*
拟合优度指标值：$\chi^2=543.816$，d. f. ＝312，$\chi^2/df=1.743$，GFI＝0.944，AGFI＝0.928，RMSEA＝0.075；NFI＝0.937，IFI＝0.940，CFI＝0.936				

注：＋表示 $p<0.10$；* 表示 $p<0.05$；** 表示 $p<0.01$

从模型中可知，自变量与因变量之间存在多条路径，既包括直接作用路径，也包括通过中介变量的间接作用路径。为了说明概念模型路径的全部

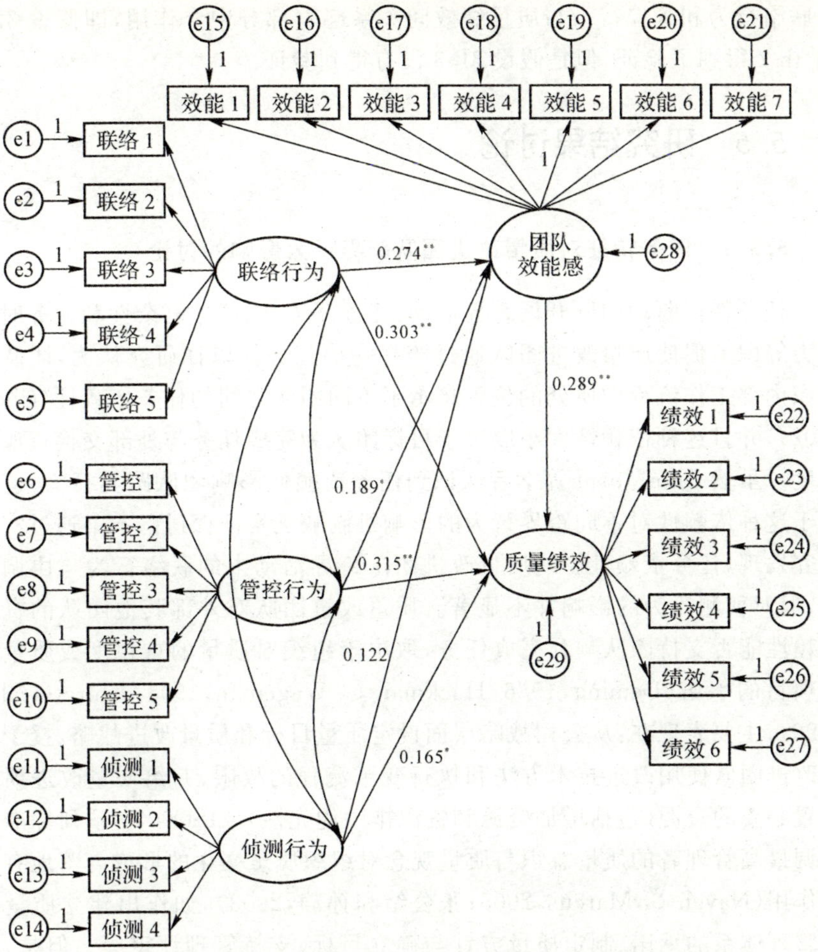

图 5.6 质量改进团队跨界行为对质量绩效的作用机制模型

影响，我们通过效应分解检验团队效能感的中介作用，各个变量的影响效果分析包括直接影响效果、间接影响效果和总效果，后者等于前两项相加（侯杰泰等，2004）。联络行为通过两条路径影响质量绩效，联络行为对质量绩效的直接影响效果为 0.303，通过团队效能感对质量绩效间接影响效果为 0.079，总影响效果为 0.382；管控行为对质量绩效的直接影响为 0.315，通过团队效能感对质量绩效间接影响效果为 0.055，总影响效果为 0.370；但是，侦测行为对团队效能感的影响为 0.122，并未达到显著水平（$p>0.10$）。这表明质量改进团队联络行为和管控行为不仅直接影响质量绩效，还可以通过正向影响团队效能感进而影响质量绩效。因此，可以推断团队效能感在联络行为和管控行为与质量绩效间关系起着部分中介作用，即假设 3b-1 和 3b-2 得到了验证，但是假设 3b-3 没有得到验证。

5.5 研究结果讨论

5.5.1 任务特征对质量改进团队跨界行为影响的讨论

任务特征驱动团队开展跨界活动，任务互依性、任务复杂性和任务时间压力等因素促使质量改进团队通过跨界完成任务。以往研究认为，团队在组织内部工作流程中所处的位置暗示了不同团队之间的任务依赖性（Choi，2002），并且这种依赖性大小取决于目标团队为完成任务与外部交换资源的程度。虽然 Choi、Joshi 等学者认识到任务依赖性影响团队跨界行为，但是关于这种依赖性对不同跨界行为的影响机制缺乏实证探讨。本书通过实证研究发现，任务依赖性影响质量改进团队跨界活动中的联络行为与协调行为，但对侦测行为的影响并不显著。质量改进团队对外部其他团队的资源依赖性能否支持团队顺利完成任务，取决于组织对质量的重视度或质量改进项目的承诺（Deming，1986；Hackman & Wageman，1995；Ahire et al.，1996），主要表现在：从公司战略层面设定质量目标和质量改进战略、授予质量改进团队使用改进技术方法和执行变革流程的权限，并给质量改进项目配置必要的资源（包括增加资源和资源排序优先性）。ISO9000 系列标准也强调最高管理者的质量意识与质量观念对组织质量文化的形成与落地有重要作用（Naveh & Marcus，2005；张公绪和孙静，2003），如作出建立质量改进管理体系的承诺、制定质量方针与确立目标、支持管理评审等。但是，当组织内部流程间依赖性提高后，质量改进团队跨团队的协调活动逐渐增多，并从市场、技术等部门获取外部信息，这将会减少质量改进团队对外部竞争对手与标杆信息的直接依赖。

团队任务的复杂性触发团队成员参与外部跨界活动（Choi，2002），面临复杂任务的质量改进团队，往往通过联络行为、管控行为与侦测行为获得显著的团队收益。与以往研发团队（Tushman，1977；Allen，1984）和产品开发团队（如 Ancona & Caldwell，1992a）等研究类似，本研究结论证实了团队层面的跨界行为对质量绩效的重要作用。Joshi 等（2009）基于权变理论梳理任务因素对团队跨界绩效的影响，但不足之处在于只考察了使节行为和协调行为两个维度，没有考虑任务特征和团队特征等因素的影响。本书关于任务复杂性对质量改进团队跨界行为影响的结论，为质量改进团队根据任务特征有效管理外部跨界行为提供了可行的建议。具体而言，面临复杂质量改进任务的情形下，质量改进团队与权力阶层的密切接触虽然不能显著改善质量绩效，但可以获取更多解决质量问题的资源与支持；团队要强化任务协调活动，通过与外部相关方沟通进度和质量目标以提升质量绩效；同时，又要增加对外部环境和竞争对手信息的侦测活动，主动搜索改进项目相关的市场、技术和质量知识，增进对外部运营环境的理解，促进团队学习与改进。对于简单任务，质量改进团队需要适度控制跨界活动的频率与范围，因为过度的跨界可能带来团队角色超载、目标模糊等负面影响(Hargadon，1998)。

时间压力变成质量改进团队执行任务过程中需要重点权衡的因素(Levin，1992)，这种压力给团队成员带来一定的焦虑感，团队为了消除或缓解这种焦虑感而开展外部活动。质量改进团队通过与外部关键相关方(如高层领导、顾客等)协商项目完成时间，阐述团队内外部实际情况，以期获得时间上的宽限与资源上的优先配置。在项目开展过程中，为了确保质量改进工作按照公司质量改进项目管理流程(如《质量改进小组管理办法》、过程质量策划程序等)有序进行，领导要求相关部门依序支持质量改进项目工作，人员、财力、设备等资源一切按照项目评审与考核管理办法及时拨付到位。同时，在存在时间压力的情形下，质量改进团队期望从外部搜寻类似的成功经验与方法，或者挖掘质量改进方面的专业人才，以节约任务完成时间(Sethi，2000)。为了在短时间内完成任务，质量改进团队通过高层领导的公开承诺与支持，减少了来自外部相关部门的跨界阻力与干扰。我们在案例访谈与调研过程中也发现，产品质量仍然是当前大部分制造企业的竞争优势所在，许多企业一旦接到顾客(或代理商)对产品质量的投诉或发生质量事故，将会严格追溯研发、生产、质量、营销等部门的责任，这种责任分担机制增强了管控活动的实施效果。

5.5.2 质量改进团队跨界行为与质量绩效关系讨论

虽然有研究表明团队跨界行为对组织知识共享、创新、团队效能等有着正向作用(Tsai，2001；Oh et al.，2004；Weisz et al.，2004)，但是跨界活动可能会给跨界行动者带来一定程度的负面影响。如 Keller(2001)、Beal 等(2003)研究发现同时追求团队内部和外部的社会关系，将会减少团队内部凝聚力，进而对团队绩效产生负面影响。Ancona 和 Caldwell(1992a，1992b)等研究较早探讨了团队跨界行为与团队绩效的关系，但针对不同类型跨界活动的作用机理在学术界仍然未达成共识。本研究结果表明，质量改进团队主动参与外部跨界活动，可以增强团队成员对外部需求的共同理解，并激发团队效能。这进一步支持了团队跨界领域“积极作用”的观点，拓展了该领域的研究成果。这些实证结论给我们的启示是，企业要密切关注质量改进团队的跨界沟通与监测行为，正确引导团队及成员参与外部跨界活动和履行跨界角色，以强化企业对外界技术的吸收能力。

联络行为主要指质量改进团队向外部相关方获取政治支持与资源配置而进行的互动。联络行为可以保护团队免受外部干扰，有效处理来自相关方的要求，从而为团队营造良好的工作环境。与 Ancona 和 Caldwell (1988)验证使节、侦察等边界跨越活动对团队绩效产生正向影响相一致，本研究发现联络行为对质量绩效有显著影响，这说明中国本土企业的质量改进团队对联络行为具有较大依赖性。通过联络行为向外部相关方获得质量改进团队开展跨界工作所必需的质量承诺，为团队争取必要的人、财、物等相关资源，在任务紧急情形下请求优先配置资源。

管控行为主要指质量改进团队为了解决质量问题持续跟踪质量改进过程与构建/督促执行质量改进规范的外部活动。在以往有关团队跨界行为的研究中，主要注重围绕相互依赖的任务进行跨团队协调(Marrone, 2010)，但是与本研究的管控行为存在较大差异。质量改进团队对外部的管控主要体现在问题解决前的质量理念培训与配合行动、问题解决中的动态跟进与信息分析监测、问题解决后的流程规范与成果固化，这些活动体现了质量改进团队的“持续改进”与“系统方法”要求(中国质量协会卓越国际质量研究中心，2008)，减少了改进过程中的缺陷。在访谈中，玻纤制造企业表示在 2008 年前，研发新产品质量一次合格率太低，通过开展质量改进活动发现问题的根源是新产品开发流程缺乏衔接与规范性。后续通过与外部科研机构合作，理顺从研发到新产品移交客户的信息传递规范与步骤，从而减少了组织内各个部门对顾客信息理解的偏差，有利于形成跨团队(或跨部门)的质量标准与规范共识，最终提升质量绩效。

侦测行为是指质量改进过程中通过团队扫描外部环境与标杆对比向外部相关方获取信息促进项目完成的活动。以往研究虽然强调环境扫描(Joshi et al. ,2009)、塑造组织形象(石冠峰等，2010)等内容，但是侦测行为除了侦察竞争对手与行业信息之外，还包括标杆信息获取与对标改进。卓越绩效准则强调搜集竞争对手信息与标杆管理，在质量战略制定过程中依托外部环境信息搜集与分析，在市场细分与选择中强调基于竞争对手的行业竞争力分析，在过程质量控制中与竞争对手或跨行业标杆对标，这些活动增强了质量改进结果的卓越性。此外，质量改进活动中，通过结合“产学研合作”与“消化吸收再创新”的持续改进模式，积极引进外部成熟的质量改进方法与工具，聘请外部资深质量管理专家指导，从而提高质量改进团队的绩效。

5.5.3 团队效能感的中介作用讨论

Marks 等(2001)认为团队输入导致输出差异的原因在于过程，但是团队过程需要区分互依的外部活动与内部状态(如团队的认知、情绪和情感)，这种分类方法将团队跨界活动与团队心理安全、团队效能感等构念区别开来。团队效能感影响团队目标设置与任务感知、计划制定、资源配置与集体协作努力程度(Bandura，1993，1997)，一般而言团队效能感越高，团队越有可能取得较好的绩效。Prussia 等(1996)研究发现，团队效能感在绩效反馈与群体效能之间起完全中介作用，在间接经验与群体效能间发挥部分中介作用。社会说服作为效能信息的一个重要来源，它是指来自上级或同事的鼓励或成绩反馈(Bandura，1997)，与本研究中的联络行为和管控行为有着密切关系。从目标设置角度可知，当质量改进团队设定挑战性的绩效目标时，将会对团队生产力与满意度产生正向影响，并且有研究发现建立清晰、有挑战性的目标与团队集体效能感之间存在正向关系(Locke & Latham，1990)。Shea 和 Howell(1998)研究认为自我调控机制(包括自我效能感和绩效期望)在 TQM 相关的行为与绩效结果(如持续质量改进、员工参与和顾客满意)之间起着中介作用。总体而言，以往有研究认为团队外部跨界活动有助于形成共同价值观与团队认同，这种认同又会促进团队凝聚力的形成(Ancona，1990；Janssen & Huang，2008)，从而提高团队成员对完成任务的效能感。

本研究发现团队效能感对质量绩效的直接影响，团队效能感的产生受到团队外部跨界活动的影响，并且，团队效能感在质量改进团队跨界行为与质量绩效的关系中起到了部分中介作用。质量改进团队通过联络活动向高层领导或外部相关方获取完成任务所必需的政治资源和其他支持(包括增加资源和改变资源排序优先性)(Ahire et al.，1996；Shea & Howell，1998)，这有利于提高实现团队目标的预见性，进一步增强了团队成员完成质量改进任务的信心与决心。我们在案例访谈与调研过程中也发现，高层领导对质量改进工作支持较大的企业，质量改进团队被授予宽松的自由裁量权，需要向高层领导主动请示或汇报的频率反而会降低，这在一定程度上激发了质量改进团队成员主动考虑产品实现与过程控制的策划、合理运用相关资源，并发挥各个成员的专长知识更好地协调质量改进活动。与此同时，团队外部质量管控活动是质量改进过程中最为繁琐与复杂的环节，过程质量失控容易导致产品质量问题，但是当质量改进项目推进过程中的规范已经建立、运行有序和结果可控时（Levin，1992；Naveh & Marcus，1995），团队外部协调工作将会变得更为顺利与有效。在与外部相关方建立了规范有序的程序化协作关系后，质量改进团队容易与外部相关方团队形成共享价值观、信念与规范，从而获得相关方团队对完成任务的承诺与参与，团队内部成员将可以聚焦于内部改进活动，这能够提高完成质量改进任务的操控能力与团队成员的参与绩效（Frayne & Latham，1987）。

质量改进团队通过侦测活动搜寻外部信息与知识，为项目搜集更多新颖观点与创意，在准确理解顾客需求的前提下提高团队作出质量改进决策与达成任务目标的能力。但是，由于竞争对手对自身技术与市场知识的提防，侦测行为可能难以从外部搜集到与本团队工作非常相似的成功经验（Bandura，1982），即使搜集到部分市场信息可供高层决策参考，但对提高团队效能感的作用也许并不明显。在实践中，由于竞争对手对信息的保密、市场竞争信息瞬息万变等特征，加剧了团队外部侦测的难度，并使团队成员降低对外部环境扫描与竞争谍报搜集的边际回报预期，从而较少投入。因此，在质量改进团队开展跨界活动的过程中，外部侦测活动对团队决策虽有帮助，但是并不直接影响团队成员完成任务的效能感。

5.6 研究小结

5.6.1 本研究的主要结论

在本研究中，我们立足于质量改进团队层面，主要考察了质量改进团队跨界行为的两种机制：(1)质量改进团队跨界行为是否受到任务因素的驱动；(2)质量改进团队对质量绩效的影响是如何传导的。在前一个研究中，我们探讨了任务互依性、任务复杂性和任务时间压力对质量改进团队跨界行为各个维度的影响，结果发现除了 H2a-3 和 H2c-2 两个假设没有得到验证外，其他路径系数均达到显著或边际显著水平。而在后一个研究中运用结构方程路径分析发现，团队效能感在联络行为和管控行为与质量绩效间关系起着部分中介作用，但是其对侦测行为与质量绩效关系的中介效应并不显著。本研究对相关假设的验证情况如表 5.21 所示，大部分假设得到了支持或部分支持。

表 5.21　本研究假设检验结果汇总表

假设编号	假设内容	结论
H2a-1	质量改进任务互依性与联络行为之间存在正相关关系。	支持
H2a-2	质量改进任务互依性与管控行为之间存在正相关关系。	支持
H2a-3	质量改进任务互依性与侦测行为之间存在正相关关系。	不支持
H2b-1	质量改进任务复杂性与联络行为之间存在正相关关系。	支持
H2b-2	质量改进任务复杂性与管控行为之间存在正相关关系。	支持
H2b-3	质量改进任务复杂性与侦测行为之间存在正相关关系。	支持
H2c-1	质量改进任务时间压力与联络行为之间存在正相关关系响。	部分支持
H2c-2	质量改进任务时间压力与管控行为之间存在正相关关系。	不支持
H2c-3	质量改进任务时间压力与侦测行为之间存在正相关关系。	支持
H3a-1	质量改进团队联络行为与质量绩效之间存在正相关关系。	支持
H3a-2	质量改进团队管控行为与质量绩效之间存在正相关关系。	支持
H3a-3	质量改进团队侦测行为与质量绩效之间存在正相关关系。	支持
H3b-1	质量改进团队联络行为通过团队效能感正向影响质量绩效。	支持
H3b-2	质量改进团队管控行为通过团队效能感正向影响质量绩效。	支持
H3b-3	质量改进团队侦测行为通过团队效能感正向影响质量绩效。	不支持

5.6.2　本研究取得的进展

团队跨界作为团队开展工作及团队建设的重要内容，为诸多学者所关注(如 Ancona、Marrone、Joshi 等)。相对于以往研究，本研究取得的进展主要包括以下几个方面：

第一，在本研究中，我们用实证数据检验质量改进团队跨界行为测量工具的信度和效度，并且通过验证性因子分析验证本书基于扎根理论所提出的质量改进团队跨界行为的构念维度，这对推动团队跨界行为的情境化与本土化研究具有典型意义。

第二，基于资源依赖等理论，从任务特征角度探讨了质量改进团队跨界行为的前因，这在一定程度上解答了“质量改进团队为何跨界”这一问题。实证结果发现质量改进团队的任务互依性、任务复杂性和任务时间压力对联络行为、管控行为和侦测行为有着不同程度的影响。这进一步拓展了 Choi、Joshi 等学者对团队跨界前因与任务特征因素的研究，弥补了以往关注任务特征调节作用而忽视其触发作用的缺口。

第三，基于资源依赖、管理释意等理论，揭示质量改进团队跨界行为对绩效影响的过程机制及内在心理机制，这有利于打开质量改进团队跨界行为对绩效作用的“黑箱”。以往研究更多关注团队成员心理状态(如心理安全、心理授权)对团队外部跨界活动的影响(Edmondson，1999，2003)，而较少关注团队参与外部跨界活动对团队成员心理特征的影响，以及这种中介心理特征对绩效的影响。本研究发现质量改进团队参与跨界活动获得了外部的政治与资源支持、规范了相关方的配合行动，并且对质量绩效产生了直接影响，在此过程中增强了团队完成质量改进任务的信心与能力，即联络行为和管控行为通过团队效能感间接影响质量绩效。

5.6.3 本研究的局限性

本研究存在的局限主要包括以下几点：

第一，质量改进团队跨界行为受到多种因素的驱动，本研究受到笔者研究精力的限制选择任务特征这一前置因素，没有考虑个体因素、团队领导等方面的因素，这需要在以后研究中加以拓展。

第二，在本研究中，出于研究视角的考虑我们仅关注与质量改进相关的团队质量绩效，而淡化对团队整体效能相关指标的测量，这是本研究的局限之一。

第三，本研究用于假设检验的样本来自 73 家企业的 161 个团队样本，这可能在问卷代表性与概化效度方面存在一定的局限，因此未来有必要扩大抽样范围与样本容量加以反复验证。

6 质量改进团队跨界行为与质量绩效关系的调节作用研究

6.1 研究目的与问题提出

在以往研究中发现，不仅团队内部过程影响团队绩效，团队外部跨界互动可能促进团队获取外部信息以提高绩效(Hansen,1999;Marrone et al.,2007)，但是两者之间并不存在必然的互补性，可能存在一定的竞争关系。开放式系统理论(Open System)指出，任何系统(包括团队)均与外部环境进行物质、能力与信息的交换，通过将系统所产生的熵连续地遣散到环境中以维持内部稳定(Scott,1998)。然而，质量改进团队跨边界的信息与资源交换的有效性有赖于团队战略与环境结构特征的匹配性，其中质量改进团队的社会嵌入情境特征是重要的权变因素(Thompson,1967;Choi,2002;Marrone,2010)。团队嵌入在内部成员间关系以及与外部相关行动者的正式或非正式关系所形成的网络结构中，这种网络是团队获取社会资本的载体或交换资源的桥梁(Nahapiet & Ghoshal,1998;Adler & Kwon,2002)。

借助团队跨界管理相关理论(如 Ancona & Caldwell(1992a,1992b)),Oh 等(2006)在传统内部强联结基础上，进一步将桥联结界定为团队成员内部横向跨界与纵向跨界的社会关系、团队外部横向跨界与纵向跨界的社会关系，并通过四种桥联结的管理实现团队社会资本的最优配置。项目团队在跨界过程中，既利用内部社会资本整合成员的异质性知识，并促进知识在团队内部快速分享和利用，又必须借助外部社会资本搜索异质性知识与寻求支持(Irvine et al.,1999;Chang et al.,2011)。然而，在如何利用团队内外部社会资本的问题上，质量改进团队面临着一对矛盾：过于聚焦团队内部社会资本将对质量改进团队间互动产生抑制作用，而过度追求外部社会资本也会削弱质量改进团队内部情感联结与凝聚力(Keller,2001)，两者均可能给团队跨界绩效带来负面影响。以往研究更多从团队内部网络嵌入角度探索社会资本的功效，由于忽视了团队外部社会资本，故难以得到统一的分析框架（Adler & Kwon，2002）。完整的团队社会资本理论包括内部“联结观”和外部“桥结观”两大内容，两类社会资本由于作用范围和作用方式不同，它们在促进团队跨界过程中存在互补作用（Oh et al.，2006；Newell et al.，2008）。因此我们需要关注团队内部社会资本与外部社会资本之间的平衡性对跨界行为的影响机制（Oh et al.，2006；Janhonen & Johanson，2011）。

综上所述，本研究将结合团队社会资本理论的内部“联结观”与外部“桥结观”，探究团队社会资本对质量改进团队跨界行为与绩效关系的影响，明确质量改进团队跨界行为对绩效作用的边界条件，从而全面理解质量改进团队跨界行为与绩效的关系。本研究通过对质量改进团队发放问卷，获取大样本数据，探索并验证团队社会资本对质量改进团队跨界行为与质量绩效关系的调节作用。

6.2 研究假设

Nahapiet 和 Ghoshal（1998）对社会资本的定义聚焦于网络给行动者所带来的信息或桥梁作用，其他人聚焦于社会资本的联结作用（Adler & Kwon，2002）。“桥结观”（bridging view）将社会资本视为嵌入在社会网络中、目标行动者通过社会关系所能够使用的潜在资源（Burt，1992）。行动者桥结相互独立的群体很有必要，依据 Burt 提出的“结构洞[①]”理论可知外部社会资本是中介机会的函数，行动者因为占据有利的网络中介位置而获益。这种桥结强度和信任关系虽然非常脆弱，但能够确保团队获取足够的信息与知识（Hansen，1999）。“联结观”（bonding view）聚焦团队内部的集体关系，认为社会资本与内部结构相关联，内部网络联结提高团队凝聚性，并形成集体共享目标。联结观的潜在假定是，网络联结双方的连通性与信任水平必须足够好，以确保能形成团队集体目标。Adler 和 Kwon（2002）发现一些研究定义并没有区分聚焦于内部还是外部，他们认为这样显得更合理，实践中桥结与联结关系都会影响行动者的行为。社会资本理论强调社会资本资源通过两类联结获得：即紧密关系与桥结关系（Burt，2000）。通过紧密关

---

① 结构洞（structural holes）概念最早由 Burt 在《结构洞：竞争的社会结构》一书中提出，它是指两个关系人之间的非重复关系。结构洞是一个缓冲器，类似电线线路中的绝缘器，结果是彼此之间存在结构洞的两个关系人向网络贡献的利益是可累加的（而非重叠的）。

系，团队成员依赖强关系从嵌入紧密网络中获益；桥结机制与之相反，强调联结不同群体的桥结关系的重要性。立足于团队内与团队间视角，基于Nahapiet 和 Ghoshal(1998)的社会资本三维度划分法，本研究从结构维度、关系维度和认知维度三个方面探讨团队内、外部社会资本以及两者平衡性对质量改进团队跨界行为与质量绩效间关系的调节作用。

6.2.1 团队内部社会资本的调节作用

团队内部社会资本是指嵌入在团队内部社会关系网络中的"资源交换能力"(柯江林等，2007)。质量改进团队内部网络由强联结、正向值、多路性和互惠性关系构成，由于缺乏负向关系联结，团队内部网络整体上比较稠密(Adler & Kwon，2002)。团队通过强关系从嵌入的紧密网络中获益，成员之间的凝聚力将会提高团队内部互动与依赖性，但是这种内部互动的增强又会影响质量改进团队参与跨界活动的主动性与意愿。网络稠密的强联结团队应该受益于团队成员之间的更好合作、对规范的一致认同、更多信息共享和较低机会主义意愿，并提高质量改进团队成员外部跨界行为的权威性与信赖度，因此内部稠密网络可以激发团队效能(Oh et al.，2006)。在强联结的质量改进团队中，团队成员经常面对面工作或者由朋友关系联结构成，成员之间容易建立规范和取得信任。也有学者(如 Cohen & Levinthal，1990；Newell et al.，2004)从知识整合视角指出团队内部强联结是吸收外部知识所必需的，因为知识整合是一个知识重构过程，通过团队成员互动、意义建构和集体学习协商、完成和提炼对外部跨界知识的共同理解。团队内部成员的强联结通过整合项目团队内部的多种信息片段增加个人知识，促进内部沟通与知识交换，从而产生新的意义与共同知识(Ratcheva，2009)。因此，团队内部结构资本越高将会给质量改进团队带来更多的资源与外部支持，容易满足成员需求与激发外部跨界活动，通过团队成员在未来工作中形成凝聚力，最终使得团队容易达成目标与取得更好的结果。

研究者除了关注团队内部联结强度和网络密度与绩效之间的正向线性关系外(如 Reagans & Zuckerman，2001；Sparrowe et al.，2001)，Oh 等(2006)等研究强调团队社会资本资源流动中存在多种联结(如团队内部及外部不同子群体的纵向边界以及正式与非正式联结)，这些联结之间存在此消彼长的关系，过多的团队内部闭合联结对团队绩效可能会产生负向影响。虽然团队内部强联结与网络密集度有助于形成团队凝聚力，但容易导致团队内部高度同质化与对外部刺激的僵化(Janis，1982)，从而阻碍质量改进团队获取多样化的信息资源和紧密团队之外的创新信息(Hansen，1999；

Hansen et al.,2005)。根据社会认同理论,团队内部认同过度将带来对外部的偏见,强团队内部偏见和负向外部偏见的交织将会制约质量改进团队的跨界搜寻活动,并不利于团队搜寻与吸收外部创新信息(Wong,2004;熊伟等,2011)。处于网络中心的强联结(持久、强度、亲密和互惠)可能为特定类型的团队营造了良好的社会氛围(Tsai & Ghoshal,1998)。但是,如果团队绩效依赖于开发新能力,处于网络中心的团队可能阻碍团队和限制实验活动,从而减少吸纳外部新颖与多样化信息的可能(Granovetter,1973)。

团队信任是关系资本的重要内容(Nahapiet & Ghoshal,1998),它不仅对团队成员之间互动行为有积极作用,而且显著影响团队与外部环境的沟通(Davenport & Prusak,1998)。领导—下属交换理论(LMX)和同事交换理论(TXM)均强调相互信任与支持可以促进信息交流与共享意愿,实现网络成员间的互动,并激发更多行动者介入社会交互与合作(Putnam,1995)。团队信任能够提供一种良好的环境,使人在犯错误与被批评时有一种安全感(Edmondson,1999;Hyun,2004),这种安全感可以触发团队成员为了质量改进项目参与更高水平的外部跨界与协调活动。Edmondson(2003)以跨职能工作团队为例,探讨团队在不确定性和快节奏情境下的谏言(speaking up)与协调活动,包括团队与外部边界就任务目标、工作期限、资源等问题进行协商的活动。团队中的信任关系将有助于资源的跨界交换与重组(Tsai & Ghoshal,1998),也会提高团队成员从事跨界沟通与协调的成效(王黎莹,2010;Banerjee & Cole,2010)。但是,团队内部成员之间的信任度与互动度越高,团队的"排外性"或"封闭性"越强,越有可能弱化团队与外部的联系(Adler & Kwon,2002;Lechner et al.,2010),这也会降低团队跨界搜寻知识的主动性。

质量改进团队成员在项目开展过程中,需要形成一种对于团队目标或流程规范的相互赞同或共同理解,即共同愿景(Luo,2005)。当团队成员有共同目标与规范时,他们对跨界活动及资源外取的认识将更为深刻,并致力于跨界活动将潜在资源转化为现实价值。拥有共同愿景和目标的质量改进团队倾向主动通过团队成员的集体游说外部相关方认同项目的重要性,或借助外部相关方渠道间接影响高层领导对质量目标的优先承诺和资源支持,并在必要时请求他们帮助团队整合跨职能资源与协调跨团队的工作流(Ahire et al.,1996;Ahire et al.,1998)。质量改进的共同规范与哲学思想为团队或组织学习提供了方向,鼓励团队成员突破部门间协调的障碍,促成组织内质量规范的形成与流程改进,从而提高外部质量管控行为的效益。共享愿景能帮助团队成员与外部相关方达成共识,这使得他们能在外部管控活动中避免可能产生的误解，进而提高团队外部的动态跟进与解决问题的成效(Kirsch et al.,2010)。员工之间的共同愿景或共同目标驱使团队强化成员之间的联系，并为工作需要而寻找优化整体流程的外部信息。但是，由于外部活动对团队内部运转有一定的影响，存在群体思维(Group-think)的情形下(Janis,1982)，内部凝聚力通过强化外部程序抵制外部信息的输入。团队成员之间共享认知过度，容易形成“非此地发明”(Not Invented Here,NIH)和“非此地销售”(Not Sold Here,NSH)的思维定势(Chesbrough,2003)，过度依赖过去发挥作用的质量改进方案有可能使团队陷入“能力陷阱”。

基于以上分析，本研究提出以下假设：

H4a-1：联络行为与质量绩效之间的关系受到团队内部社会资本的调节。在团队内部社会资本水平较高时，联络行为对质量绩效产生更大的影响。

H4a-2：管控行为与质量绩效之间的关系受到团队内部社会资本的调节。在团队内部社会资本水平较高时，管控行为对质量绩效产生更大的影响。

H4a-3：侦测行为与质量绩效之间的关系受到团队内部社会资本的调节。在团队内部社会资本水平较低时，侦测行为对质量绩效产生更大的影响。

6.2.2 团队外部社会资本的调节作用

网络嵌入情境下团队社会资本对质量改进团队跨界活动及其效能有重要的影响(Ancona,1990；Tushman,1977)，团队与外部不同群体的互动将会获得多种现实的与潜在的资源(如 Hansen,1999；Tsai,2001)。质量改进团队通过与其他团队建立互信关系，利用后者占据的中介位置，及时搜索与获取外部信息、异质性观点和关键的工具性利益(Granovetter,1985；Ancona & Caldwell,1992a；Burt,1992)。关于团队外部社会资本(或团队外部网络嵌入)对质量团队跨界行为与绩效关系的影响，本书借助 Burt、Oh 等学者的研究从“结构洞”、多层社会资本等方面进行探讨。

由于同一团队成员共事一段时间后可能形成观点与行为的同质性，团队必须跨界搜索备选方案为团队成员提供更多选择与整合知识的原料(Burt,2004)。质量改进团队嵌入在外部质量关系网络中，桥联结团队内外部的“结构洞”通过跨界活动获得新的思想和产品质量信息，并促进团队解决复杂的质量问题(Granovetter,1973；Borgatti & Cross,2003)。根据

Burt(1992,2000)等研究可以推断,当质量改进团队跨越两个团队的"结构洞"时,行动者由于具备更早接触多样化信息和转化不同团队间信息的经验,"结构洞"占有者将获得信息获取与控制优势。质量改进团队跨越企业内部垂直边界,与高层管理者建立互动的关系联结,可以影响高层领导对质量改进项目冒险的意愿和分担项目责任,并为团队改进活动获取重要的政治资源和参照点收益(reference point)(Dul et al.,1996;王秋菊和殷国鹏,2009)。由于质量改进团队通常由跨职能与多样性背景的员工组成,团队成员拥有的异质性外部网络联结为团队接触其他部门的知识与观点提供了机会(Weisz et al.,2004)。这种网络异质性方便质量改进团队与生产、技术、营销等部门建立横向联结和信息共享机制,从团队外部获取更多新颖的产品或市场信息(Smith et al.,2005),有助于提高对外部知识与信息的利用效果。同时,质量改进团队可以与外部关键相关方(如高层、客户、供应商等)建立并保持强联结关系,有利于团队获取复杂与隐性的质量改进知识,从而提升团队绩效(Adler et al.,2009)。因此,质量改进团队拥有较多的外部网络联结将会接触到更多项目必需的资源,这些联结成为搜索信息和促进跨团队合作的纽带(Hargadon,1998;Argote et al.,2003)。

质量改进团队与外部相关方的互动强度一般用频率表示,互动频率越高将越有利于获取外部知识、资源和支持,并且增强团队开展跨界活动的动力与效能感。由于质量改进团队经常面临来自团队外部的跨界压力和顾客的诸多要求,团队领导人应该基于非正式关系网络建立跨界管理的"缓冲机制"(Allen,1977),避免团队成员的既定工作受到干扰。与高管团队保持较强的联结关系,将有助于质量改进团队获得高层对项目的承诺和横向监控其他职能领域的支持,并及时沟通与反馈项目绩效评审结果。此外,用网络密度也可以反映出质量改进团队与外部行动者的互动强度,高密度表示网络成员间的联结关系多(Nahapiet & Ghoshal,1998),低密度反映行动者之间彼此不愿意交流与工作相关的技巧或知识(Hansen,1999;Reagans & McEvily,2003)。建立在高密度网络基础上的外部强联结,允许质量改进团队对其他团队作更多了解、共享重要信息及复杂知识、产生对重要任务或目标的共同认知,以及获取其他资源(Krackhardt,1992;Gopal & Gosain,2010)。因此,跨越质量改进团队的外部"桥联结"关系不仅有助于获取异质性质量改进知识,而且通过互信关系方便团队跨界获取隐性与复杂知识,从而促进质量改进任务的完成。

信任是团队关系资本最重要的一个方面(Tsai & Ghoshal,1998),它作为团队的一种关键资源嵌入在网络行动者的关系中,且这种关系的好坏直接影响情感支持的大小。社会网络中经常流动着情感支持(即信任),它对质量改进团队应对失败与突发事件有重要作用(Oh et al.,2006)。信任可以定义为互惠情境下,双方优先考虑合作关系,合作伙伴不会因自己利益而占对方便宜(Uzzi,1996)。在没有正式控制与协调机制的情况下,信任被认为是消除质量改进团队跨界的地理距离与组织距离的有效保证。以信任为基础的关系资本可能作为一种有效、低成本和自我强化的机制(Uzzi,1996),在促进知识整合的同时消除质量改进团队跨界合作过程中的机会主义行为。因此,质量改进团队与外部团队(或组织)间建立信任关系,将会降低外部任务协调的难度,通过及时获取外部前沿知识、核心知识和隐性知识促进质量改进。

由于组织赋予的正式权力与影响力有限,质量改进团队开展跨界活动面临诸多困难,只有通过与跨界相关方互动建立信任关系,团队成员才能突破组织内部传统的分工规则与协调规范,进而利用外部资源(如人员、经费等)与支持协同促进质量改进(Deming,1986)。但是,质量改进团队与外部平行相关方保持较强的关系嵌入水平时,质量改进规范和质量管控标准在中国企业中可能难以正常运转。在中国本土的人情主义管理文化背景下,由于对“人和”以及“一致性”的过分追求,也容易导致因“求和而重情”违背或削弱制度规范的约束作用(谈炳和和满开宏,2001)。在良好的关系嵌入情境下,组织难以真正引导员工主动参与质量改进活动(如团队培训、团队协作等)(Aloini et al.,2011),更多停留于“质量口号”层面与维持团队间面子的敷衍行为,从而导致质量改进项目流程与规范要求脱离(Naveh & Erez,2004)。关系导向型文化导致质量管理活动存在一些中国特有现象,比如质量改进活动在日本如火如荼,六西格玛管理在美国受到崇拜,但这些方法引进中国后大多停留于形式,难以取得实质性改进效果。

质量改进团队与外部行动者之间的共同愿景包括团队间的共同目标与期望,直接表现为一种质量共识(Tsai & Ghoshal,1998)。当团队间对社会互动目标与方式有着一致认识时,双方交流与合作过程能有效避免不必要的沟通误解,并创造更多交换信息与共享知识的机会。共同愿景作为一种联结机制(bonding mechanism)帮助不同团队整合外部资源(Tsai & Ghoshal,1998),减少团队间的冲突与促进成员沟通,最终形成团队共同目标。共同目标作为一种描述团队情境(或条件)的共同意义,能够促进质量改进团队与跨界目标间的知识转移和交换,并提高项目的有效性(Inkpen & Tsang,2005)。质量改进团队与外部行动者联合解决问题(joint problem-solving)可以丰富社会网络传递的内容,从而促进团队改进与创新。质量改进项目团队通常与不同职能部门(比如工程、技术、市场、项目管理,等等)和外部相关方(如顾客、供应商等)合作,当合作双方形成一致的质量目标与质量共识时,这种"一致性"会促进团队利用跨界合作的联系,在组织内、外部联合开展广泛的质量改进活动。但是,一般企业诸多部门对质量改进活动的共识仅停留于维护群体间表面、暂时的"和气",在创新与绩效导向的竞争压力之下,这种浅层的质量意识难以对质量管控行为产生实质作用。

基于以上分析,本研究提出以下假设:

H4b-1:联络行为与质量绩效之间的关系受到团队外部社会资本的调节。在团队外部社会资本水平较高时,联络行为对质量绩效产生更大的影响。

H4b-2:管控行为与质量绩效之间的关系受到团队外部社会资本的调节。在团队外部社会资本水平较低时,管控行为对质量绩效产生更大的影响。

H4b-3:侦测行为与质量绩效之间的关系受到团队外部社会资本的调节。在团队外部社会资本水平较高时,侦测行为对质量绩效产生更大的影响。

6.2.3 团队内、外部社会资本平衡的调节作用

质量改进团队内部整体性过强会对团队间的联系与互动产生不利影响,如团队内成员间的信任度和互动性越高,将会减弱其与团队外部行动者间的联系,甚至产生排他性的想法,最终会给团队的发展与绩效带来负面影响(Adler & Kwon,2002;Edmondson & Nembhard,2009)。反之,Weisz等(2004)研究发现在团队形成阶段,由于成员的异质性特征带来较高的外部社会资本,但是由于缺乏与之相适应的内部情感联结或沟通,也阻碍了团队绩效。由于团队外部网络联结表示一种对外部行动者的认同,维持外部强联结也是一件耗费时间和分散团队注意力的事情(Ancona & Bresman,2007;De Kwaadsteniet,2012),团队外部跨界活动过度也会削减团队内部的凝聚力(Keller,2001)。高执行网络一般是平衡网络(Ibarra,1992),通过选择合适的信息提供者并与之维持强联结,利用间接合作获得信息(Burt,1992)。理想条件下的质量改进团队嵌入网络应该是所有团队成员间存在紧密联系,并与组织中其他成员保持适当联系,这样的网络规模与密度有利于团队成员获取更多的社会资本。同时,团队内部网络联结与外部网络联结之间存在一定的抵消效应,在认识到网络联结带来收益的同时,需要进一步考察团队内、外部联结之间的平衡及优化配置问题(Oh et al.,2004;王秋

菊和殷国鹏，2009)。因此，团队内部网络信任关系、共同愿景等特征与团队外部社会资本之间的平衡性对外部跨界活动的影响，也是本研究关注的重点。由于质量改进团队成员的时间与注意力的限制(Oh et al.，2006；Janhonen & Johanson，2011)，团队应该注重内部社会网路与外部社会网络之间的平衡，以避免“锁定”在特定相关方的闭合网络(closure network)中。

团队内部强联结与外部桥联结之间的配置决定质量改进团队社会资本的大小(Oh et al.，2004)。外部桥联结重点关注团队间关系，主要是指质量改进团队与对其产生影响的外部行动者建立的特定关系。一种极端是，质量改进团队为了最大化强联结而鼓励团队内部整合和提高情感性资源(如成员间的相互信任)，因而也相应减少了团队从外部主导阶层(如高管团队、客户等)获取支持的程度。另一种极端是，质量改进团队聚焦与外部建立桥联结，以获得最大化的工具性收益(如外部政治支持、信息等)，但是团队成员由于缺乏内部情感支持而不愿意支持团队工作(Alder & Kwon，2002)。因而，质量改进团队社会资本的最优配置是团队内部成员保持适当水平的内部联系，且在团队外部的正式与非正式领导均与质量改进团队有一定联系，并且多样化的团队成员与主导领袖保持联系可以通过影响他们获得政治支持(Oh et al.，2006)。也有学者研究发现团队与更高级别管理者保持互动关系，将能够为团队转移知识获得更多的政治与资源支持(Ancona & Caldwell，1992a；Marrone，2010)，从而增加团队获取更多的新颖知识(组合)的可能。进一步地，拥有多种类型的团队外部联结(如与外部正式领导、与非正式领导等)可能比单一联结更有效，质量改进团队与其他团队的正式领导有效接触越多越能提高团队效能，同时与其他团队的非正式领导者保持密切联系也能促进资源(包括知识)的获取(徐伟青等，2011)。

质量改进团队成员不仅需要在工作角色和能力范围内促成跨界活动，而且可以通过团队社会网络综合采取多种措施，建立一种保护团队免受环境不确定性影响的“隔离机制”，主动争取高层领导对质量改进项目的承诺与支持，确保质量改进项目获取充裕的配套资源。团队作为一个开放系统，同时面临由动态环境引起的外部不确定性和任务技术依赖性引起的内部不确定性(Tushman & Nadler，1978)，但是团队搜集、处理与传播信息可以降低这些不确定性(Galbraith，1977)。其中，信息搜集职能主要通过外部社会资本完成，而信息处理与传播通过内部社会资本实现。质量改进团队在获取外部信息方面应该平衡利用内、外部社会资本，发挥内部社会资本在吸收与整合现有知识和新知识方面的独特作用，并利用外部社会资本广泛吸收外部市场、质量和技术等信息，这种平衡使用社会资本的策略将促进质量改进团队的跨界效能(Tushman & Nadler,1978;Hansen,2002;Meltzer et al.,2010;陈建勋等,2009)。质量改进团队应主动开发接触外部知识的跨界联系渠道,使用外部相关方的智慧改进团队内部解决方案,促进团队利用内、外部相似项目的知识来提高绩效。因此,质量改进团队根据外部相关方的差异采用不同的网络平衡策略,将降低构建外部跨界关系网络的成本,提高团队跨界绩效。

基于以上分析,本研究提出以下假设:

H4c-1:联络行为与质量绩效之间的关系受到团队内、外部社会资本平衡的调节。在团队内、外部社会资本平衡水平较高时,联络行为对质量绩效产生更大的影响。

H4c-2:管控行为与质量绩效之间的关系受到团队内、外部社会资本平衡的调节。在团队内、外部社会资本平衡水平较高时,管控行为对质量绩效产生更大的影响。

H4c-3:侦测行为与质量绩效之间的关系受到团队内、外部社会资本平衡的调节。在团队内、外部社会资本平衡水平较高时,侦测行为对质量绩效产生更大的影响。

6.3 研究方法

6.3.1 测量工具

在团队社会资本的测量方面,多数研究以 Tsai 和 Ghoshal(1998)提出的社会资本三维度研究为基础,将社会互动作为结构维度的主要指标、信任作为关系维度的核心变量、共同目标或共同愿景作为认知维度的核心内容。但是,组织层面的社会资本与团队社会资本存在较大的差异,组织直接嵌入在内外部环境中,而团队更多嵌入组织内部及团队成员之间的关系中,因此本研究对团队社会资本的测量区分了团队内、外部社会资本(Adler & Kwon,2002)。Kirsch 等(2010)、柯江林等(2007)等研究将组织层面的社会资本三维度测量量表进一步拓展到了团队层面,以考察团队成员之间如何通过互动交换资源与获取知识。因此,本研究在借鉴成熟量表的基础上,结合质量改进团队活动特点,对团队社会资本的问卷进行设计与完善。

基于文献研究与理论分析,我们初步确定质量改进团队社会资本包括内部社会资本和外部社会资本两个维度,并且前者包括团队互动强度、团队成员信任、团队共同愿景三个方面,而后者包括外部网络联结、外部网络信任和外部质量共识（Uzzi，1996；Nahapiet & Ghoshal，1998；Tsai & Ghoshal，1998；Hansen，1999；Dakhli & De Clercq，2004；Robert et al.，2008；Chang et al.，2011；柯江林等，2007；陈朝旭和缪小明，2010）。本研究在借鉴 Tsai、Ghoshal、柯江林、郭贵林等学者成熟量表的基础上，从研究目的出发形成了质量改进团队社会资本的初始测量条款。征求相关专家学者的建议修改问卷中意义相近的条款，并结合中国本土企业实际进行语义修改。然后，选择典型高新技术企业进行深度访谈，旨在了解所要测量的内容在企业中是否具有普遍性。通过对一线质量改进团队的主管及主要成员访谈，验证和修改了团队内、外部社会资本构念的测量题项。最后对问卷进行专家效度检验与条款修补，邀请高校质量管理、组织行为学、企业管理研究的教授、副教授、博士共计 12 名采用头脑风暴法就调查问卷的相关条款提出意见，不断进行调整与修改。经过几次问卷修订形成了团队社会资本的初始调查问卷包括 28 项条款，各个条款的具体内容与文献来源下面详细介绍。

(1)团队内部社会资本测量

“团队互动强度”在社会互动、关系强度等基础上提出，主要指团队成员间通过非正式活动进行沟通的频率。其中，Chen 等(2008)对团队互动强度的测量包含三个条款，例如“团队成员善于交互学习”、“团队成员经常以一种建设性方式讨论所遇到的问题”、“在做决策期间，团队成员经常交换建议与意见”等，Cronbach α 为 0.71。柯江林基于 Tsai 和 Ghoshal(1998)的框架开发团队社会资本量表，其中用四个题项测量团队互动强度，例如“项目组举办聚餐、联谊等非正式活动”等，Cronbach α 为 0.84。本研究在具体测量上参考 Tsai 和 Ghoshal(1998)、Nahapiet 和 Ghoshal(1998)等学者的相关条目，合并相近含义的测量条款后，确定测量互动强度的初始测量条款有五个，分别为：“团队成员之间交流非常顺畅”、“团队经常举办聚餐、联谊等活动”、“团队经常召开各种研讨与攻关会议”、“团队成员经常相互学习”和“当事情出错时，团队成员能冷静讨论”。

Dakhli 和 De Clercq(2004)研究指出信任来自团队成员的关系选择以及有关合作方能力与可信度的客观信息，并且通过重复交往与个人接触建立这种关系选择的机会。Chen 等(2008)对团队成员信任的测量包含三个条款，例如“团队成员相互信任与支持变革”、“团队氛围有利于提出新的想法”、“团队成员坦诚接受新的做事方式”等，Cronbach α 为 0.83。柯江林等(2006)用八个测量条款衡量团队中的同事信任和主管信任，如“当工作遇到困难时，大家能相互帮助”(同事信任)、“在任何条件下，主管都能理解与支持团队成员”（主管信任），Cronbach α 分别为 0.91 和 0.88。本研究在具体测量上参考 Tsai 和 Ghoshal(1998)、Chen 等(2008)等学者的相关条目，合并相近含义的测量条款后，从能力、仁慈、正直与可靠等方面确定测量团队信任的初始测量条款有五个，分别为：“团队成员信赖其他成员”、“团队成员信赖团队主管”、“团队成员信赖彼此的工作能力”、“团队周围有良好的信任氛围”和“团队成员乐意分享所有相关信息”。

Tsai 和 Ghoshal(1998)的研究用“共同愿景”来替代社会资本的认知维度，拥有共同愿景的团队对内部系统知识的认知较为一致。与共同愿景相似的概念主要有共同价值观、共享愿景（柯江林等，2007），本研究主要指质量改进团队成员对团队目标的认同程度。Chen 等(2008)主要用三个测量条款衡量共享愿景，如“团队成员对未来发展方向有着清晰的认知”等，Cronbach α 为 0.85。柯江林等(2007)用四个测量条款衡量团队中的共同愿景，如“团队成员对项目的发展前景有着共同看法”等，Cronbach α 为 0.85。本书借鉴了 Robert、Chen 等研究，开发出四个测量团队共同愿景的条款，如“团队成员对总体项目的目标有一致认识”、“团队成员对团队未来发展的方向有共同认识”、“团队成员对重要决策能够达成共识”、“团队成员能够理解所讨论的项目相关问题”。

(2)团队外部社会资本测量

团队外部社会资本的结构维度是指团队外部社会关系网络的各种联系总和和结构特性，反映出团队与外部网络节点之间联系的程度（郭贵林，2008）。关于团队外部社会资本结构维度的测量，Yli-Renk 等(2001)对关键客户关系的社会资本研究中，用“我们与此客户保持紧密关系”和“我们在个人层面上了解此客户的员工”两个项目测量社会互动，Cronbach α 系数为 0.71。Tsai 和 Ghoshal(1998)使用两个项目来测量部门间结构资本，如“你与哪个部门的人在一起的时间最多”和“你所在部门内与其他哪个部门关系最密切”，两个项目的零阶相关系数高达 0.86。郭贵林(2008)对部门外部社会资本结构维度的研究中，从外部网络规模（两个题项）、外部网络强度（四个题项）和外部网络密度（四个题项）进行衡量，测量条款分别为：“与本部门有联系的客户、供应商以及其他企业的数量较多”和“与本部门有联系的科研院所、高校及技术中介组织的数量较多”；“本部门与公司内生产部门联系频繁”、“本部门与公司内营销部门联系频繁”、“本部门与客户、供应商及其他企业联系频繁”和“本部门与科研院所、高校及技术中介组织联系频繁”；“本部门与公司内生产部门关系密切”、“本部门与公司内营销部门关系密切”、“本部门与客户、供应商及其他企业关系密切”和“本部门与科研院所、高校及技术中介组织关系密切”。本书借鉴 Yli-Renk、De Clercq、郭贵林等研究基础上，开发出五个测量外部网络联结的条款，如“团队经常与技术、生产、营销等部门交流”、“团队经常与其他质量改进团队交流”、“团队经常与客户、供应商及其他企业交流”、“团队经常与合作单位(如合作伙伴、咨询机构)交流”、“团队经常参与外部各种专业讨论会议”。

团队外部社会资本的关系维度是指团队与外部网络成员间社会关系的质量，如关系网络中的信任、规范等，该维度关注外部社会关系所蕴含的情感属性及关系质量(Nahapiet & Ghoshal,1998)。由于信任是关系维度的核心内容，本研究借鉴 Uzzi(1996)等学者的观点，认为团队外部网络信任是团队与外部网络行动者在互惠条件下，一方不会利用对方损失而为自己谋利的意图。关于外部网络信任的测量，Yli-Renk 等(2001)用三个题项测量企业与关键客户之间关系的质量，Cronbach α 系数为 0.82。Tsai 和 Ghoshal(1998)用两个项目测量部门间信任关系，“请指出你所能信赖的部门而不用担心被其他部门利用”和“以下哪些部门人员会经常信守承诺”，两个题项的零阶相关系数为 0.96。Chen 等(2008)使用“团队与外部成员间相互信任与支持工作”、“团队与外部合作关系有助于提出新观点”和“团队与外部合作过程中尝试使用新的做事方式”测量团队间信任关系，Cronbach α 系数大于 0.71。本书借鉴 Yli-Renk、Tsai、Chen 等研究，开发出四个测量外部网络联结的测量条款，如“团队与技术、生产、营销等部门相互信任”、“团队与其他质量改进团队相互信任”、“团队与客户、供应商及其他企业相互信任”和“团队与合作单位(如合作伙伴、咨询机构)相互信任”。

团队外部社会资本的认知维度是指能够有效促进团队外部网络行动者对集体目标、行为方式的共同理解，并且具有共享的各类符号、语言、行为范式等(Nahapiet & Ghoshal,1998)，其中，外部共同语言或共识是认知维度的核心内容(Tsai & Ghoshal,1998)。本书是指质量改进团队与外部网络成员共享一种语言与沟通方式，相互在质量目标、质量改进术语、质量改进方法等方面有着共同理解。Chiu 等(2006)提出用“企业间网络中各个成员企业共享一种语言，并能有效沟通”测量共同语言。郭贵林(2008)用“本部门与生产部门有共同工作语言”、“本部门与营销部门有共同工作语言”、“本部门与客户、供应商以及其企业有共同工作语言”和“本部门与科研院所、高校及技术中介组织有共同工作语言”测量外部共同语言。本书借鉴 Kirsch、郭贵林等研究，开发出五个测量外部质量共识的条款，如“企业各层级对质量改进项目目标具有共识”、“团队与技术、生产、营销等部门有共同语言能有效沟通”、“团队与其他质量改进团队有共同语言能有效沟通”和“团队与客户、供应商及其他企业有共同语言能有效沟通”和“团队与合作单位有共同语言能有效沟通”。

6.3.2 研究流程与研究方法

本研究采用第二轮问卷调查获取的161套样本数据进行实证研究，在问卷A中，测量的问题主要有团队社会资本、质量绩效等；在问卷B中，测量的问题主要有任务特征、团队效能感、质量改进团队跨界行为等。由于其他变量已在前文研究中验证，研究首先运用SPSS 16.0和AMOS 7.0对团队社会资本测量工具的信度与效度进行检验，并对团队社会资本的两阶两因子结构模型进行验证性因子分析与评价。参考Law和Wong(1999)等研究对多维度潜变量进行项目组合(item parceling)降维处理，在此基础上采用多元层级回归检验方法，检验团队内部社会资本、团队外部社会资本、团队内外部社会资本平衡对质量改进团队跨界行为与绩效关系的调节作用。

基于战略匹配理论可知，匹配主要有两种:“调节匹配”(fit as moderating)和“相称匹配”(fit as matching)(Venkatraman,1989)。前者意味着团队内部社会资本与外部社会资本共同促进质量改进团队跨界行为与绩效的关系，即两者的交互对质量改进团队跨界行为与绩效的关系具有调节作用；后者主要关注两者之间的匹配(两者的绝对差额)能否增进企业绩效。由于团队内、外部社会资本在资源配备、作用机制等方面存在差异，企业在实际操作中难以绝对维持两者之间的静态平衡关系(Oh et al.,2006;Marrone,2010)，因此本书主要关注两者交互性对团队跨界行为与绩效关系的调节影响。

6.4 研究结果与分析

6.4.1 测量工具的信度与效度检验

由于以往研究聚焦团队社会资本的子维度，本研究对团队内部社会资本和团队外部社会资本的测量均整合了其他研究者的相关工具，因此我们分两个阶段选取了不同的样本分别进行探索性因子分析与验证性因子分析，并对团队社会资本的两阶两因素模型与其他备选模型进行CFA对比分析。

(1)团队社会资本的探索性因子分析(见表6.1)

表 6.1 团队社会资本的初始测量条款的因子分析（$N=82$）

条款	因子 1	因子 2	因子 3	因子 4	因子 5	因子 6
IS1		0.692				
IS2		0.723				
IS3		0.647				
IS4		0.621				
TT1	0.813					
TT2	0.783					
TT3	0.762					
TT4	0.824					
TT5	0.726					
EI1			0.857			
EI2			0.782			
EI3			0.712			
EI4			0.642			
EI5			0.612			
ET1				0.802		
ET2				0.780		
ET3				0.787		
ET4				0.591		
SV1					0.832	
SV2					0.779	
SV3					0.769	
SV4					0.688	
CM2						0.713
CM3						0.723
CM4						0.672
CM5						0.598
α 系数	0.835	0.821	0.891	0.812	0.836	0.826
特征值	4.782	3.672	3.061	2.478	2.061	1.786
解释变异量（%）	18.914	14.523	12.107	9.801	8.152	7.064
累计总方差解释比例（%）70.561						

注：省略了 0.30 以下的载荷。

利用第一轮正式调查获取的 82 份（达到变量数的 5～10 倍要求）质量改进团队主管数据，对团队社会资本的原有 28 项初始测量条款分析与净化，剔除了没有通过 CITC 分析的两个题项 IS5 与 CM1，研究对最终保留的

26项测量条款进行因子分析，以判断因子的数量与测量条款是否需要调整。在对团队社会资本的整体量表进行样本充分性检验和样本分布检验后发现，KMO值为0.804，巴特莱特球体检验卡方值为1092.274(df=325)，显著性概率为0.000，表明适合进行因子分析。从因子提取的情况来看，有6个因子的特征值大于1，累计方差解释比例为70.561%，并且每个测量条款的因子载荷都超过0.5，说明总体上团队社会资本包含6个子维度。通过Cronbach's α系数计算，团队社会资本各个维度的α系数均大于0.70，说明该测量工具有较好的内部一致性信度，可以用于大样本调查。

(2)团队内部社会资本的效度分析

基于第二轮调查获取的161套数据，运用AMOS7.0软件绘制团队内部社会资本的验证性因子分析测量模型(见图6.1)。通过查看模型的自由度可知，模型需要估计的参数共有29个，样本所能提供的数据点为91，模型的自由度为62，达到可以识别的条件(侯杰泰等，2004)。团队内部社会资本的CFA分析结果如表6.2所示，各项拟合优度指标超过或接近建议值。就拟合优度指标而言，其中绝对拟合优度指标$\chi^2/df=1.697$，RMSEA=0.066，超过建议值；GFI=0.894，AGFI=0.886，基本可以接受；相对拟合指标IFI=0.922，CFI=0.917，均优于建议值，因此测量模型是有效的。各个测量指标对内部社会资本变量的标准化因子载荷均在0.01水平上显著且大于0.60，AVE均大于0.50，因此可以据此判定质量改进团队内部社会资本的测量指标表现出较好的收敛效度。

团队内部社会资本的区分效度检验，可以参照图6.1和表6.2有关AVE与潜变量相关系数，其中各个潜变量AVE的平方根分别为0.713、0.728和0.709，团队互动强度与团队成员信任的相关系数为0.413，团队互动强度与团队共同愿景的相关系数为0.307，团队成员信任与团队共同愿景的相关系数为0.364。从中可以推断，各个潜变量AVE的平方根值远大于其所在行和列的两个潜变量间的相关系数，表明质量改进团队内部社会资本的测量具有较好的区分效度。

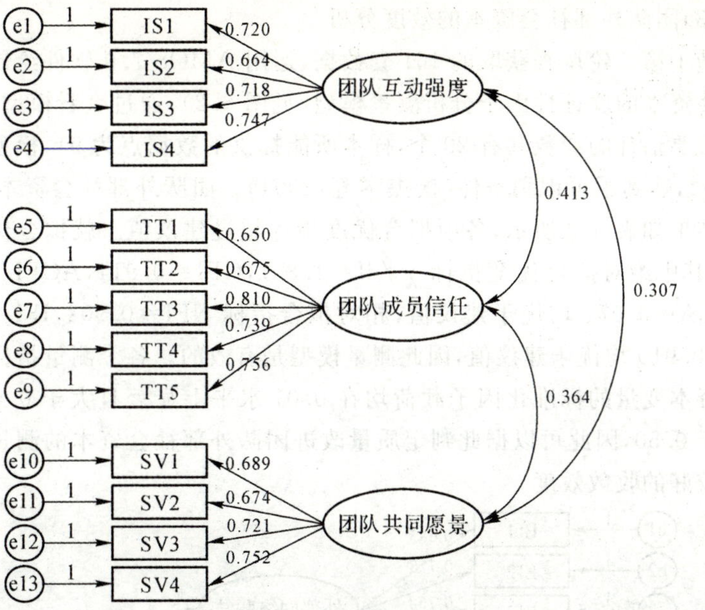

图 6.1　团队内部社会资本的验证性因子分析模型

表 6.2　团队内部社会资本收敛效度分析(N=161)

显变量		潜变量	标准化因子载荷	标准误差(S.E.)	临界比 C.R.	显著性概率 p	多元平方系数 $R^2$①	AVE
IS1	←	团队互动程度	0.720	—	—	—	0.518	0.508
IS2	←	团队互动程度	0.664	0.092	8.103	**	0.441	
IS3	←	团队互动程度	0.718	0.104	9.351	**	0.516	
IS4	←	团队互动程度	0.747	0.115	9.742	**	0.558	
TT1	←	团队成员信任	0.650	—	—	—	0.423	0.530
TT2	←	团队成员信任	0.675	0.132	7.905	**	0.456	
TT3	←	团队成员信任	0.810	0.127	9.247	**	0.656	
TT4	←	团队成员信任	0.739	0.095	8.248	**	0.546	
TT5	←	团队成员信任	0.756	0.130	10.075	**	0.572	
SV1	←	团队共同愿景	0.689	—	—	—	0.475	0.503
SV2	←	团队共同愿景	0.674	0.086	8.846	**	0.454	
SV3	←	团队共同愿景	0.721	0.112	9.347	**	0.520	
SV4	←	团队共同愿景	0.752	0.098	9.702	**	0.566	

拟合优度指标值：χ^2=105.212，df=62，χ^2/df=1.697，GFI=0.894，AGFI=0.886，RMSEA=0.066，NFI=0.896，IFI=0.922，CFI=0.917

① 在 CFA 中可以给出不同项目的信度指标，其值为单个测量项目的变异系数 R^2，Bagozzi 和 Yi(1988)建议最低临界值为 0.50(即项目标准化因子载荷系数大于 0.71)，但这个严格标准比较难以达到。有学者建议项目标准化负荷大于 0.50，且 t 值达到显著即可认为测量具有信度(黄芳铭，2005)。

(3)团队外部社会资本的效度分析

基于第二轮调查获取的161套数据，运用AMOS 7.0软件绘制团队外部社会资本的验证性因子分析测量模型(见图6.2)，通过查看模型自由度，模型需要估计的参数共有29个，样本所能提供的数据点为91，模型的自由度为62，达到了可识别条件(侯杰泰等，2004)。团队外部社会资本的CFA分析结果如表6.3所示，各项拟合优度指标超过建议值。就拟合优度指标而言，其中绝对拟合优度指标$\chi^2/df=1.807$，GFI=0.914，AGFI=0.906，RMSEA=0.071均优于建议值；相对拟合指标NFI=0.902，IFI=0.913，CFI=0.910均优于建议值，因此测量模型是有效的。各个测量指标对外部社会资本变量的标准化因子载荷均在0.01水平上显著且大于0.60，AVE均大于0.50，因此可以据此判定质量改进团队外部社会资本的测量指标表现出较好的收敛效度。

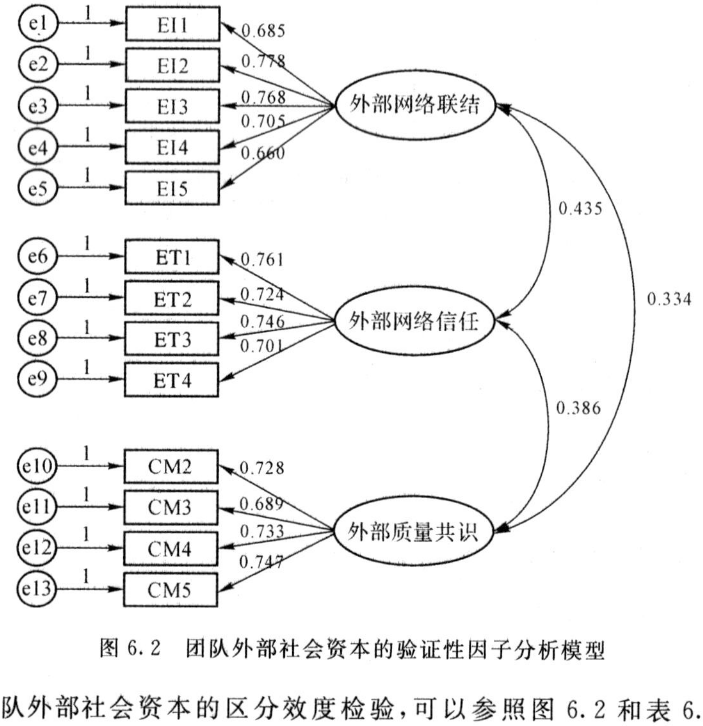

图6.2 团队外部社会资本的验证性因子分析模型

团队外部社会资本的区分效度检验，可以参照图6.2和表6.3有关AVE与潜变量相关系数，其中各个潜变量AVE的平方根分别为0.720、0.733和0.725，外部网络联结与外部网络信任之间的相关系数为0.435，外部网络联结与外部质量共识之间的相关系数为0.334，外部网络信任与外部质量共识之间的相关系数为0.386。从中可以看出，各个潜变量AVE

的平方根值均远远大于其所在行和列的两个潜变量间的相关系数，表明团队外部社会资本的测量具有较好的区分效度。

表 6.3 团队外部社会资本收敛效度分析(N=161)

显变量		潜变量	标准化因子载荷	标准误差(S.E.)	临界比 C.R.	显著性概率 p	多元平方系数 R^2	AVE
EI1	←	外部网络联结	0.685	—	—	—	0.469	
EI2	←	外部网络联结	0.778	0.130	9.720	**	0.605	
EI3	←	外部网络联结	0.768	0.109	9.672	**	0.590	0.519
EI4	←	外部网络联结	0.705	0.121	9.023	**	0.497	
EI5	←	外部网络联结	0.660	0.111	8.416	**	0.436	
ET1	←	外部网络信任	0.761	—	—	—	0.579	
ET2	←	外部网络信任	0.724	0.113	8.912	**	0.524	0.538
ET3	←	外部网络信任	0.746	0.135	9.076	**	0.557	
ET4	←	外部网络信任	0.701	0.108	8.767	**	0.491	
CM2	←	外部质量共识	0.728	—	—	—	0.530	
CM3	←	外部质量共识	0.689	0.109	8.588	**	0.475	0.525
CM4	←	外部质量共识	0.733	0.113	9.020	**	0.537	
CM5	←	外部质量共识	0.747	0.128	9.115	**	0.558	

拟合优度指标值：χ^2=112.007，df=62，χ^2/df=1.807，GFI=0.914，AGFI=0.906，RMSEA=0.071，NFI=0.902，IFI=0.913，CFI=0.910

(4)团队社会资本模型与备择模型的验证性分析比较

为了进一步检验团队社会资本因子结构模型的整体构思，研究以161个样本团队为对象，通过备择模型比较验证团队社会资本概念模型。根据文献研究，本书构建了质量改进团队社会资本的单因素模型(基于Tsai和Ghoshal(1998)、Aquino和Serva(2005)等提出的团队社会资本各因素存在一定相关性假定)、一阶六因素模型(基于柯江林等(2007)提出的团队社会资本一阶六因素模型)、一阶三因素模型(基于Nahapiet和Ghoshal(1998)等提出的“结构—关系—认知”三维度模型)、二阶六因素模型(基于Aquino等(2005)研究发现关系维度和认知维度具有二阶结构)等4个备择模型(见表6.4)，分别考察其拟合情况，再根据检验结果选择最优的团队社会资本结构模型。

从表6.5可以看出，团队社会资本的基本模型与其他备择模型观测数据的拟合指标比较显示：绝对拟合指标中，备择模型1～4的χ^2/df均超过了2.0，RMSEA大于0.1，GFI、AGFI大多小于0.85；相对拟合指数中，备择模型1～4的NFI、IFI、CFI均小于0.85。综合而言，备择模型1～4的拟合效度不理想，基本模型与实际观测数据吻合最好。

表 6.4　团队社会资本的测量模型设定

模型	结构
基本模型（二阶两因素）	IS1-4→IS；TT1-5→TT；SV1-4→SV；EI1-5→ET；ET1-4→ET；CM2-5→CM；IS、TT、SV→TISC；EI、ET、CM→TESC
备择模型 1（一阶单因素）	IS1-4、TT1-5、SV1-4、EI1-5、ET1-4、CM2-5→TSC
备择模型 2（一阶六因素）	IS1-4→IS；TT1-5→TT；SV1-4→SV；EI1-5→ET；ET1-4→ET；CM2-5→CM
备择模型 3（一阶三因素）	IS1-4、EI1-5→SSC；TT1-5、ET1-4→RSC；SV1-4、CM2-5→CSC
备择模型 4（二阶六因素）	IS1-4→IS；TT1-5→TT；SV1-4→SV；EI1-5→ET；ET1-4→ET；CM2-5→CM；IS、TT、SV、EI、ET、CM→TSC

注：TSC：团队社会资本；TISC：内部社会资本；TESC 外部社会资本；SSC：结构性社会资本；RSC：关系性社会资本；CSC：认知性社会资本；IS：团队互动强度；TT：团队成员信任；SV：团队共同愿景；EI：外部网络联结；ET：外部网络信任；CM：外部质量共识，下同。

表 6.5　团队社会资本测量模型的拟合指数比较

模型	绝对拟合指标						相对拟合指标		
	χ^2	df	χ^2/df	GFI	AGFI	RMSEA	NFI	IFI	CFI
基本模型	215.29	292	0.74	0.910	0.902	0.068	0.894	0.913	0.912
备择模型 1	1562.04	299	5.22	0.582	0.542	0.181	0.528	0.561	0.550
备择模型 2	641.84	284	2.26	0.745	0.673	0.119	0.680	0.685	0.691
备择模型 3	1238.72	296	4.18	0.596	0.540	0.162	0.588	0.604	0.624
备择模型 4	730.01	293	4.49	0.882	0.831	0.125	0.827	0.835	0.846
评价标准	—	—	<2	>0.9	>0.9	<0.1	>0.9	>0.9	>0.9

6.4.2　回归分析的三大问题检验

为了确保使用多元线性回归模型得出科学的结论，首先需要检验回归模型是否存在多重共线性、序列相关和异方差等问题（马庆国，2002）。在排除这些问题存在的情况下，对模型进行回归分析的结果才具有一定的可靠性和有效性。

(1)多重共线性（multicollinearity）是指回归方程中，自变量之间存在高度相关并互相削弱各自对因变量的边际影响，使自变量自身的回归系数降低并扩大标准误，从而出现回归方程整体显著而各个自变量不显著的现象（张文彤和董伟，2004）。判断回归方程中是否存在多重共线性，可以用方差膨胀因子（variance inflation factor，VIF）指数衡量。一般认为，当 0＜VIF＜10，表明回归方程不存在多重共线性；当 VIF 超过 10 时，说明自变量存在高度多重共线性（朱平芳，2004）。

通过对本书研究模型的解释变量 VIF 指数的计算，结果发现（见表 6.6）：联络行为、管控行为、侦测行为、团队内部社会资本、团队外部社会资本的 VIF 远小于 10，表明本研究模型不存在多重共线性。

表 6.6　解释变量的方差膨胀因子指数值表

	变量名称	方差膨胀因子指数值（VIF）
解释变量	联络行为	1.068
	管控行为	1.107
	侦测行为	1.225
	团队内部社会资本	1.310
	团队外部社会资本	1.018

（2）序列相关又叫自相关（autocorrelation），指不同期的样本值之间存在相关关系（马庆国，2002），它违背了经典模型对随机扰动项相互独立的假定，从而使最小二乘估计方法（OLS）不再最优。由于序列相关性通常出现在时间序列数据中（古扎拉蒂，2000），而本书所收集到的数据为横截面数据，从经验上判定不可能出现样本值之间的序列相关问题。

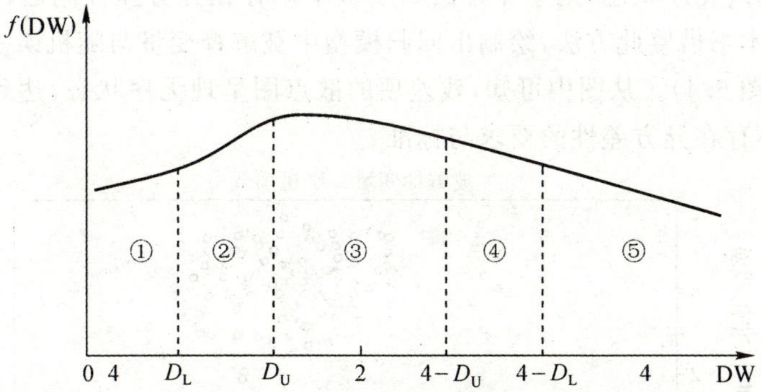

图 6.3　序列相关 DW 检验判断

序列相关性的统计检验一般采用 DW（Durbin-Watson）统计量加以判断（马庆国，2002）。DW 的值处于 0～4 之间，判断法则是：DW 值显著接近 0 或 4 时，可以推断回归方程存在序列相关性；而 DW 接近 2 时，回归方程则不存在序列相关。具体来说，在 5％和 1％的显著性水平下，查 DW 表找出下限临界值 D_L 和上限临界值 D_U，这一上下限临界值只与样本的大小 n

和解释变量的个数 k 有关，与解释变量的取值无关(古扎拉蒂，2000)。具体的判断方法如下：

①如果 $0<DW<D_L$，则拒绝零假设，扰动项存在一阶正自相关；

②如果 $D_L<DW<D_U$，则无法判断是否有自相关；

③如果 $D_U<DW<4-D_U$，则接受零假设，扰动项不存在一阶正自相关；

④如果 $4-D_U<DW<4-D_L$，则无法判断是否有自相关；

⑤如果 $4-D_L<DW<4$，则拒绝零假设，扰动项存在一阶负自相关。

根据本研究的样本容量和解释变量数目可以查 DW 表得到上下限临界值，通过回归分析得到本研究的 DW 值为 1.913 接近 2，并处于 $D_U<DW<4-D_U$ 范围，表明随机误差项之间不存在序列相关性。

(3)异方差性(heteroscedasticity)是指总体回归函数中的随机误差项不满足同方差性的假定，则线性回归模型存在异方差性(古扎拉蒂，2000)。当回归模型中的扰动项不满足同方差性假设时，虽然参数的普通最小二乘法(OLS)估计量可能仍是线性无偏的，但不再是最小方差；并且，参数估计量的方差是有偏的，从而导致参数的假设检验不再有效。

可以通过图解法来观察异方差性问题。对被解释变量异方差性的检验，可利用残差项散点图加以分析和判断，判断的经验规则是：若残差项的散点图呈现无序状态，则意味着回归模型中不存在异方差性问题(马庆国，2002)。本书借鉴此方法，绘制出回归模型中被解释变量与随机误差项的散点图(见图 6.4)。从图中可知，残差项的散点图呈现无序状态，达到了回归模型中不存在异方差性的要求与标准。

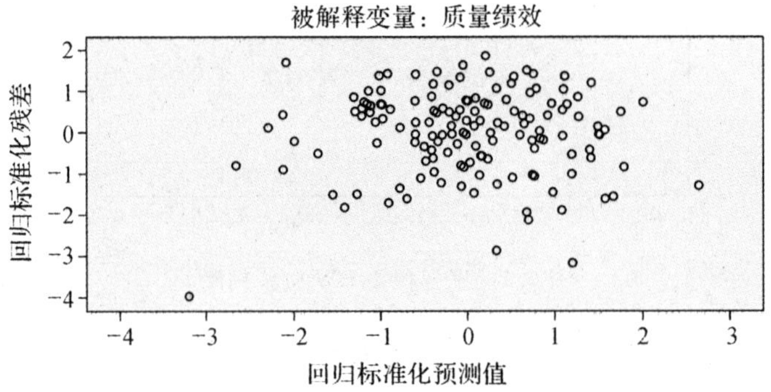

图 6.4　残差项散点图

6.4.3　回归分析与假设检验结果

本研究基于团队社会资本视角，选取团队内部社会资本和团队外部社会及两者平衡性作为质量改进团队跨界行为与绩效关系的调节变量。由于仅考虑某个调节变量难以详尽、准确地解释团队跨界行为与质量绩效之间的关系，因此需要综合考虑团队内外部社会资本的交互作用。本研究基于大样本问卷调查数据，使用 SPSS 16.0 在检验变量信度与效度的基础上进行多元层级回归分析。本研究对调节作用的检验采用五步回归法：(1)将控制变量加入回归方程；(2)在(1)的基础上加入三个自变量；(3)在(2)的基础上加入两个调节变量；(4)在(3)的基础上加入调节变量与自变量的交互项，检验交互项与因变量的相关性；(5)在(4)的基础上，逐次加入调节变量之间交互项与自变量的乘积，检验团队社会资本平衡与因变量的相关性。根据罗胜强等(2008)的建议，如果自变量或调节变量中存在类别变量，那么首先需要将类别变量转换为虚拟变量。由于企业性质和行业属性均是类别变量，在测量上采用名义测度(norminal measurement)获得数据，这些编码的数值之间不存在实际意义的量的关系，因而不能单纯进行加减乘除运算。因此，研究中将企业性质中民营企业(占比 58.90%)与其他类型企业区别开来，行业属性中电子通讯、机械制造等行业的样本数据较多归类一组，其他行业属性的企业样本归类一组。

为了降低多元回归中的多重共线性，本研究采纳 Aiken 和 West(1991)等研究的建议对所有连续性预测变量进行中心化处理，包括联络行为、管控行为、侦测行为、团队内部社会资本与团队外部社会资本。但是，在用中心化处理的自变量和调节变量构造出乘积项以后，将未中心化的自变量和因变量与两者的乘积项都放入多元层级回归方程中来检验交互作用(林枫，2011)。此时，如果乘积项系数显著，或者 ΔR^2 显著，均可以判断调节效应的存在。

表 6.7 是质量改进团队跨界行为、团队内部社会资本、团队外部社会资本、团队内外部社会资本交互项对质量绩效的回归分析结果。以下根据层级回归分析方法，逐步验证假设。

第一步，首先在回归方程中引入五个控制变量(企业规模、企业性质、行业类型、团队规模和团队年龄)，结果显示控制变量对质量绩效的解释力较小($R^2=0.091$，$p<0.10$)，仅有团队规模的标准化回归系数达到边际显著水平，但是回归方差的 F 值也处于边际显著水平，表明控制变量对质量绩效的影响较弱。

第二步，引入质量改进团队跨界行为的三个维度，检验在控制其他团队特征变量的情形下，自变量对因变量的贡献。在纳入联络行为、管控行为、侦测行为三个变量后，模型 2 变得显著（$F=9.394$，$p<0.01$），对质量绩效的解释力达到 32.3%，较模型 1 具有更好的解释力（$\Delta R^2=0.232$，$\Delta F=8.114$，$p<0.01$）。模型 2 的回归分析结果显示，质量改进团队跨界行为的三个维度，即联络行为、管控行为、侦测行为，对质量绩效均有显著正向影响（$p<0.05$）。

第三步，在回归模型 2 中进一步引入调节变量团队内部社会资本和团队外部社会资本，回归结果显示模型 3 显著（$F=10.831$，$p<0.01$），对质量绩效的解释力为 36.4%，较模型 2 又有了进一步的提高（$\Delta R^2=0.041$，$\Delta F=6.320$，$p<0.05$）。

第四步，引入调节变量与自变量的交互项，以检验团队社会资本的调节作用。在纳入交互项后，模型 4 显著（$F=11.876$，$p<0.01$），对质量绩效的解释力达到 45.8%，较模型 3 具有更高的解释力（$\Delta R^2=0.094$，$\Delta F=8.712$，$p<0.01$）。回归结果显示：联络行为与团队内部社会资本的交互作用未达到显著水平，交互项的回归系数为正（$b=0.096$，$p>0.10$）；管控行为与团队内部社会资本的交互作用显著，交互项的回归系数为正（$b=0.218$，$p<0.05$）；侦测行为与团队内部社会资本的交互作用显著，交互项的回归系数为负（$b=-0.152$，$p<0.05$）。联络行为与团队外部社会资本的交互作用边际显著，交互项的回归系数为正（$b=0.124$，$p<0.10$）；管控行为与团队外部社会资本的交互作用不显著；侦测行为与团队外部社会资本的交互作用显著，交互项的回归系数为正（$b=0.146$，$p<0.05$）。

第五步，在第四步基础上分别在模型 5、模型 6 和模型 7 中分别引入团队内部社会资本与外部社会资本平衡项对联络行为、管控行为与侦测行为的组合调节效应。模型 5 和模型 6 中的 ΔR^2 均不显著，并且回归系数不显著。模型 7 显著（$F=10.894$，$p<0.01$），对质量绩效的解释力达到 51.6%，较模型 4 具有更高的解释力（$\Delta R^2=0.058$，$\Delta F=7.025$，$p<0.01$）。回归结果显示：侦测行为与团队内部社会资本和外部社会资本平衡项的交互作用达到显著水平，交互项的回归系数为正（$b=0.153$，$p<0.05$）。

表 6.7　质量绩效的层级回归分析结果

变量	模型 1	模型 2	模型 3	模型 4	模型 5	模型 6	模型 7
控制变量							
企业规模	0.037	0.032	0.025	0.043	0.038	0.026	0.040
民营企业	0.048	0.048	0.052	0.053	0.051	0.047	0.056
非私营企业	0.031	0.035	0.032	0.040	0.034	0.037	0.044
电子通讯	0.044	0.049	0.051	0.058	0.043	0.053	0.059
机械制造	−0.078	−0.089	−0.074	−0.086	−0.078	−0.074	−0.086
其他行业	−0.055	−0.035	−0.058	−0.043	−0.028	−0.046	−0.052
团队规模	−0.110+	−0.117+	−0.098	−0.114+	−0.123+	−0.95	−0.116+
成立时间	0.071	0.046	0.041	0.062	0.036	0.044	0.053
自变量							
联络行为		0.319**	0.271**	0.284*	0.159*	0.253*	0.293*
管控行为		0.325**	0.230*	0.204*	0.131+	0.230*	0.216*
侦测行为		0.186*	0.092	0.119+	0.144*	0.084	0.101
调节变量							
TISC			0.149*	0.134+	0.109+	0.166*	0.115+
TESC			0.087	0.067	0.086	0.075	0.086
交互项							
TISC*联络行为				0.096	0.084	0.090	0.053
TISC*管控行为				0.218*	0.143+	0.096	0.106
TISC*侦测行为				−0.152*	−0.117+	−0.106	−0.127+
TESC*联络行为				0.124+	0.104	0.129+	0.115+
TESC*管控行为				0.107	0.074	0.058	0.063
TESC*侦测行为				0.146*	0.118+	0.140*	0.149*
TISC*TESC*联络行为					0.104		
TISC*TESC*管控行为						0.054	
TISC*TESC*侦测行为							0.153*
R^2	0.091	0.323	0.364	0.458	0.474	0.461	0.516
校正 R^2	0.065	0.291	0.324	0.417	0.435	0.430	0.492
F	2.027+	9.394**	10.831**	11.876**	10.602**	10.045**	10.894**
ΔR^2		0.232	0.041	0.094	0.016	0.003	0.058
ΔF		8.114**	6.320*	8.712**	2.162	0.162	7.025**

注：表中列出的是标准化回归系数；+为 $p<0.10$，*为 $p<0.05$，**为 $p<0.01$。

以上结果表明，团队内部社会资本能够显著增强管控行为对质量绩效的正向影响，负向调节侦测行为对质量绩效的作用，但对联络行为与质量绩效关系的影响并不显著。团队外部社会资本能够增强联络行为与侦测行为对质量绩效的作用，但对管控行为与质量绩效的关系没有产生显著影响。团队内部与外部社会资本的平衡将会增强侦测行为与质量绩效之间的关系，但对联络行为和管控行为与绩效关系的影响并不显著。因此，假设H4a-2、H4a-3、H4b-3和H4c-3得到验证，假设H4b-1得到部分支持，而假设H4a-1、H4b-2、H4c-1和H4c-2在本研究中均未得到验证。

6.5 研究结果讨论

6.5.1 团队内部社会资本的调节作用讨论

为了更直观地揭示交互效应，本研究根据Aiken和West(1991)、Cohen等(2003)等方法分别绘制质量改进团队跨界行为(QITBB)与团队内部社会资本的交互作用图。以团队内部社会资本的均值为界，将大于和等于均值的样本数据分类为高调节组，小于均值的样本数据归类为低调节组，分别绘制管控行为、侦测行为与质量绩效的交互作用图。图6.5(a)所示为团队内部社会资本对管控行为与质量绩效的调节作用，在团队内部社会资本较低情形下，质量改进团队管控行为对质量绩效有负面影响；在团队内部社会资本较高的情形下，质量改进团队管控行为对质量绩效具有较强的正影响。图6.5(b)所示为质量改进团队内部社会资本对侦测行为和质量绩效的调节作用，在团队内部社会资本较低的情况下，质量改进团队侦测行为对质量绩效有较弱的正影响；但在团队内部社会资本较高的情况下，质量改进团队侦测行为与质量绩效之间呈现出较强的负向关系。

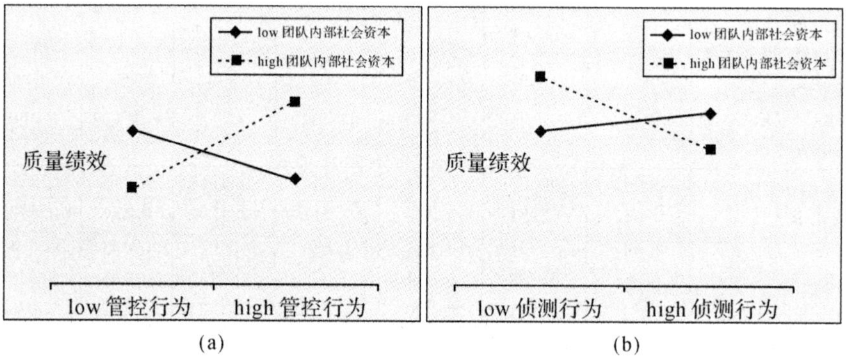

图6.5 团队内部社会资本对QITBB与绩效关系的调节作用

以往研究并没有解释团队社会资本或网络嵌入水平对团队跨界行为与绩效关系的影响(Marrone，2010)，本研究通过实证发现团队内部社会资本对管控行为有着正向调节关系(H4a-2)，即当团队内部社会资本较高时，质量改进团队针对外部平行部门的质量监测与规范管控行为可以促进质量绩效;当团队内部社会资本较低时,过多从事外部质量管控行为将会给质量改进团队自身质量绩效的提升带来负面影响。这主要是因为团队内部活动和外部活动同时竞争内部稀缺的资源,在团队内部成员关系联结度较低并且缺乏信任时,同时追求团队内部活动和外部跨界活动,将会增加团队成员的角色负担与减少团队内部凝聚力(Marrone et al.,2007;Faraj & Yan,2009)。这与早期研究结论是一致的,以往研究认为虽然团队成员代表团队所开展的跨界活动有利于提高团队效能,但是团队成员过多参与跨界活动可能会带来内部冲突和角色模糊等问题(Katz & Kahn,1978)。这些研究表明,在团队成员内部嵌入度较低时,质量改进团队过度参与跨界管控活动,将难以取得理想效果。

本研究证实了团队内部社会资本对侦测行为与绩效关系有负向调节作用(H4a-3),即当团队内部社会资本较高时,质量改进团队从事外部标杆对比与环境扫描活动可能难以促进质量绩效;当团队内部社会资本较低时,适度从事外部侦测活动将提升质量改进团队的绩效。由于群体(或团队)边界存在两种极端:一种可能是低边界的(underbounded),即存在许多外部联结,但无法激励成员整合外部知识;另一种是高边界的(overbounded),即内部存在较高的忠诚度与复杂的动力机制,但是无法延伸到群体外部环境(De Kwaadsteniet,2012)。虽然团队内部社会资本对知识整合与共享有重要作用(Tsai & Ghoshal,1998),但是过多的团队内部闭合联结对团队绩效可能会产生负向影响,容易在团队内部形成“不在此地发明”和“不在此地销售”的综合症,从而丧失对外部刺激与环境变化的敏感性。社会认同理论也认为,团队认同将带来较强的偏见,强团队内部偏见和负向外部偏见交汇阻碍质量改进团队开展跨界活动,这不利于团队搜寻与吸收外部创新信息(Wong,2004;Hsiao et al.,2012)。同理,团队内部成员之间的信任度与互动度越高,团队的“排外性”或“封闭性”越强,同时也会弱化团队与外部的联系,阻碍团队对外部环境的持续扫描与标杆跟踪(Adler & Kwon,2002)。

此外,本研究虽然发现团队内部社会资本对质量改进团队联络行为与绩效关系有一定的影响,但这种调节作用并不显著(H4a-1)。出现此种情况的可能原因有以下两个方面:第一,团队内部社会资本作为一种嵌入在质量改进团队内部成员关系中的现实或潜在资源,相对研发、高管等团队缺乏正式的权力,因此这种资源难以形成“自下而上”的影响力从而传达到高层领导。第二,在质量改进团队中,联络行为(如吸收外部压力、定期向高管汇报等)通常由团队领导代表团队成员执行,但是团队内部社会资本主要立足团队内部成员之间的互动、信任与认知而获取测量数据，这可能导致团队主管跨界与团队成员社会资本之间的不对等。

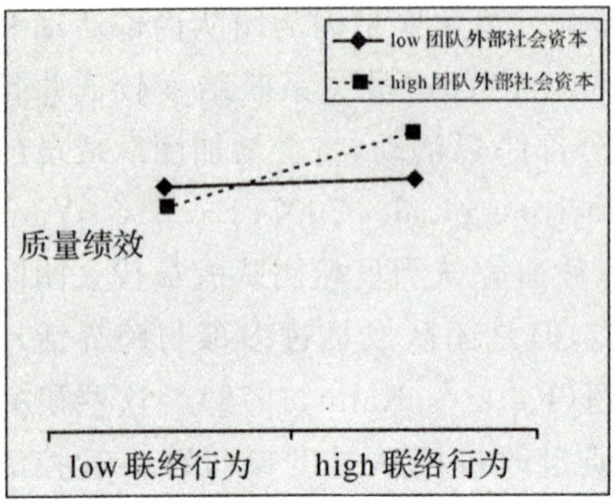

(a)

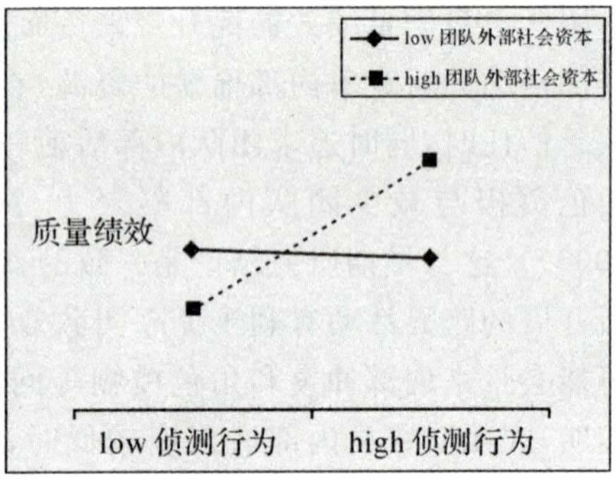

(b)

图 6.6　团队外部社会资本对 QITBB 与绩效关系的调节作用

6.5.2　团队外部社会资本的调节作用讨论

以团队外部社会资本的均值为界，将大于和等于均值的样本数据分类为高调节组，小于均值的样本数据归类为低调节组，分别绘制联络行为、侦测行为与质量绩效的交互作用图。图 6.6(a)显示了团队外部社会资本对联络行为与质量绩效的调节作用：在团队外部社会资本较低时，联络行为对质量绩效的有微弱的影响；反之，具有较强的正影响。图 6.6(b)显示了团队外部社会资本对侦测行为和质量绩效的调节作用：在团队外部社会资本较低时，侦测行为对质量绩效有较弱的正向影响；反之，呈现出较强的正向关系。

本研究实证结果显示，团队外部社会资本对联络行为与质量绩效的关系有着正向调节作用仅达到边际显著水平(H4b-1)。团队外部社会资本对侦测行为与质量绩效关系起着显著正向调节作用(H4b-3)。这说明质量改进团队跨越组织内部的垂直边界，与高层管理者建立互动关系，可以获取重要的政治支持和资源收益，并促成质量改进团队就项目运转中的问题及时与高层沟通(Chang et al.,2011)。质量改进团队基于非正式关系网络建立跨界管理的“缓冲机制”(Allen,1977)，可以避免团队成员的工作受到干扰，获得高层对项目的承诺和横向协调其他职能部门的支持，并及时沟通与反馈项目绩效评价结果。由于质量改进团队由跨职能与多样性背景的员工组成，团队成员拥有不同的外部网络联结为团队接触其他部门的知识与观点提供了机会(Weisz et al.,2004)。这种网络异质性特征方便团队与其他部门建立横向联结和信息共享机制，从而获取更多新颖的产品或市场信息(Smith et al. ,2005)，并提高对外部知识与信息的利用效果。

此外，本研究发现团队外部社会资本对管控行为与质量绩效的关系影响并不显著(H4b-2)。虽然在中国本土的人情主义管理文化背景下，企业存在因“求和而重情”削弱质量改进制度或ISO标准化程序的约束作用的现象，但是这种削弱作用在本研究中并不显著。导致团队外部社会资本调节作用不显著的可能原因是，关系/结构嵌入和认知嵌入对管控行为与绩效的关系产生不同影响，且这些不同影响存在一定的综合效应。虽然质量改进团队与外部团队之间的关系嵌入强度一定程度会增加相关方对质量改进工作的支持，但是这种支持仅仅停留于表面，当相关方团队内部核心利益被牵扯时将难以顾及质量改进活动。但是，质量改进团队与外部其他团队建立信任关系和质量共识，将降低外部任务协调的难度，通过及时获取外部前沿知识、核心知识和隐性知识推进质量改进项目。因此，未来需要探索团队外部社会资本的子维度对管控行为与绩效关系的调节作用，以揭示质量改进团队外部网络嵌入对质量改进团队跨界行为与绩效关系的复杂影响。

6.5.3　团队内、外部社会资本平衡的调节作用讨论

以团队内、外部社会资本平衡的均值为界，将大于和等于均值的样本数据分类为高调节组，小于均值的样本数据归类为低调节组，绘制侦测行为与质量绩效的交互作用图。图6.7体现了团队内、外部社会资本平衡对侦测行为与质量绩效的调节作用：在团队内外部社会资本平衡性较低的情况下，侦测行为对质量绩效有微弱的负影响；在团队内外部社会资本平衡性较高的情况下，侦测行为对质量绩效具有较强的正影响。

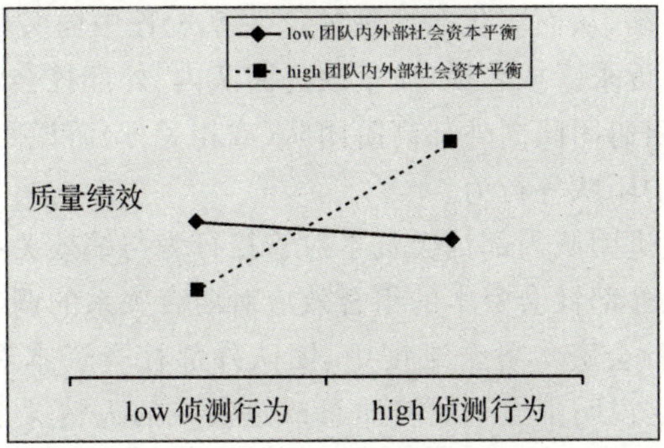

图6.7　团队内、外部社会资本平衡对侦测行为与绩效关系的调节作用

虽然团队内部社会资本对侦测行为与质量绩效关系存在负向调节，团

队外部社会资本对两者关系存在正向调节，但是团队内、外部社会资本的组合效应对两者关系产生显著正向影响（H4c-3）。由于团队社会网络嵌入呈现了团队内部及外部成员之间的动态关系，外部社会网络增强团队知识获取能力，而内部社会网络促进知识在团队内部扩散（Tiwana，2008；徐伟青等，2011），因此需要关注团队内外部社会网络嵌入对侦测行为的影响。特别在平衡嵌入团队内外部网络情形下，团队间的强联结为隐性、难以编码与系统嵌套的知识的传递提供了便利，而弱联结为团队搜索与获取外部异质性知识带来了好处（Hansen，1999；Oh et al.，2004）。但是，团队内部和外部嵌入性失衡将会给绩效带来不利影响，如团队内部整体性过强阻碍对团队间的联系与互动，Weisz 等（2004）研究也发现在团队形成阶段，由于缺乏较高水平的内部情感联结或沟通，给团队绩效带来不利影响。因此，质量改进团队应该利用内、外部社会资本（或社会网络）在获取与整合信息方面的互补性，平衡使用两类社会资本促进团队跨界的侦测活动（Meltzer et al.，2010；陈建勋等，2009）。

本研究发现团队内、外部社会资本平衡对联络行为与质量绩效之间的关系有一定影响，但这种影响并不显著（H4c-1）。虽然 Alder 和 Kwon（2002）、Oh 等（2006）研究倡导团队内外部社会资本的最优配置对团队从外部主导阶层（如高管团队、客户等）获取情感性资源与支持有重要帮助，但是本研究并没有证实团队内、外部社会资本平衡对联络行为的影响。其中不显著的原因可能有：第一，质量改进团队内部社会资本对联络行为与绩效关系的影响并未达到显著水平，而且团队外部社会资本对两者关系的调节作用仅达到边际显著水平，由于两者的微弱作用导致组合效应很难达到 0.05 水平上的显著。第二，样本质量团队过于追求团队内部社会资本与外部社会资本的平衡，从而弱化在处理外部关系过程中向关键相关方提出政治、资源、情感等诉求。或者说，质量改进团队内、外部社会资本之间均衡性问题，并不直接阻碍团队向外部高阶团队（或相关方）游说团队决策、获取质量改进资源、保护团队等行为。

虽然质量改进团队内部社会资本对管控行为与绩效关系的影响达到显著，但是团队内、外部社会资本的组合效应对两者关系的调节作用并不显著（H4c-2）。团队社会资本各个维度中，团队外部社会资本对管控行为有较弱的负向影响，这说明本土企业对质量改进实践的人情关系与规章制度存在一定的权衡，许多企业逐渐采取各种措施排除人情关系对质量改进工作的干扰，如质量考核制度、质量责任追溯制度等（赵玉忠和何桢，2009）。除此之外，质量改进团队同时嵌入团队内、外部网络，可能陷入对团队绩效产生消极影响的情景(即阻碍网络),这种网络中存在干扰、威胁、蓄意破坏、拒绝,以及由于烦恼、情绪等产生的相关不利行为(Sparrowe et al.,2001),这些负面影响将会削弱团队内、外部社会资本平衡的作用。因此,团队内、外部社会资本对质量改进团队管控行为的作用,除了较弱的直接影响外,还可能通过其他团队特征(如团队凝聚力)产生间接影响。

因此,无论从团队社会资本的理论构思角度,还是从团队社会资本对质量改进团队跨界行为影响的视角,本书综合考虑了团队内、外部社会资本及两者之间的互补性。基于团队边界理论,根据团队网络联系将团队社会资本区分为内部社会资本与外部社会资本,并探讨了团队内、外部社会资本及其平衡性对质量改进团队跨界行为与绩效关系的调节作用,这深化了对质量改进团队跨界行为作用机制的认识。团队内部社会资本与外部社会资本两者虽然各自对团队内部过程(team internal process)产生一定影响,若不考虑两者之间的内在协同作用,将难以充分发挥团队社会资本的作用。团队内部社会资本与外部社会资本共同竞争质量改进团队的内部资源,过于强调团队内部社会资本将限制质量改进团队成员接触外部不同行动者,以及阻碍团队获取外部多样化资源和创新性信息,但是过度维持外部强联结也会分散团队注意力和凝聚力(Hansen et al.,2005)。因此,质量改进团队应该把握团队内部社会网络与外部社会网络之间的平衡,以避免团队"锁定"在特定相关方的封闭网络(closure network)中。这与 Adler 和 Kwon(2002)、Oh 等(2006)研究的结果是一致的,并在实证测量上推进了团队社会资本的研究。

6.6 研究小结

6.6.1 本研究的主要结论

本章在第 5 章质量改进团队跨界行为作用机制的基础上,从团队社会资本视角探讨质量改进团队跨界行为对绩效的作用机制。运用多元层级回归分析检验团队社会资本对质量改进团队跨界行为与质量绩效关系的调节作用,结果表明:(1)团队内部社会资本显著调节管控行为与质量绩效间的关系,负向调节侦测行为对质量绩效的作用,但对联络行为与质量绩效关系的影响并不显著。(2)团队外部社会资本能够增强联络行为与侦测行为对质量绩效的作用,但对管控行为与质量绩效的关系没有产生显著影响。(3)团队内、外部社会资本的平衡将会增强侦测行为与质量绩效之间的关系，但对联络行为和管控行为与绩效关系的影响并不显著。本研究结果对相关假设的验证情况如表 6.8 所示。

表 6.8　本研究假设检验结果汇总表

假设	假设内容	结论
H4a-1	联络行为与质量绩效之间的关系受到团队内部社会资本的调节。	不支持
H4a-2	管控行为与质量绩效之间的关系受到团队内部社会资本的调节。	支持
H4a-3	侦测行为与质量绩效之间的关系受到团队内部社会资本的调节。	支持
H4b-1	联络行为与质量绩效之间的关系受到团队外部社会资本的调节。	部分支持
H4b-2	管控行为与质量绩效之间的关系受到团队外部社会资本的调节。	不支持
H4b-3	侦测行为与质量绩效之间的关系受到团队外部社会资本的调节。	支持
H4c-1	联络行为与质量绩效之间的关系受到团队内、外部社会资本平衡的调节。	不支持
H4c-2	管控行为与质量绩效之间的关系受到团队内、外部社会资本平衡的调节。	不支持
H4c-3	侦测行为与质量绩效之间的关系受到团队内、外部社会资本平衡的调节。	支持

6.6.2　本研究取得的进展

针对“如何构建团队跨界的关系网络”，Marrone(2010)提出以下值得进一步探讨的问题：团队内部网络结构对团队跨界行为与绩效关系的影响如何？在高度中心化还是高密度环境下，跨界活动与团队过程和绩效相关度更高？因此，本研究综合团队内部网络嵌入的“联结观”与外部网络嵌入的“桥结观”，考察团队社会资本及其内、外部社会资本平衡对质量改进团队跨界行为与绩效关系的影响。而相比以往研究，本研究取得的进展主要包括以下几个方面：

第一，结合团队内、外部社会资本视角有助于揭示团队社会资本的独特构思及其对团队跨界行为与绩效关系的作用机制。团队社会资本不是简单个人社会资本的加总，更不能等同团队内部社会关系或外部社会关系(Adler & Kwon,2002;Weisz et al.,2004)。因此，本研究结合团队社会资本及质量改进团队相关研究成果，综合团队内、外部社会资本视角，实证检验它们对质量改进团队跨界行为与绩效关系的调节作用，并考虑了团队内、外部社会资本的平衡性对质量改进团队跨界行为的影响。这既弥补了团队社会资本研究的不足，又丰富了团队社会资本相关理论。

第二，验证了团队内部和外部社会资本对质量改进团队跨界行为与绩效关系的调节作用。研究发现团队内部社会资本在管控行为和侦测行为与绩效关系间存在显著调节作用，团队外部社会资本在联络行为和侦测行为与绩效关系间存在调节作用。这有助于指导质量改进团队选择合适的质量改进团队成员与建立稳定的外部社会关系，促进团队跨界效能。

第三，揭示团队内、外部社会资本平衡对质量改进团队跨界行为与绩效之间关系的调节作用。虽然团队内部社会资本与外部社会资本分别对团队内部过程产生一定影响，若不考虑两者之间的内在协同作用，将很难有效发挥团队社会资本的作用。因此，质量改进团队应该立足于内、外部社会资本平衡视角，构建合适的团队社会网络，最大化社会资本收益，从而促进团队跨界活动的开展与质量绩效的提升。

6.6.3　本研究的局限性

本研究存在的局限主要包括以下两点：

第一，调节变量的选取问题。对于质量改进团队跨界行为与质量绩效关系间的调节变量，我们的研究包括了团队内部社会资本、团队外部社会资本，以及两者之间的组合效应。当然，团队跨界行为与质量绩效关系间的调节变量，还可能会受到其他潜在调节变量的影响，如外部依赖性、外部不确定性、组织内部冲突、团队资源（冗余或稀缺）、团队特征、任务特征等因素（Choi，2002；Joshi et al.，2009；薛会娟，2010）。因此，未来研究需要努力探索其他可能影响质量改进团队跨界行为与质量绩效之间关系的调节变量，而且还要考察这些因素对质量改进团队跨界行为与质量绩效关系产生作用的深层次原因。

第二，由于团队内、外部社会资本均可能呈现多维特征，本研究仅从团队内、外部社会资本及其两者平衡性的整体层面探讨它们对团队跨界行为与绩效的关系，没有细化到团队内、外部社会资本的子维度层面。虽然在假设提出过程中对团队社会资本每个维度的内涵及其作用进行了详尽的描述，并通过整体层面的研究得出了一些有价值的结论，但也可能由于缺少对社会资本各个子维度的验证而会忽略一些重要关系。但要在一项研究中囊括团队内、外部社会资本中的所有细化因素，并全面、系统地分析它们对团队跨界行为的影响也几乎是不可能的，这就需要今后进一步拓展团队社会资本的多维度、多层面、多对象的研究。

7 质量改进团队跨界行为的演进规律研究

7.1 研究目的

在以上研究中，本书探索了质量改进团队跨界行为的概念构思，开发了相应的测量量表，并且验证了质量改进团队跨界行为发生的任务前因以及对团队质量绩效的作用机制，但是基于静态时点研究团队跨界行为具有一定的局限性，无法识别质量改进团队跨界行为随团队发展而不断演进的规律。因此，从团队生命周期视角考察质量改进团队跨界行为的演进规律，有助于此类团队动态管理外部跨界行为和采取与之相适宜的对策。

7.2 研究内容与方法

本研究旨在探索质量改进团队跨界行为的动态演进规律，为此，计划采用两个子研究进行。

子研究一：质量改进团队跨界行为演进过程与规律的探索

本部分研究采用多重案例方法，通过对具体质量改进团队的研究，来探索质量改进团队跨界行为在团队生命周期不同阶段的作用规律。

子研究二：质量改进团队跨界行为演进规律的实证研究

本部分基于大样本问卷调查数据，通过静态与动态结合的方式，以质量改进团队成长阶段为考察内容，运用聚类分析、方差分析等方法验证质量改进团队跨界行为在不同阶段的差异性，为动态管理质量改进团队的跨界行为提供理论支持。

7.3　子研究一:质量改进团队跨界行为演进规律的探索

7.3.1　研究方法

案例研究法(case study method)是一种对现实环境中的现象进行考察的经验性研究方法,它侧重对现实中某一复杂(或具体)的现象深入跟踪考察(罗伯特·殷,2004a)。由于案例研究法通常基于一个或几个案例来说明问题,用收集到的资料分析事件间的逻辑关系,因此案例研究法所得出的结论不依赖抽样原理(孙海法等,2004a)。案例研究法与实验、问卷调研等构成社会科学研究方法的主体。案例研究重点回答"怎么样"和"为什么"的问题,适用于研究发生在当前但无法对相关因素进行控制的事件(罗伯特·殷,2004a)。根据研究目的可以将案例研究分为描述性、解释性、评价性和探索性四类。其中,探索性案例研究尝试通过案例寻找对事物的新洞察,或尝试用新的观点去评价社会现象。

探索性案例研究按照案例数量可以分为单案例(single case)研究与多案例(multiple cases)研究两类。单案例研究既可用作确认或挑战一个理论,也可用作提出一个独特的或极端的案例。多案例研究包括两个分析阶段:案例内分析(within-case analysis)和跨案例分析(cross-case analysis)(许冠南,2008)。前者将每个案例视为独立整体进行系统分析,后者在此基础上抽象和归纳所有的案例,进而得出更精辟的描述和更有说服力的解释。由于探索性案例研究(包括单案例和多案例)的目的是提出研究问题与研究假设,或者判断既定方案的可行性,因此它成为其他类型案例研究的基础。本研究基于探索性案例研究获取数据,并以此分析研究中各个变量之间的逻辑关系,进而检验现有理论或者产生新理论(罗伯特·殷,2004a,2004b)。

鉴于本研究尝试从团队生命周期视角来探索质量改进团队跨界行为的演化规律,之前并未形成明确的理论假设,在此比较适合采用探索性案例研究方法初步了解规律。本研究期望通过探索性多案例研究逐步明确研究的主要问题与研究假设,为实证研究奠定基础。

7.3.2　研究设计

综合案例研究的相关文献,将探索性案例研究的步骤大致概括分为五步:第一步始于研究问题的界定与明确,核心工作是理论预设;第二步是选择合适的案例;第三步是收集资料,选择合适的资料收集方法与设计测量工具进入案例现场收集数据;第四步是分析资料,结合数据进行案例内及跨案例数据分析;第五步是比较研究结果形成研究报告(Eisenhardt,1989;Yin,2003)。各个步骤具体操作如下:

(1)理论预设

理论概念是指导探索性案例研究设计和证据收集的前提。案例研究首先需要形成初步的概念,其次是定义分析单位,确定筛选与审查案例的标准,并指出相关变量以及需要搜集的数据(罗伯特·殷,2004a,2004b)。结合相关文献,针对质量改进团队跨界行为进行了详尽的理论预设与研究构思,为探索性案例数据收集分析提供研究框架与指导。

团队建设相关研究表明,团队工作过程中受到多种因素的制约,从而阻止团队最大限度地利用成员的异质性知识与技能(Gersick,1988)。由于团队环境特征与外部依赖性会随着时间不断变化,质量改进团队暂时的绩效波动包括任务转折点对跨界行为的影响(Choi,2002)。质量改进团队除了掌握学习、改进与控制工作流程的工具和方法之外,还需要根据自身周期特征动态地调整跨界活动。本研究参照 Tuckman(1965)、Levin(1992)等团队发展模型,结合质量改进团队在团队发展各个阶段的主导任务与社会情感特征,将质量改进团队生命周期界定为四个相关阶段:即启动与组织、冲突与协调、变革与更新、执行与完成等,如表 7.1 所示。

表 7.1 团队四个阶段发展特征

发展阶段	启动与组织阶段	冲突与协调阶段	变革与更新阶段	执行与完成阶段
质量改进行为	· 聚焦任务 · 服从领导 · 礼节性交换 · 乐观主义	· 风格冲突 · 坦白表达观点 · 感觉不团结 · 有限的任务进展	· 高度实用主义 · 关注时间 · 趋向团结 · 搜索新方法	· 聚焦任务执行 · 相互支持 · 成员关系融洽 · 解决问题导向
任务问题	· 我们的任务是什么 · 如何推进任务 · 我们应付出多少 · 如何平衡项目团队工作与个人工作	· 团队目标能否达到 · 我们能否相处融洽 · 高层领导是否支持我们的工作	· 工作需要什么 · 我们能做什么 · 如何工作更加有效	· 如何维持工作热情 · 试验的意愿

续表

发展阶段	启动与组织阶段	冲突与协调阶段	变革与更新阶段	执行与完成阶段
社会情感问题	· 我是否想成为团队中的一员 · 如何使我的价值或目标与其他成员匹配 · 他人是否认可我的价值或贡献 · 忧虑感	· 谁拥有影响力 · 我在团队中的地位如何 · 感觉沮丧或失去耐心 · 状况是否会有所改观	· 信任增加程度 · 个体与集体的平衡 · 失望 · 感觉相对轻松	· 我们的付出是否有价值 · 自我效能感 · 团队成员自豪感

资料来源:根据 Levin(1992)等研究整理

由于 Levin(1992)四阶段模型关注质量改进团队所面临的任务和社会情感问题,但是在团队发展过程的每个阶段这些问题呈现不同的特征。根据不同阶段质量改进团队的任务特征和团队特征的差异,我们可以区分以上四个团队发展阶段。将 Levin 研究提出的团队生命周期四阶段模型应用到质量改进团队,既能概括质量改进团队发展阶段的内部特征,又能捕获质量改进团队运转过程中的外部跨界特征,因此本研究加以借鉴。

(2)案例选择

单案例研究只适合证实或证伪已有理论假设的某一个方面,不适合系统构建新理论,并且,单案例研究的效度通常低于多案例(Eisenhardt,1989)。多案例通过跨案例比较预测类似结果或对照结果分析原因,增加研究结果的外部效度,从而有助于全面形成理论框架(罗伯特·殷,2004a,2004b)。因此,本研究应用多案例研究构建质量改进团队跨界行为演进规律的初始研究假设,以提高探索性案例研究的效度。

关于案例选择的数量,不同研究者之间存在分歧,多数学者认同 Eisenhardt(1989)的观点,认为使用 4~10 个案例进行探索性研究较为理想。综合理论建构的要求和案例的边际理论贡献,参照 Eisenhardt(1989)等学者建议,本研究最终筛选出 4 个质量改进团队作为探索性案例研究的对象(详见表 7.2),具体筛选标准如下:①由于本研究侧重探索中国本土制造企业的质量改进团队跨界行为的演进规律,因此所有备选案例聚焦于本土高新技术制造企业的质量改进团队。②考虑案例研究的代表性,本研究所选的质量改进团队具有较好的行业分散特征,主要涉及玻璃纤维、电机产品、手机产品、诊断系统等。③为了达到多重验证的效果,质量改进团队跨界行为可能受到团队时间的影响,本研究选择团队所处的发展阶段作为综合的团队时间指标进行考察,基本涵盖质量改进团队的四个阶段:启动与组织阶段、冲突与协作阶段、变革与更新阶段、执行与完成阶段。关于质量改进团队所处生命周期阶段的判定，研究者根据 Tuckman(1965)、Levin(1992)等研究对团队生命周期各个阶段特征的判断，结合案例访谈过程中的成员感受与想法、可以观察的行为、工作重点、团队角色等内容综合判断，并就质量改进团队所处阶段与质量改进团队相关人员进行反馈与交流，本研究对最终所选团队四个阶段的判断基本符合企业实际与理论特点。④案例研究中一般采用目的抽样和理论抽样方法，而不是问卷调查法中的随机概率抽样。案例选择的标准与研究对象和研究要回答的问题有关，它确定了什么样的属性能为案例研究带来有意义的数据。为了提高案例研究的信息丰富度，本研究采用理论抽样确定案例企业，兼顾信息可获得性和企业所在行业的代表性。

表 7.2　案例研究团队资料来源

质量改进团队	访谈		文档资料	观察方式
	时间	对象		
HF 管道纱团队	2008 年 5 月—2011 年 5 月	集团副总裁、总裁助理、研发中心主任、品管部长、项目团队成员、品管部成员	企业内部资料、集团内刊、企业网站、内部文件、客户检测报告、优秀 QFD 项目申报书	座谈时间累计超过 20 场次；实地考察，参与项目组的会议，笔者给项目组培训 15 课时以上；开展相应的质量咨询服务长达 3 年
LX 电机转子团队	2010 年 7 月—2011 年 8 月	公司总经理助理、质检经理、技术中心、研发中心、生产事业部等	企业内部资料、公司内刊、企业网站、内部文件、产品质量分析报告	座谈，包括质检、制造人员；实地考察，参观现场；开展现场改进咨询服务 1 年多
FL 手机外观团队	2009 年 6—7 月 2010 年 4—5 月	公司副总经理、质量总监、质量经理、分公司副总经理、项目团队成员等	企业内部资料、公司内刊、企业网站、内部文件、中经咨询网、内部案例报告	与高层领导座谈；与分公司品管、生产、技术人员交流；通过质量总监帮忙搜集数据与约谈相关人员；开展质量改进技术和工具培训
JH 诊断系统团队	2010 年 10 月—2011 年 3 月	副总裁、总裁技术顾问、技术中心主任、质量经理、项目攻关部等	内部资料、公司内刊、企业网站、内部文件、质量分析报告、中经咨询网	与主管质量副总裁、总裁技术顾问等人多次交流；通过技术中心主任(校友)沟通确认资料；质量咨询服务

资料来源：本研究根据相关资料整理。

(3)收集数据

根据罗伯特·殷(2004a,2004b)的建议，本研究在资料收集时遵循以下原则：①使用多种渠道及证据来源收集数据，以实现“三角验证”(triangulation)的目的。本研究通过深度访谈、焦点小组、行业报告、查阅档案资料、公开数据库、新闻报道等方式，系统收集案例数据与资料。针对每个探索性案例，笔者对质量改进团队的负责人、所在团队的部分成员以及该团队所在部门的中层管理人员、部分高层管理人员等进行了半结构化的访谈(个人访谈与焦点小组座谈，访谈提纲见附录)，每个被访谈者的累计访谈时间在2小时以上。因为四个质量改进团队均与笔者所在的导师团队有着密切的合作关系，笔者见证了这些团队发展的全过程，与部分质量改进团队成员及主管人员平时的交流较多，有利于了解企业及质量改进团队的整体情况。在访谈之后，我们通过电话、Email及企业现场项目辅导时会面等形式，与被访谈人员进行沟通与确认信息记录。②通过建立案例研究资料库记录与整理数据资料，以提高研究的可信度(徐冠南，2008)。本研究在前期与企业进行咨询项目合作过程中，充分了解企业基本情况与运营信息，并整理与企业合作过程中对方所提供的资料。后期在搜集案例资料的访谈过程中，在受访者允许的前提下，对访谈进行录音或现场笔录，并在访谈结束的当天整理与分析资料；另一方面对企业公开的二手资料、内部文档以及索取的内部文件资料进行分类与编码，同时，将总结归纳的访谈调研资料归档到案例研究数据库。③在案例数据整理基础上，根据本研究的理论模型与分析框架进行深入分析，从而对研究问题进行考证以得出可靠结论。

(4)数据分析

本研究进行单案例的案例内分析(with-case analysis)，即将每个案例视为独立的整体进行分析(Eisenhardt，1989)。在详细研究每个质量改进团队的基础上，对各类跨界行为进行编码与制成表格，以有效识别每个案例的变量特征，为案例分析做准备。其次，通过跨案例(cross-case analysis)分析进行归纳与总结，以揭示变量间的相互关系。在案例内分析基础上，比较所有案例特征变量以明确每个类目的意义，探索质量改进团队跨界行为、团队生命周期阶段之间的相关性，进而提出初步的研究假设。

(5)研究结果比较

Yin(2003)认为案例内分析与跨案例比较是一个分析性归纳(analytic induction)的过程，两者不是截然分开的。因此，本研究对案例质量改进团队进行分类与比较，通过一个案例资料分析归纳出的新概念或概念关系，试探性地推演到第二个案例，并考察理论的增加、删减与修正。通过多案例的反复分析与比较以逐步明确理论假设，这个重复过程使我们逐步厘清质量改进团队跨界行为演化的研究假设，为后续实证研究奠定基础。

7.3.3 案例介绍

研究过程中,我们访谈了十多个质量改进团队,最终根据案例筛选标准选取4个行业各异和处于团队不同发展阶段的案例样本。这些样本团队及所在企业的基本概况见表7.3。遵循案例研究的惯例,及保护案例企业商业信息的需要(徐冠南,2008),本研究隐去了团队所在企业的具体名称,用字母代码及其主营业务所处行业表示,质量改进团队则用主要负责的项目简称表示。

表7.3 质量改进团队案例介绍

团队名称	HF管道纱质量改进团队	LX电机转子改进团队	FL手机外观改进团队	JH诊断系统改进团队
所在公司	A玻纤集团公司	B电机公司	C手机公司	D环保设备公司
公司成立时间	1993年	2000年	1996年	1974年
控股类型	国有控股	私营控股	中外合资	私营控股
员工总数	约5000人	约1300人	约5000人	约500人
主营产品	玻璃纤维及制品	交流电机、直流电机、同步电机	移动电话、无线网络系统基站	袋式除尘器、环保设备监控系统
产品市场	覆盖国内外主要市场	主导产品国内市场占有率高达70%,远销欧美	产品涵盖GSM、CDMA、UMTS,供应全球市场	产品市场覆盖欧洲、美洲、非洲、大洋洲、亚洲
成立时间	2007年	2010年	2004年	2010年
成员人数	8	15	14	11
主要任务	HOBAS管道纱性能优化	减少YN70转子经组合工序后内径变动	Flip手机外观质量改进	污染治理运维服务与远程诊断管理系统改进
团队阶段	变革与更新阶段	冲突与协作阶段	执行与完成阶段	启动与组织阶段

资料来源:本研究根据公开资料与访谈整理

(1)HF管道纱质量改进团队

A公司成立于1993年,地处"长三角经济圈"的地理中心——浙北某地区,是一家玻璃纤维及制品的专业制造商。A公司拥有一支近600名具有高学历和丰富专业经验的研发与客户支持队伍,提供玻璃纤维及其制品的系统解决方案,现有产品线主要集中在四大类:合股无捻粗纱、直接无捻粗纱、短切原丝、玻纤制品。公司基于“产学研”相结合方式,不断与高校合作开发或改进新产品,并且基于玻纤研究院整合集团基础研究与应用研究成果,系统开发客户需求不断进行创新,强化高端产品与技术领域的创新力度,近年来公司在专利申请、高层次科研项目、新产品开发、质量改进等方面取得了显著成果。通过对浸润剂配方的攻关,公司打破了国外玻纤生产商对高端玻纤产品的垄断,先后成功开发了 6 个国家级新产品,15 个省级新产品,实施了 8 个国家级火炬计划项目。A 公司的产品目前占据国内市场 34%的份额,国际市场的占有率达到 20%,产品已经直接销往美国、德国、西班牙、韩国、印度、南非、加拿大、意大利等国家,并且通过中间商销往世界其他国家。

在质量管理方面,A 公司从 2005 年开始接触卓越绩效管理,2007 年开始推进卓越绩效质量奖,2008 年获得地级市市长质量奖和省质量奖,2009 年被评为全国实施卓越绩效模式先进企业。公司先后通过 ISO9001 质量管理体系、ISO14001 环境管理体系、OHSMS18001 职业健康安全管理体系、ISO17025 实验室认可服务的国际标准等管理认证,主要产品相继通过 LR(英国劳氏船级社)、GL(德国船级社)、DNV(挪威船级社)和 FDA(美国食品和药物管理局)四大类认证。从 2007 年卓越绩效项目启动以来,A 公司先后与高校合作开展可视化管理、QC 小组、质量功能展开(QFD)、六西格玛管理等专项改进,通过培训、现场改进、项目指导、项目评审等方式推进卓越绩效质量奖项目。先后开展了六西格玛绿带和黑带培训,培养了近百名绿带和黑带员工,公司累计完成六西格玛项目 30 余项。2008 年以来,A 公司先后获得 14 项全国建材工业优秀质量管理小组、1 项省优秀质量管理小组成果发表会一等奖、4 项省优秀质量管理小组成果发表会二等奖;2009 年获得全国优秀六西格玛项目 1 项,全国优秀质量功能展开项目 3 项;2010 年获得全国优秀质量功能展开项目 2 项。

HF 管道纱质量改进团队(HOBAS Fiberglass Improvement Team)是 A 公司于 2007 年 8 月组建的持续改进团队,现有成员 8 人。早在 2004 年,A 公司开始通过 HELM 代理给 HOBAS 实验室送出管道纱样品,但由于对客户需求的了解和对产品的质量要求认识不足,试验样品的吸树脂量为 60%、玻纤含量为 52%、渗透速度为 40s 三项指标远没达到客户要求。A 公司为了满足 HOBAS 的采购标准,打破两大竞争对手(PPG 和 VETROTEX)在管道纱供应领域的垄断,公司主管研发和质量的领导亲自组织专业技术人员和品管人员对产品质量进行攻关,力争尽快通过 HOBAS 奥地利实验室的测试。HF 团队就是在这个背景下组建起来的,该团队的主要工作是根据 HOBAS 对玻纤物性指标的要求进行产品测试与性能改进，及时与客户沟通明确顾客的测试手段和方法，以满足客户对纱线的品质要求（主要包括渗透速度、玻纤含量、短切性、在树脂中的分散性、与树脂的界面相容性等）。目前团队成员之间的冲突比成立初期少了许多，且遇到问题有了比较规范的解决流程与方式，团队成员之间沟通较为顺畅，凝聚力和团队合力较好，基本上可以判断 HF 团队处于变革与更新阶段。

(2)LX 电机转子改进团队

B 电机公司位于浙西某市，成立于 2000 年，公司目前拥有员工约 1300 人，2010 年销售总额近 5.2 亿元，利润超过 5700 万元。公司目前主要生产交流电机、直流电机、同步电机等六大类电机产品，广泛应用于汽车、保健器械、家用电器、工业自动化、办公设备和环保设备等各类动力系统。公司主导产品在国内市场占有率达到 70%以上，远销美洲、欧洲、东南亚等地区近 100 多个国家，公司客户中有世界 500 强企业 20 家。B 公司是国家重点高新技术企业，拥有国家级电机技术中心、国家博士后科研工作站，是国家知识产权试点企业。公司先后与清华大学、浙江大学、西安电子科技大学、上海大学、浙江工业大学、信息产业部电子第二十一研究所、西安微电机研究所共建研发中心，技术力量雄厚。目前已承担国家 863 计划项目、火炬计划项目、国家星火计划项目、国债项目、国家信息化示范工程项目等 35 项国家级项目。公司拥有完善的质量保证体系，已通过 ISO9001：2008 质量管理体系、ISO/TS16949 汽车零部件行业质量管理体系、ISO14001 环境管理体系、OHSAS18001 职业健康安全管理体系和 RoHS 指令认证①。公司产品均通过“CCC”、“CE”、“CUL”认证。2004 年，B 公司开始导入卓越绩效模式，2009 年获得金华市质量奖，2010 年公司开始申报省政府质量奖，2011 年获省质量措施重点立项项目。

转子是将铁芯嵌入到转子轴组装而成，公司现采用先组合转子再进行打磨加工的流程，但由于组合后转子的体积较大，影响了打磨的效率。公司探索先行打磨转子轴然后将铁芯嵌入的流程，但发现新的流程会造成铁芯一定程度的弯曲，致使铁芯在转子轴套中出现“跳动”。“跳动”会使电机整体出现噪音，“跳动”越多（当前 YN70 电机转子跳动 0.013 为毫米），噪音越

---

① RoHS 是由欧盟立法制定的一项强制性标准，该标准的全称为《关于限制在电子电器设备中使用某些有害成分的指令》(Restriction of Hazardous Substances)。该标准适用于电子电气产品的材料及工艺标准，以使之更能够保护人体健康及环境。该标准的目的在于消除电机电子产品中的铅、汞、镉、六价铬、多溴联苯和多溴联苯醚共 6 项物质，并重点规定了铅的含量不能超过 0.1%。详见 http://baike.baidu.com/ view/5691.htm

大。在某些对噪音要求很严的产品中，噪音无疑影响顾客满意度，不利于保持公司产品的竞争地位。在顾客满意度调查中发现，YN70电机“噪音小”是仅次于“质量稳定”的第二位要求，而该转子在工序变动后的“跳动”现象比较严重，因此公司决定借助六西格玛导入的契机致力于解决YN70电机转子的质量问题。公司于2010年1月成立LX电机转子改进团队，团队成员15人。该团队主要承担YN70电机转子及其相关工艺改进工作，并与外部科研机构联合尝试运用新的质量工具(如QFD、TRIZ、DOE等)进行产品开发设计质量控制，力争2年内推出符合客户要求的新型YN70电机，预算200万元。团队成员目前阶段虽然存在较多冲突，尤其是遇到疑难问题时团队成员往往各执一词，但是团队正尝试建立运营规范，团队围绕项目正在形成一定的凝聚力，团队成员之间的人际关系逐渐变得融洽，据此基本可以判断LX团队处于冲突与协作阶段。

(3)FL手机外观改进团队

C手机公司成立于1996年，是由国外某著名手机公司与浙江某通信股份公司、中国某信息产业集团公司合资成立的移动电话系统有限公司。业务涵括GSM、CDMA系统产品的开发与生产，数字移动电话机产品的研发、前工序制造，销售产品及提供相关的售后服务。公司现有员工共计5000余人，该公司及母公司的手机在全球市场占有率为6.5%。公司于2000年再度重组后获得了历史性突破，当年手机生产超过500万台，并出口美国200万台，出口总值达2亿美元。除此之外，C公司拓展商务资讯系统，在上海建立研发中心，充分共享母公司在移动电话与通信设备领域的研发经验与知识积累，大力拓展国内手机研发与生产。公司于2006年在浙江建立了新的研发中心，该中心将针对C公司的网络及企业通讯事业部的技术和产品，开展相应的软硬件开发、测试及发布，为客户提供更高价值的产品。

随着消费者对手机的需求日益差异化和个性化，手机外观质量也成为产品竞争的关键之一。然而当前针对手机外观的投诉却日趋增加，尤以翻盖手机的翻盖外观质量投诉为甚，排位前五的外观原因分别是：显示区域异物、显示区域脏、前盖划痕、前盖掉漆、保护膜脏。通过对顾客投诉的原因分类发现，生产厂商过程控制与顾客的外观质量要求仍然存在一定差距，即厂商及时未能听取顾客的声音(Voice of Customer，VOC)是导致顾客不满意的重要原因。为了在激烈的市场竞争中突出重围，迫切需要手机企业的品管人员与技术人员换一种模式去思考产品质量缺陷，实施一种基于客户声音的源头质量改进模式，从而系统与彻底地解决手机外观质量问题。Flip是翻盖/滑盖手机的核心组成部件，它集成了摄像头、液晶屏、音效系统等手机关键部件。C公司的Flip事业部于2004年成立质量改进小组，该小组由14位成员组成，主要工作是针对客户反馈的设计或改进建议，通过新的质量技术与开发工具，更系统了解其直接外部客户——手机制造商的需求，从而真正在Flip产品质量中体现客户的声音，切实提升客户的满意度。C公司给FL团队下达的任务目标是3年内将手机外观不良率降低到15000ppm(parts per million，百万分率的缺陷率[①])。通过几年的运作，目前团队已经形成了成熟的管理规范与协作机制，沟通过程中成员容易接纳建设性意见，并在项目开展过程中团队成员能够齐心协力共同推进，基本可以判断FL团队处于执行与完成阶段。

(4)JH诊断系统改进团队

D公司始创于1974年，是集环境工程和环保设备的研究开发、生产制造、工程设计、工程管理、项目总承包、投资运营和咨询服务于一体的控股集团公司。公司系国家级高新技术企业、全国精神文明建设先进单位、国家环境保护产业协会副会长单位、中国环保机械行业协会副理事长单位、浙江省环保产业基地。公司主要经营袋式除尘器，面向建材、冶金、电力、化工、机械、市政等不同行业的需求形成了十几个系列、两百多种产品，产品销售区域覆盖国内30多个省市，并通过与大型公司国际业务的合作向全球用户提供产品和服务。公司拥有员工近500名，其中研发技术人员占据20%以上，技术人员的专业涉及环境工程、金属材料、机械设计、网络信息化、自动化控制、化学工程、自动化控制等领域，构成了完整的专业化、综合性、复合型、多层次的人才结构体系，为公司自主创新提供了人才保证。公司近年来始终坚持“产学研”合作研发为基础，“拿来主义”与渐进式改进为核心，大力推行技术、质量等方面的消化吸收再创新。D公司先后与多所高校与科研院所合作，成功研发或改进出“钢板开卷压筋生产线”、“除尘器袋笼生产线”、“水旋喷涂烘干生产线”、“制造业信息化管理系统”等行业领先技术，并且掌握“高温长袋脉冲袋式除尘技术”、“高效电解烟气净化技术”、“燃煤电厂电改袋技术”等核心技术。公司先后通过了ISO9001质量管理、ISO14001环境管理和OHSAS18001职业健康安全管理体系认证。

随着公司业务规模扩大，环保除尘设备系统的售后服务工作量日益加大，销售服务人员的服务成本占据公司销售费用的比重较大，紧急情况下客

① PPM是指百万分率的缺陷率，这种质量制已经在发达国家得到广泛应用，它是六西格玛管理中衡量缺陷的重要指标。由于PPM质量制的最终目标是将产品不良率降低到百万分之一，将有助于企业稳定产品质量与维持过程质量。

户一个电话要求销售服务人员立即购买飞机票前往服务，这导致公司整体的运营成本上升较快。为了降低销售服务成本，提高销售服务的准确率与服务的及时性，公司早在2006年开始尝试开发试用版网络运维监控软件，但由于设备故障及时发现率、故障判定准确率等指标不够理想而难以推广。公司于2010年集中精兵强将重新改进远程运行维护与诊断系统，打造了一支JH“污染治理运维服务与远程诊断管理系统”改进团队。团队拥有11名成员，包括技术、制造、信息、品管等方面的专业人士，团队主要工作是改装出可以商业化的“污染治理运维服务与远程诊断管理系统”。该技术主要是基于Internet的移动互联网及信息管理技术，通过设立在污染治理控制设备端的监控仪器，采集系统运行状态数据，并通过移动互联网传输到控制中心服务器，经过运行状态的数据分析为客户提供专业的运行维护指导与远程诊断。JH团队由于组建时间不长，团队成员因为专业背景不同，解决问题思路差别较大，而常常产生冲突，妥善处理冲突与争执的规章制度目前尚未出现，团队成员之间的沟通主要局限于工作，基本处于团队的启动与组织阶段。

7.3.4 数据分析与编码

质量改进团队跨界行为主要是指团队为了完成质量改进任务与目标，努力建立和管理与团队的外部联结(如跨越营销与制造团队)或跨越组织边界的外部联结(如外部顾客、供应商)。本书基于中国本土企业的扎根理论及其探索性因子分析与验证性因子分析发现，质量改进团队跨界行为包括三个维度:联络行为，主要指质量改进团队从外部相关方获取政治支持与资源配置优先权而进行的互动活动;管控行为，主要指质量改进团队为了解决质量问题，持续跟踪质量改进过程与构建/督促执行质量改进规范的外部活动;侦测行为，指质量改进过程中团队通过扫描外部环境与标杆对比，向外部相关方获取信息促进质量改进任务完成的活动。以下是各案例团队的跨界状况。

(1)HF管道纱质量改进团队

HF质量改进团队的跨界行为较其他公司团队多，因为该项目团队在公司总裁张总的支持下建立，他要求该项目组每个月直接向他汇报一次工作，并指示各个职能部门对该项目组给予财力、物力等资源的支持。项目组长李经理与公司主要部门领导之间保持密切关系，就客户对产品的质量需求及变更情况及时向主管领导沟通，尽量游说客户放弃不必要的设计与原料配方更改，减少项目组的工作压力与避免重复劳动。为了防止团队工作受到外部干扰，项目团队单独处于公司研发中心大楼，每月定期向直接领导汇报工作。同时，在面临新的决策时，李经理总是能够说服企业高层领导和外部客户相信更改决策的合理性，如在浸润剂配方（主要包括偶联剂、润滑剂、成膜剂和增塑剂四种成分组合）的改良过程中，他说服高层领导投资和批准项目试验，并在实验成功后说服客户相信项目组改良后的配方比国外进口的配方更优。项目组为了解决与企业内部其他团队或部门的协调工作，每个月专门召开项目组协调会议（有时与月度产品质量重点监管会合开）通报项目进展，并在项目进展的每个阶段邀请团队外部专家对试验方案进行质量评审。纳入制造部门的成员评审设计管道纱原材料与制造工程师的可获得性，以及评审产品的易制造性，并为产品生产过程中的重点、难点和弱点提供详细解决思路。因而，质量改进团队能够从项目评审中获得反馈、从制造部门获得支持信息及协调反馈等。在外部顾客信息获取方面，HF 管道纱团队利用公司主办的国际玻纤年会、电话、网络、第三方顾客满意度调查等方式与顾客进行产品质量和技术方面的交流，并获取有效的市场需求信息。针对供应商，召开供应商年度大会、展览会、拜访供应商、回顾年度绩效、表彰年度优秀供应商、颁发免检资质证书。此外，HF 团队建立了健全的市场信息数据库，专门指定一位团队成员负责收集与整理团队内外部资料，并将有效信息及时更新到公司研发管理信息库供团队成员参考。

(2)LX 电机转子改进团队

由于 YN70 电机的改进是 B 公司近两年技术战略的重点，公司领导和各层管理者倾注了大量心血。公司总经理助理亲自挂帅项目组长，解决团队的关系协调与资源需求等问题。项目组邀请公司领导参加项目组的首次会议，向项目组成员解释 YN70 电机改进项目的重要性、紧迫性以及对公司市场竞争和未来发展的战略意义；当团队成员提出一些有关转子改进的提议时，团队领导邀请相关方（如顾客、外部供应商、工程技术中心等）代表参与评审会议，确保改进方向的正确性。改进评审会议持续两周，运用失效模式影响分析（Failure Mode and Effects Analysis，FMEA）[①]详尽考虑流转箱、工装、作业规范、铁芯内孔、压力、液压机、润滑剂等方面的潜在失效模式与原因，并有针对性地采取质量控制措施。同时，公司邀请外部市场调查机构专门进行详细的市场调查，了解外部顾客期望与需求，并向客户及时解释产品设计与技术参数等问题。LX 电机转子团队经常邀请市场、质量、产品规划等部门同事商讨电机设计与制造中的问题，每月定期召开一次项目碰

---

① 失效模式影响分析是一种研究系统中每一个组成部分可能的失效模式，确定各个失效模式的后果或对系统可靠性的影响，并按其影响的严重程度进行分类的分析方法。

头会与协调会议，协调会议由总经理助理主持，相关职能部门负责人参与。团队通过市场调查、行业协会、反向工程（reverse engineering）[①]等方式收集竞争对手数据，并通过顾客走访、行业专家拜访等方式获取他们对电机产品修改的意见。项目组在改进转子过程中，邀请客户代表参与测试或委托客户单位参与试用，并反馈试用意见。

（3）FL 手机外观改进团队

由于手机表面质量投诉占据所有不良率的 68.7%，该问题成为公司研发与质量管理部门共同研究的难点。公司高层领导与客户对此事非常关注，如果不及时解决将会影响客户满意度和顾客保留。团队项目经理积极与外部人员交流沟通，帮助团队成员排除外部干扰和吸收团队成员的压力，让项目组成员积极投身于项目改进工作中。项目组积极协调公司所在长三角的两大生产基地，就改进研发设计与工艺流程进行磋商，通过产品质量先行策划（AQPQ）、设计开发评审等方法将顾客需求转化为对技术参数的要求，结合 DOE 等先进方法进行优化参数设计，并将技术参数转化为操作工艺要求与生产控制措施，最终传递至生产操作人员。为了了解最近一年客户反馈状况，质量改进团队向客户服务部搜集了 2007 年以来客户反馈问题的不良率年度统计表，另一方面从质量保证部获取 2007 年以来每周 Flip 生产线上的不良率报告。由于手机型号与款式存在差异，团队对企业外部竞争对手产品的关注主要依赖市场部门传递的信息以及逆向工程等方式获取，并在质量改进报告中设置"竞争性评估"一项，要求客服人员依据客户反馈情况判断公司相对竞争对手在满足客户需求上的表现打分，团队根据这一评分结果合理确定本公司产品的设计质量水平。在项目的最后阶段，当产品移交制造、销售等部门时，跨界活动变得更加频繁，质量改进团队需要召开多次会议培训制造人员和销售人员，确保制造、运输、销售等多个环节的质量可控性。

（4）JH 诊断系统改进团队

改进"污染治理运维服务与远程诊断管理系统"对公司而言可以获得长期收益，也是加快公司业务布局与提高财务收益的战略举措，该项目自立项以来受到老总的多次关注。公司与某环境科学院合作谋划系统改进工作，项目组成员积极强化与北京方面的联系，并及时申报省级环境保护技术方面的资助，加快研发进展与力度。公司初期准备从气体污染治理领域进行

① 反向工程是指通过技术手段对从公开渠道取得的产品进行拆卸、测绘、分析等而获得有关技术信息。

试验，积极与外部合作，整合公司内外部资源逐步发展污水、固废等污染治理领域的系统管理开发。由于公司要求项目组两年内完成系统的整体开发工作，但是由于缺乏无线系统集成的专业人员而进展缓慢，项目组积极与公司高层沟通配备相关人员。项目组成员通过与外部客户、服务机构等沟通，发现市场上竞争对手已经实现污染治理参数100%采集、设备运行状况数据采集率大于95%的水平，并且能够实现远程运行状态诊断、故障报警及运维咨询服务。项目团队在工作开展过程中，积极寻找外部专业人士以获得建议与支持。

研究从联络行为、管控行为和侦测行为三个维度对各个案例质量改进团队的跨界行为所处的水平进行描述性分析与归纳（见表7.4）。

表7.4　案例质量改进团队的跨界行为

团队	联络行为	管控行为	侦测行为
HF管道	团队联络行为维度较其他维度上的跨界活动明显，由于该项目是总裁钦点项目，项目组与公司高层领导、外部客户沟通频繁。	团队与其他职能部门人员沟通较为顺利，并且能够及时得到人力、物力与财力支持。项目组管控方式较为多样，有会议协调、非正式协调以及推行质量标准等。	项目组在积累竞争对手信息方面有着较好的做法，建立数据库加以共享，并且有专人负责信息收集与整理工作。
LX电机	LX电机转子改进成为公司工作的关注点，公司负责技术的总经理助理亲自挂帅项目组长。	LX电机团队经常邀请市场、质量、产品规划等部门商讨产品设计与制造过程中的问题，每月定期召开一次项目碰头会与协调会议，协调会议由总助主持。	团队通过市场调查、行业协会、反向工程等方式收集竞争对手数据，并通过顾客走访、行业专家拜访等方式获取LX电机转子的改进意见。
FL手机	公司高层领导与客户对此事非常关注，如果不加以及时解决将会影响客户满意度和顾客保留。	项目组积极与公司在长三角的两家生产基地进行协调，就改进研发设计与工艺流程进行磋商，通过推行QFD、DOE等先进方法优化参数设计。	由于团队关注的手机型号与款式存在差异，对企业外部的竞争对手产品的关注主要依赖市场部门传递信息以及逆向工程等方式。
JH诊断系统	诊断系统是加快公司业务布局与提高财务收益的战略举措，受到公司与客户的高度支持与赞同。	项目组积极与外部合作方协调项目进展与规划，获得省级资助，加快研发进展与提高投入力度。	项目组成员通过与外部客户、服务机构等沟通，了解市场上竞争对手的污染治理参数。

资料来源：本研究整理得出。

在对案例数据描述分析的基础上，本书针对各个案例质量改进团队跨界行为进行评判打分，并请被采访人员及专家提出审核与修正意见，用很差、一般、较高、高、很高五个等级衡量案例质量改进团队各个指标的水平，四个质量改进团队的数据分析结果如表 7.5 所示。

表 7.5　案例团队各个变量的汇总与编码

	变量	HF 管道纱	LX 电机	FL 手机	JH 诊断系统
质量改进团队跨界行为	联络行为	较高	高	较高	较高
	管控行为	较高	高	较高	一般
	侦测行为	较高	高	一般	高
团队所处阶段		变革与更新阶段	冲突与协作阶段	执行与完成阶段	启动与组织阶段

资料来源：本研究整理得出。

7.3.5　案例小结

本研究进一步考察了质量改进团队跨界行为的动态演进规律，分析了处于启动与组织、冲突与协作、变革与更新、执行与完成四个不同阶段的质量改进团队，它们的跨界行为均受到团队任务特征和团队生命周期活动特征的影响。四个探索性案例分析结果基本支持和验证了质量改进团队跨界行为的动态变化规律，但是团队跨界行为的个别维度变化可能还不够明显。就四个探索性案例团队的联络行为而言，处于启动与组织阶段的 JH 诊断系统团队的联络行为处于较高水平，处于冲突与协作阶段的 LX 电机转子团队联络行为处于高水平，然而处于变革与更新阶段和执行与完成阶段的 HF 管道纱团队和 FL 手机团队的联络行为有所增加。就四个探索性案例团队的管控行为而言，处于启动与组织阶段的 JH 诊断系统团队的管控行为处于一般水平，处于冲突与协作阶段的 LX 电机转子团队管控行为有所增加，处于变革与更新阶段和执行与完成阶段的 HF 管道纱团队和 FL 手机团队的管控行为进一步上升到较高水平。就四个探索性案例团队的侦测行为而言，处于启动与组织阶段和冲突与协作阶段的 JH 诊断系统团队和 LX 电机转子团队的侦测行为处于高水平，然而处于执行与完成阶段的 FL 手机团队的侦测行为有所减少。对质量改进团队跨界行为的动态演进规律研究，还需要通过进一步的文献与理论探讨，以及实证研究加以探索与验证。总结上述案例分析结果，本研究提出以下初始命题。

命题一:从质量改进团队发展的启动与组织阶段、冲突与协作阶段、变革与更新阶段到执行与完成阶段,联络行为依次经历了从高到低再升高的过程。

命题二:从质量改进团队发展的启动与组织阶段、冲突与协作阶段、变革与更新阶段到执行与完成阶段,管控行为依次经历了从低到高的过程。

命题三:从质量改进团队发展的启动与组织阶段、冲突与协作阶段、变革与更新阶段到执行与完成阶段,侦测行为依次经历了从高到低的过程。

7.4 子研究二:质量改进团队跨界行为演进规律的实证研究

7.4.1 质量改进团队跨界行为演进规律的理论假设

以往研究发现团队内部动态性随着团队组建与成熟而不断变化,团队间断时序(punctuated equilibrium)因素对团队内部过程有着重要影响(McGrath,1991;Joshi et al.,2009)。由于新形成的团队执行新任务的过程中没有秩序可遵循,领导通过命令方式界定团队在身份、任务、规范和目标方面的边界,从而减少不确定性(Ancona,1990)。在质量改进团队的启动与组织阶段,团队需要设定质量目标、澄清改进任务和战略、界定角色与建立质量规范,这些活动可能给团队带来较大压力(Levin,1992)。面临内部的混乱,一个新建的质量改进团队可能耗费大量资源才能完成内外部整合,在团队内外部强化质量导向与质量文化建设以减少质量改进任务完成的阻力。因此,在团队建立的早期,质量改进团队有必要通过开展外部跨界活动寻找在环境中的定位和准确识别客户需求(Gersick,1988;Ancona,1990)。但由于缺乏充足的人力、资金和信息等资源,质量改进团队需要有针对性地开展与特定高阶团队的跨界活动,以寻求资源支持和政治承诺。随着质量改进团队进入成熟阶段,内部沟通变得更有效,以任务导向为主,团队成员的专业技能(如元知识)更容易被其他人共享(Stasser et al.,1995;Choi,2002)。在质量改进团队执行阶段,团队成员关注解释与评价质量绩效(Marks et al.,2001),并为完成团队任务获取外部资源与支持。在团队发展的成熟阶段,联络活动可能需要相机选择,团队成员相信团队外部声誉,并利用这种声誉为团队获得更多资源。组织释意理论也指出团队以往的绩效和与绩效相关的声誉是团队联络活动的前因(Maitlis & Lawrence,2007)。因此,在质量改进团队执行阶段,团队和领导人可能更关注以往的绩效，主要是为了获得执行团队战略所需的资源。

在质量改进团队发展的不同阶段，管控行为的重点会发生变化。在质量改进团队的启动与组织阶段，团队主要聚焦于解决内部成员之间的协调问题，界定团队成员的角色与分工；随着团队进入冲突与协作阶段以后，质量改进团队工作聚焦于质量数据收集与质量问题分析，针对分析出的原因持续改进质量问题；在变革与更新阶段，质量改进团队理顺内外部协作的流程，强化对外部相关方工作的协调，通过质量培训、质量策划等活动提高外部相关方对质量改进任务的支持度；在团队任务执行与完成阶段，质量改进任务不同于其他任务之处在于规范构建，包括节点评审、流程规范与成果固化等活动，要求团队对质量改进流程与日常工作流程的标准化，将质量改进经验推广到相关部门(Powell，1995；Samson & Terziovski，1999)。因此，在质量改进任务后期，质量改进团队应该加以反思与总结，发现新的质量问题，按照PDCA循环持续改进质量问题，并加强对交付方的管控力度。

对团队外部环境信息的感知与解释不同，导致不同质量改进团队对环境需求的理解不同，从而影响团队后续的跨界活动(Choi，2002)。正因为对外部需求与依赖性有着不同的理解，长期建立的团队可能由于多种原因而无法有效开展跨界活动。运转较为成功的团队经常因为骄傲自满，而不能有效运用内外部资源(Katz & Allen，1982)。成熟团队可能很大程度上依赖惯例，即团队之前的成功实践，这会使得团队对外部关键信号缺乏敏感性，不能有效建立必要的新反应机制(Gersick & Hackman，1990)。假定质量改进团队在应对外部变化中屡次失败，那么惯例的出现对长期运行的团队而言是不正常的现象。绩效良好的团队通常容易陷入自我效能幻觉的集体心理困境，从而减少跨界活动。在面临持续变化的环境时，这些团队可能对外部刺激保持快速响应，并且致力于开发扫描环境的惯例和解释外部信息的模式。一段时间以后，团队在环境感知方面变得自信，逐渐依赖基于经验的直觉，而不是从外部知识源中搜集真实数据进行环境分析与推断。这种情况曾经在Katz和Allen(1982)的研究中出现，即稳定的内部结构减少了团队外部侦测活动，特别是与外部重要相关方(如客户、供应商等)的沟通和外部信息的获取。

基于以上分析，本书提出如下假设：

H5a：从质量改进团队发展的启动与组织阶段、冲突与协作阶段、变革与更新阶段、执行与完成阶段，联络行为依次经历了从高到低再升高的过程。

H5b：从质量改进团队发展的启动与组织阶段、冲突与协作阶段、变革与更新阶段、执行与完成阶段，管控行为依次经历了从低到高的过程。

H5c：从质量改进团队发展的启动与组织阶段、冲突与协作阶段、变革与更新阶段、执行与完成阶段，侦测行为依次经历了从高到低的过程。

7.4.2 研究方法

本部分采用SPSS 16.0对大样本调查的161个团队样本数据进行统计分析，主要采用聚类分析、描述性统计分析、因子分析和方差分析。

(1) 聚类分析

聚类分析是指将物理或抽象对象的集合分组成为由类似的对象组成的多个类的分析过程。聚类分析的基本思想根据对象间的相关程度进行类别的判定与聚合，在分析之前这些类别是无法看出的，并且事先我们不知道可以分为多少种类别(张文彤和董伟，2004)。由于团队发展处于一个连续的生命周期阶段，个人因主观差异或对团队发展阶段的不熟悉而可能做出模糊判断，不利于识别团队生命周期不同阶段团队跨界行为的动态演进机理。为了避免以往对团队调查问卷中让被调查者报告团队所处阶段的主观性，本研究根据质量改进团队发展阶段的特征将团队样本分类，将同类型的个体进行聚类，不同类型个体进行区分。

(2)描述性统计分析

本研究主要对团队发展阶段变量的平均值、标准差、最小值、方差等统计量进行分析，从而可以判断样本的基本特征，有关质量改进团队跨界行为的描述性统计参见第4～6章相关内容。

(3)因子分析

因子分析主要用来对变量的效度进行检验，有关因子分析参见第4章相关研究。

(4)方差分析

方差分析是检验多个样本均数间的差异是否具有统计上的显著性的方法。单因子方差分析(One Way ANOVA)主要考察变量的均值在统计上是否具有显著性，本章用以判断质量改进团队不同发展阶段跨界行为的演进规律。

7.4.3 聚类分析

基于Levin(1992)、罗宾斯(2008)等理论研究，本书根据团队生命周期特征将质量改进团队划分为启动与组织、冲突与协作、变革与更新、执行与完成等四个阶段，设置“团队成员冲突程度”、“团队规范形成情况”、“团队成员沟通顺畅性”、“团队凝聚力”、“团队解决问题的合力大小”等5个测量条款。借鉴Tuckman(1965)等研究，根据每个特征的成熟度采用四级量表衡量这些条款，聚类分析结果如表7.6所示。

表7.6　团队发展阶段聚类分析结果($N=161$)

	题项	成员冲突	规范形成	团队沟通	凝聚力	团队合力	样本数
启动与组织阶段	均值	1.52	1.56	1.69	2.11	1.96	34
	标准差	0.58	0.65	0.52	0.65	0.58	
冲突与协作阶段	均值	2.85	2.56	2.65	2.69	2.65	21
	标准差	0.66	0.78	0.65	0.63	0.52	
变革与更新阶段	均值	3.23	3.05	3.11	3.21	2.88	40
	标准差	0.69	0.55	0.52	0.72	0.77	
执行与完成阶段	均值	3.61	2.89	3.45	2.95	3.01	66
	标准差	0.74	0.57	0.66	0.81	0.80	

处于第一阶段的质量改进团队，成员冲突的均值为1.52，规范形成水平为1.56，团队沟通水平的均值为1.69，团队凝聚力为2.11，团队合力为1.96，大致处于团队启动与组织阶段。该阶段团队的基本特征是：团队成员因相互不熟悉而产生一定的冲突，团队成员的行为规范正在酝酿，团队成员的沟通内容以工作为主，团队凝聚力与团队合力处于较低水平。

处于第二阶段的质量改进团队，成员冲突的均值为2.85，规范水平的均值为2.56，团队沟通水平、团队凝聚力和团队合力处于2.60左右，大致处于团队冲突与协作阶段。该阶段团队的基本特征是：团队成员的冲突较为突出，团队为了维持日常运转而尝试建立行为规范，团队成员之间逐渐建立良好的人际关系，团队凝聚力与团队合力逐渐上升。

处于第三阶段的质量改进团队，成员冲突的均值为3.23，规范水平为3.05，团队沟通均值为3.11，团队凝聚力与团队合力分别为3.21和2.88，大致处于团队变革与更新阶段。该阶段团队的基本特征是：团队成员的冲突逐渐按照规范的方式加以处理，团队成员之间通过沟通建立起互信合作的友谊，团队形成了较好的凝聚力与团队合力。

处于第四阶段的质量改进团队，成员冲突的均值为3.61，规范水平为2.89，团队沟通均值为3.45，团队凝聚力为2.95，团队合力为3.01，大致处于执行与完成阶段。该阶段团队的基本特征是：团队成员欢迎建设性意见，团队运营按照成熟的规范加以沟通与处理，团队形成较好的凝聚力以及较大的解决问题的合力。

7.4.4 质量改进团队跨界行为演进规律的实证分析

质量改进团队跨界行为包括联络行为、管控行为和侦测行为三大类，表7.7给出了质量改进团队在不同发展阶段其跨界行为三个维度的描述性统计分析。

从表7.7可以看出，在质量改进团队的启动与组织阶段，联络行为的均值为4.94，冲突与协作阶段均值降为4.13，而后在变革与更新阶段和执行与完成阶段分别上升到4.86和5.28，说明随着质量改进团队的发展，联络行为呈现先降后升的趋势。在质量改进团队的启动与组织阶段，管控行为的均值为3.89，到冲突与协作阶段稍增加至4.03，到变革与更新阶段和执行与完成阶段大幅增加到4.56和5.02，说明管控行为随着质量改进团队的发展呈现上升趋势。在质量改进团队的启动与组织阶段，侦测行为的均值为6.21，冲突与协作阶段下降为5.87，变革与更新阶段和执行与完成阶段仍在继续下降，表明侦测行为随着质量改进团队成长呈现下降趋势。

表7.7 质量改进团队跨界行为结构演进的描述性统计分析($N=161$)

团队跨界行为维度结构	团队发展阶段	团队数量	最小值	最大值	均值	标准差
联络行为	启动与组织	34	2.00	7.00	4.94	0.89
	冲突与协作	21	1.00	7.00	4.13	0.67
	变革与更新	40	2.00	7.00	4.86	0.69
	执行与完成	66	3.00	7.00	5.28	0.44
管控行为	启动与组织	34	1.00	7.00	3.89	0.74
	冲突与协作	21	1.00	7.00	4.03	0.48
	变革与更新	40	2.00	7.00	4.56	0.58
	执行与完成	66	3.00	7.00	5.02	0.83
侦测行为	启动与组织	34	3.00	7.00	6.21	0.43
	冲突与协作	21	2.00	7.00	5.87	0.65
	变革与更新	40	2.00	7.00	5.24	0.64
	执行与完成	66	1.00	7.00	4.78	0.67

为了进一步验证联络行为、管控行为和侦测行为在质量改进团队各个发展阶段的变动是否具有统计显著性，本研究采用单因子方差分析（ANO-

VA)方法对不同阶段的质量改进团队跨界行为进行比较。首先进行方差齐性检验(Levene 检验),其结果见表 7.8。从表 7.8 中可以看出,联络行为、管控行为和侦测行为三个维度的显著性概率均大于 $p=0.05$,因此不能拒绝数据方差齐性的假定。

表 7.8　质量改进团队跨界行为维度结构演进的方差齐性检验结果($N=161$)

维度结构	Levene 检验	df1	df2	显著性(sig.)
联络行为	1.060	3	157	0.368
管控行为	2.455	3	157	0.086
侦测行为	0.893	3	157	0.446

然后,进行单因子方差分析(ANOVA),对联络行为、管控行为和侦测行为进行比较。由于 Levene 检测结果表明数据具有方差齐性,ANOVA 采用 LSD 方法进行两两 t 检验(马庆国,2002)。方差分析结果如表 7.9 所示,联络行为、管控行为和侦测行为三个维度在组间比较、组内比较中的显著性均小于 0.01,说明质量改进团队在启动与组织、冲突与协作、变革与更新、执行与完成四个阶段,其联络行为、管控行为和侦测行为均有显著的差异。

表 7.9　质量改进团队跨界行为维度结构演进的单因子方差分析($N=161$)

团队跨界行为	比较	离差平方和	自由度	均方	F 检验值	显著性
联络行为	组间比较	33.500	3	11.167	16.893	0.000
	组内比较	103.779	157	0.661		
	总体	137.279	160			
管控行为	组间比较	67.375	3	22.458	15.554	0.000
	组内比较	226.688	157	1.444		
	总体	294.063	160			
侦测行为	组间比较	41.438	3	13.813	14.331	0.000
	组内比较	151.320	157	0.964		
	总体	192.758	160			

为进一步比较质量改进团队成长的不同阶段跨界行为的演进规律,本研究进行 LSD 检验,结果如表 7.10 所示。从表中可以看出,质量改进团队从启动与组织、冲突与协作、变革与更新到执行与完成阶段,各阶段的联络行为、管控行为和侦测行为是显著变化的($p<0.05$)。

表 7.10 质量改进团队跨界行为维度结构演进的多组比较($N=161$)

跨界行为	判别方法	(I)阶段	(J)阶段	均值差(I－J)	显著性水平
联络行为	LSD	启动与组织	冲突与协作	0.81**	0.000
			变革与更新	0.08	0.699
			执行与完成	－0.34*	0.046
		冲突与协作	启动与组织	－0.81**	0.000
			变革与更新	－0.73**	0.000
			执行与完成	－1.15**	0.000
		变革与更新	启动与组织	－0.08	0.699
			冲突与协作	0.73**	0.000
			执行与完成	－0.42*	0.018
		执行与完成	启动与组织	0.34*	0.046
			冲突与协作	1.15**	0.000
			变革与更新	0.42*	0.018
管控行为	LSD	启动与组织	冲突与协作	－0.14	0.532
			变革与更新	－0.67**	0.001
			执行与完成	－1.13**	0.000
		冲突与协作	启动与组织	0.14	0.532
			变革与更新	－0.53**	0.009
			执行与完成	－0.99**	0.000
		变革与更新	启动与组织	0.67**	0.001
			冲突与协作	0.53**	0.009
			执行与完成	－0.46*	0.018
		执行与完成	启动与组织	1.13**	0.000
			冲突与协作	0.99**	0.000
			变革与更新	0.46*	0.018
侦测行为	LSD	启动与组织	冲突与协作	0.34*	0.046
			变革与更新	0.97**	0.000
			执行与完成	1.43**	0.000
		冲突与协作	启动与组织	－0.34*	0.046
			变革与更新	0.63**	0.001
			执行与完成	1.09*	0.000
		变革与更新	启动与组织	－0.97**	0.000
			冲突与协作	－0.63**	0.001
			执行与完成	0.46*	0.018
		执行与完成	启动与组织	－1.43**	0.000
			冲突与协作	－1.09**	0.000
			变革与更新	－0.46*	0.018

对联络行为，从质量改进团队启动与组织阶段到冲突与协作阶段，均值先减少（均值差为正），显著性水平为 0.00，然后到执行与完成阶段均值又逐渐增加，并达到显著水平（$p<0.05$），因此假设 *H*5*a* 成立。对管控行为，从质量改进团队启动与组织阶段到冲突与协作阶段、变革与更新阶段和执行与完成阶段，均值逐渐增加（均值差为负），在变革与更新阶段和执行与完成阶段的均值差达到显著水平（$p<0.05$），因此假设 *H*5*b* 成立。对侦测行为，从质量改进团队启动与组织阶段到冲突与协作阶段、变革与更新阶段和执行与完成阶段，均值逐渐减少（均值差为正），在冲突与协作阶段、变革与更新阶段与执行与完成阶段的均值减少值进行两两比较，均达到显著水平（$p<0.05$），因此假设 H5c 成立。

7.5 研究讨论与总结

7.5.1 本研究讨论与总结

质量改进团队跨界活动是团队从外部获取资源与知识的重要方式，以往研究认为此类活动具有较大的动态性（Gersick，1988；Choi，2002），在质量改进团队生命周期的不同阶段会有所改变。由于质量改进任务及团队自身的动态性，质量改进团队应根据自身发展阶段有规律地调整跨界活动的内容，这比随机调整外部活动能更有效地完成质量任务与改进目标。本研究旨在揭示质量改进团队跨界行为是如何演进的，随着质量改进项目的推进，各类跨界行为如何动态变化。为此，本部分采用两个子研究来探索这个问题，子研究一通过多案例描述，探索质量改进团队不同阶段跨界活动的表现水平及其变化规律；子研究二是通过大样本调查数据，检验质量改进团队跨界行为演进规律的假设。

子研究一采用多案例研究方法，对 HF 管道纱、LX 电机转子、FL 手机外观和 JH 诊断系统等四个质量改进团队的跨界行为进行了探索，考察这四个分别属于生命周期不同阶段的质量改进团队在联络行为、管控行为和侦测行为方面的表现，并通过四个案例的横向反复对比观察不同生命周期阶段跨界行为的演变规律。根据四个探索性案例分析结果，本研究提出以下初始假设命题：

命题一：从质量改进团队发展的启动与组织阶段、冲突与协作阶段、变革与更新阶段到执行与完成阶段，联络行为依次经历了从高到低再升高的过程。

命题二：从质量改进团队发展的启动与组织阶段、冲突与协作阶段、变革与更新阶段到执行与完成阶段，管控行为依次经历了从低到高的过程。

命题三：从质量改进团队发展的启动与组织阶段、冲突与协作阶段、变革与更新阶段到执行与完成阶段，侦测行为依次经历了从高到低的过程。

子研究二通过聚类分析方法将质量改进团队的发展阶段划分为启动与组织阶段、冲突与协作阶段、变革与更新阶段和执行与完成阶段，然后分别探讨了质量改进团队跨界行为各个子维度在这四个阶段的演变规律。通过对 161 个样本团队的单因子方差分析(ANOVA)和 LSD 多组比较检验，研究结果表明在质量改进团队发展的不同阶段，质量改进团队跨界行为各个子维度呈现显著的差异。具体而言，随着质量改进团队的发展，联络行为呈现先降低后升高的规律，管控行为逐渐增加，而侦测行为逐渐减弱。

图 7.1 描绘了在质量改进团队生命周期的各阶段，质量改进团队跨界行为的各个子维度的演进规律。

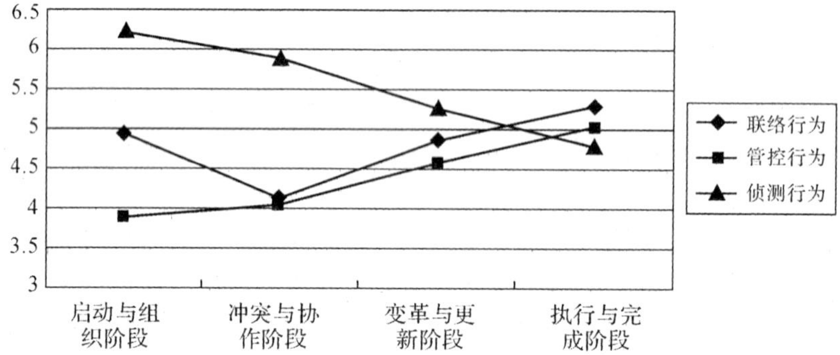

图 7.1　质量改进团队跨界行为在团队生命周期各阶段的演进规律

随着时间推移，质量改进团队跨界获取的资源、角色期望、外部互动等可能抵消质量改进团队开展跨界活动经历的绩效波动(Ancona，1990)，Ancona 和 Caldwell(1992a)实证研究发现团队跨界行为各个子维度受到团队内部过程的影响，至于这种影响差异是否由于团队不同阶段的特征导致而无法得知。但是，本书通过探索性案例研究与问卷调查分析，均证实了质量改进团队在生命周期不同阶段，其跨界行为呈现不同的演进规律。在质量改进团队的启动与组织阶段，需要通过联络行为整合内外部资源，以便于团队界定成员的角色与分工(Gersick，1988；Marks，Mathieu & Zaccaro，2001)，但是随着团队进入稳定期后因角色分工的规范化与资源配置到位联络行为将会减少(Choi et al.，2010)。随着质量改进团队发展，管控行为被逐渐用来理顺内外部协作流程，强化对外部相关方对质量改进任务的支持度。并且，在团队任务执行与完成阶段，管控行为聚焦于规范构建活动（包括节点评审、流程规范与成果固化），通过将质量改进流程与日常工作成果的标准化，将质量改进经验推广到相关部门（Powell，1995）。对侦测行为而言，在质量改进团队启动与组织阶段，通过侦测行为寻找在外部环境中的定位与准确识别客户需求，但是进入成熟阶段（如执行与完成阶段）之后更多依赖团队之前积累的实践经验从而减少了团队外部侦测活动（Gersick & Hackman，1990）。

本章综合 Tuckman（1965）等人的团队生命周期理论，基于 Levin（1992）等人提出的质量改进团队周期理论，利用聚类分析方法客观识别处于启动与组织、冲突与协作、变革与更新和执行与完成等四个阶段的团队数量，从而避免由问卷填写人主观判断质量改进团队生命周期阶段的偏差。通过单因子方差分析（ANOVA）和 LSD 多组比较检验，结果证实质量改进团队跨界行为中的三个子维度随着生命周期阶段演进的假设。

7.5.2 本研究的局限性

本研究的局限之一是采用横截面（cross-sectional）数据与案例资料来探索与检验演进假设。考查质量改进团队跨界行为随时间推移的变化以及它与绩效的关系，如果采用纵向（longitudinal）数据来研究，可能可以更科学地描绘质量改进团队跨界活动的演进规律，得出的结论更有说服力；特别在团队跨界行为的演进子研究中，从横截面数据推测质量改进团队跨界行为的演进规律具有较大的风险，后续研究需要进一步运用纵向数据来检验本研究结论的稳健性。

8 总结与展望

8.1 主要研究结论

结论一:质量改进团队跨界行为是一个多维构念,包含联络行为、管控行为和侦测行为,且这些维度具有独自变动性。

质量改进团队跨界行为是团队为了完成质量任务,而与外部关键相关方建立互动关系的过程。虽然在欧美国家已有一些关于团队跨界行为的研究,但尚未针对特定团队的细化研究与探索,也缺乏在中国情景下的实证研究佐证。本书结合质量改进团队的任务特征与我国质量管理实践背景,基于19个制造企业访谈资料的扎根理论分析与相关文献研究,深入发掘了质量改进团队跨界行为的内在维度结构,拓展了对团队跨界行为这一概念的认识。该构念刻画了质量改进团队通过联络行为从外部获取完成任务所必需的政治支持与各类资源(如人员、资金、设备等),这种政治与资源保障为团队跨界开展质量改进活动与跟踪执行质量规范提供了便捷条件,同时在开展外部跨界活动中分配部分资源用于扫描外部环境与监测竞争对手动态,促进企业致力于以顾客需求为导向的质量改进团队活动,最终提升质量绩效。我们通过扎根研究发掘了质量改进团队跨界行为的内在结构,该构念一方面揭示质量改进团队重视与外部相关方的互动以获取外部信息,另一方面也发现质量改进规范(或程序)在跨团队或跨部门工作流中的协调作用,这也是质量改进团队跨界行为与一般团队跨界行为的区别所在。因此,对质量改进团队跨界行为的研究,既是对以往一般团队跨界行为研究的继承,又在质量改进团队情境下深化了团队跨界研究。

借鉴扎根分析结论与相关测量量表开发了质量改进团队跨界行为的测量工具,通过探索性因子分析(EFA)萃取了质量改进团队跨界行为的三因子结构维度,验证性因子分析(CFA)结果表明质量改进团队跨界行为三维度构思表现出较好的信度与效度。即在中国情景下,质量改进团队跨界行为呈现出一阶三因子的维度结构，由“联络行为”、“管控行为”和“侦测行为”三个子维度构成。通过这一构念探索与维度验证的过程，本研究清晰地界定了质量改进团队跨界行为的核心内涵，而这也是量表开发过程中最为基础的环节。同时，三个子维度之间的协方差系数分析结果也表明，质量改进团队跨界行为的三个维度具有独立的变动性。这说明质量改进团队跨界行为的三个维度水平并不是越高越好，它们之间存在某些平衡关系，需要根据具体情景合理开展质量改进团队的各类跨界活动，这有助于推动团队跨界构念与测量的深入发展。

结论二：质量改进团队跨界行为受到任务特征驱动，并且通过团队效能感对质量绩效产生间接影响。

本书立足于质量改进任务情境，我们主要考察了质量改进团队跨界行为的两种机制：(1)质量改进团队跨界行为是否受到任务因素的驱动，其开展跨界活动的动因是什么；(2)质量改进团队对质量绩效的作用路径是如何传导的。在前一个研究中，基于资源交换理论主要探讨了任务互依性、任务复杂性和任务时间压力这三个特征对质量改进团队跨界行为各个维度的影响，结果发现除了任务互依性与侦测行为、任务时间压力与管控行为这两个假设不显著外，任务特征因素与质量改进团队跨界行为各个维度存在正相关关系。

在后一个研究中，首先考察了联络行为、管控行为和侦测行为与质量绩效的关系，结果证实质量改进团队跨界行为的三个子维度均对质量绩效产生正向影响。同时，本书运用结构方程路径分析发现，团队效能感在联络行为和管控行为与质量绩效间关系中起着部分中介作用。以往研究更多关注团队成员心理状态(如心理安全、心理授权)对团队外部跨界活动的影响，而较少关注团队参与外部跨界活动对团队成员心理状态的影响，以及这种中介心理状态对绩效的影响。本书发现质量改进团队参与外部跨界活动，获得外部政治支持与资源支持，管控相关方的任务流程与监督执行外协工作的质量标准，从而提高了团队完成质量改进任务的信心与操控能力。因此，对质量管理实践而言，可以通过有效引导与激发质量改进团队层面的跨界活动，提高团队成员完成质量改进任务的集体效能感，进而促进质量绩效。

结论三：团队内部社会资本和外部社会资本及其平衡性对质量改进团队跨界行为与绩效的关系存在不同程度的调节作用。

质量改进团队嵌入在团队内外部社会情境中，这种嵌入特征可以为团队获取资源和支持，进而影响团队与外部环境之间的互动。本书采用多元层级回归方法，检验了团队社会资本所形成的非正式影响力以及团队内、外部社会资本的平衡性对质量改进团队跨界行为各个维度与绩效关系的影响。研究结果表明，团队内部社会资本正向调节管控行为与质量绩效间的关系，负向调节侦测行为对质量绩效的作用，但对联络行为与质量绩效关系的影响并不显著；团队外部社会资本能够增强联络行为与侦测行为对质量绩效的作用，但对管控行为与质量绩效关系的影响不显著；团队内、外部社会资本的平衡正向调节侦测行为与质量绩效之间的关系，但对联络行为和管控行为与绩效关系的影响并不显著。

由于团队成员的时间与精力有限，质量改进团队成员在构建与维持内、外部社会关系方面存在一定的权衡。本书研究结果显示，团队内部社会资本与外部社会资本的平衡对侦测行为与质量绩效的关系有显著调节影响，但是对联络行为和管控行为的调节作用并不显著。这说明质量改进团队内、外部社会资本之间均衡性，并不直接影响质量改进团队说服相关方接受团队决策、向外部高管团队获取质量改进必备的资源、保护团队等方面的行为。质量改进团队协调外部平行团队遵循质量规范、监控改进过程与固化质量改进成果的过程，并不直接受到团队内、外部社会资本平衡的影响。这或许是因为质量改进团队广泛嵌入内外部网络，可能嵌入特定类型的阻碍网络（如竞争关系团队），从而干扰社会资本正向作用的发挥。然而，质量改进团队通过优化团队内、外部社会资本的配置，可以有效治理团队与外部相关方合作的行为，广泛搜集团队内外部市场与技术知识。因此，质量改进团队应该立足于平衡内、外部社会资本视角，构建合适的内部与外部社会网络，最大化社会资本收益，从而提升质量改进团队跨界活动所带来的收益。

结论四：在团队生命周期的不同阶段，质量改进团队跨界行为呈现不同的演进特征。

本书结合质量改进团队发展的阶段特征，采用多案例研究方法，分别考察了四个处于生命周期不同阶段的质量改进团队在联络行为、管控行为和侦测行为方面的表现，并通过案例的横向对比观察不同生命周期阶段跨界行为的演进规律，而后通过大样本数据做进一步检验。本研究发现，从质量改进团队的启动与组织阶段、冲突与协作阶段、变革与更新阶段到执行与完成阶段，联络行为经历了一个从高到低再升高的过程；管控行为依次经历了从低到高的过程；侦测行为依次经历了从高到低的过程。即在质量改进团队的启动与组织阶段，由于资源、支持与信息的短缺，团队对高管团队和外部关键相关方的依赖度较大，需要主动通过联络行为获取外部资源和政策支持，并从外部搜寻项目相关的信息与知识。在质量改进团队发展的冲突与协作阶段、变革与更新阶段，由于团队已经形成执行质量改进任务的惯例与规范，聚焦团队内部的任务目标，因而维持相对较低水平的联络行为和中等水平的管控行为和侦测行为。在质量改进团队的执行与完成阶段，由于接近质量改进项目评审阶段，质量改进团队主动向高层领导沟通与反馈项目绩效，并且为了在规定期限内完成任务而加大与横向关联团队（或职能部门）的监管频率和力度，确保相关流程严格遵循操作规范与质量管控要求。

8.2 本书的理论贡献

目前团队跨界已成为组织生态学和团队建设研究的一个重要领域，逐渐受到理论界和实践界的重视（Stewart，2010）。尽管创新学者一直关注团队个体在跨界活动中的角色（如联络人），但却难以从个体层面揭示出团队整体层面上跨界活动的全貌（Choi，2002）。早期有关质量改进团队和团队跨界的研究成果，基本认为质量改进团队和团队跨界研究是两个独立的领域，或只存在部分的重叠。随着对质量改进团队和团队跨界研究的深化，学者们意识到质量改进团队不仅是跨界的一种组织形式，跨界也不只是质量改进团队运转过程中的阶段性战略，而是贯穿于质量改进团队生命周期的重要内容。近年来，不少研究从实践和理论上提出质量改进团队研究与团队跨界研究相结合的必要性与可行性。因此，本研究围绕“质量改进团队如何开展跨界”这一基本问题，综合考虑资源依赖、管理释意、全面质量管理、社会资本等理论，循着“任务特征—质量改进团队跨界行为—质量绩效”的研究思路，推动了质量改进团队与团队跨界行为的交叉研究发展，进一步明确了相关研究结论的适用性。

（1）探索与验证质量改进团队跨界行为的构念维度

通过前文的分析可知，国内外现有研究对团队跨界行为的维度及其测量存在着较大差异，这种差异虽在一定程度上推动团队跨界行为的理论发展和实践创新，但它们都受到自身研究情景的约束。团队跨界行为具有情境依赖性，可能因不同的国家、行业、企业和团队而异。徐淑英等（2008）指出，情境化在管理研究中越来越重要，它是进行本土研究的关键要素。本书结合全面质量管理理论、资源交换理论等，采用扎根理论方法发掘了质量改进团队跨界行为的概念内涵与维度结构，这拓展了团队跨界行为的构念研究。并且，借鉴 Ancona 和 Caldwell（1992a，1992b）、Faraj 和 Yan（2009）、Marrone（2010）等学者的研究成果，并参照 Churchill（1979）的量表开发程序，运用探索性因子分析（EFA）与验证性因子分析（CFA），开发适合本土情景下测量质量改进团队跨界行为的测量量表，并检验了量表的信度和效度，其意义表现在：

第一，探索并检验了质量改进团队跨界行为的维度性。质量改进团队跨界行为究竟是一个单维构念(unidimensional)，抑或是多维构念(multidimensional)？对这一问题的解答，不仅影响企业对团队跨界行为的准确把握，也关系到其对质量绩效甚至组织绩效的作用方式。以往对团队跨界行为维度结构的研究存在一定误区，倾向从单维性角度探索跨界行为与绩效之间的关系，其结果是忽视了各个维度对绩效的独特作用(Ployhart & Moliterno,2011)。国外学者对团队跨界行为是单维性构念还是多维性构念尚未达成一致，本书通过扎根理论分析、探索性因子分析和验证性因子分析发现，质量改进团队跨界行为是一个多维构念，主要包含联络行为、管控行为和侦测行为三个维度，这进一步明晰与丰富了质量改进团队跨界行为的构念内涵与情境特征。

第二，探究了质量改进团队跨界行为三个子维度间的共变性(covary)。本书的研究结论表明，质量改进团队跨界行为的每个子维度间虽存在一定的相关性，但这些维度也具备相对的独立性，而且对质量绩效所产生差异化的影响，进一步验证了 Ancona 和 Caldwell(1992a)提出的团队跨界行为是一个多维构念的观点，完善了该构念的内涵及测量。

第三，开发了质量改进团队跨界行为的测量量表，并验证了质量改进团队跨界行为的构念维度。Ancona 和 Caldwell(1992a)、Faraj 和 Yan(2009)等研究对团队跨界行为维度的验证以及测量主要产生、应用于欧美地区，并且没有区分不同团队的情境特征，因而需要在其他国家和地区以及其他团队情境中检验普适性。Tsui(2006)提倡针对特定情景(或对情景敏感的取向)创建对本地实用的构念、方法与理论。以往针对新产品开发团队的跨界行为维度开发研究表明，团队跨界行为包括大使活动、任务协调、侦察活动等维度(Ancona & Caldwell,1992a,1992b)，但是资源获取在大使活动与任务协调两个维度上存在重叠，侦察活动不仅停留于对外部建议的获取，更多需要关注竞争对手与标杆信息。本书研究发现质量改进团队跨界行为的联络行为重在获取政治支援与资源支持，跨团队的质量及规范的管控行为是质量改进团队跨界行为的特殊情景，侦测行为包含环境扫描与标杆跟踪对比等内容。因此，本书研究以本土质量改进团队为对象，采用探索性因子分析与验证性因子分析，检验了扎根理论分析获取的质量改进团队跨界行为的维度结构及其测量量表，推动了团队跨界行为应用情景的研究，这进一步补充和完善了团队跨界理论。

(2)考察质量改进团队跨界行为的任务前因与作用机制

虽然以往研究关注团队跨界行为的个体层面(Katz & Kahn,1978;Marrone et al.,2007)、团队成员特征与团队构成(Edmondson,1999;等)、团队领导特征(Druskat & Wheeler,2003)等方面的原因,但是并未很好地解释团队跨界的真正动因(Amedore & Knoff,1993;薛会娟,2010)。质量改进任务特征如何影响团队跨界,外部跨界视角对团队借助与外部环境的关系执行复杂与紧急任务提供了指导(Edmondson,1999)。并且,以往研究对团队跨界行为影响绩效的实证结果难以达成一致,探究原因,有学者认为主要是忽视了团队任务特征对团队跨界行为的影响(Marrone,2010),且未详尽考虑团队跨界行为的维度划分与内在作用机制(Choi,2002)。因此,本书基于资源依赖、管理释意等理论,梳理质量改进团队跨界的前因与作用机制,其意义表现在:

第一,探索并验证了质量改进团队跨界行为的任务特征前因。虽然质量改进团队跨界的动因可能来自个体、团队、网络等多个层面,如有学者从团队外部沟通、团队外部关系、团队外部谏言等角度探讨团队跨界行为,但是这些外部行为既不能概括团队跨界行为的全貌,也没有揭示团队跨界行为的真正前因。本书研究基于资源依赖理论揭示了质量改进任务特征如何驱动团队跨界行为,验证了质量改进任务的互依性、复杂性和时间压力对质量改进团队跨界行为的影响机制。这进一步拓展了Choi、Joshi等学者对团队跨界前因与任务特征因素的研究,弥补了以往关注任务特征调节作用而忽视其触发作用的缺口,一定程度上回答了"团队为何跨界"这一问题。

第二,揭示了质量改进团队跨界行为对绩效的中介作用机制。虽然以往研究认识到团队跨界行为对绩效影响的实证结果莫衷一是,研究结论有正向(Ancona & Caldwell,1992a;Marrone et al.,2007)、负向(Keller,2001;Johlke & Duhan,2001;Hirst & Mann,2004)和调节关系(Faraj & Yan,2009;Joshi et al.,2009)等多种。基于管理释意理论可知,团队是否跨界取决于团队成员集体对领导所阐释的任务情境的理解与认同程度,这种认同度最终会影响团队成员的自我效能感。即团队参与外部跨界活动对团队成员群体心理特征产生较大影响,这种心理特征又会影响团队完成任务的绩效。本书实证表明,联络行为、管控行为和侦测行为既对质量绩效产生直接作用,又通过团队效能感间接影响质量改进团队的绩效。质量改进团队参与外部跨界活动,获得外部政治与资源支持,并监管相关方的任务流程和质量规范,从而提高了团队完成质量改进任务的信心与能力。因此,本书基于群体心理特征揭示了质量改进团队跨界行为对绩效的作用机制,有助于推进团队跨界行为作用机制的相关研究。

(3)基于团队社会资本视角探讨质量改进团队跨界行为与质量绩效关系的调节作用机制

质量改进团队由于未被赋予对外部跨界相关方发号施令的正式权力，它更多依赖团队非正式影响力(如团队内部和团队外部社会资本)获取外部支持以完成任务(Sousa & Voss,2008;李钊等,2008)。由于质量改进团队成员大多来自跨职能部门,如何通过团队内部社会资本整合成员的知识与技能,以及利用团队外部社会资本搜索与获取组织内(或跨组织)的资源和知识(Reagans & Zuckerman,2001;Argote et al. ,2003),成为团队能否顺利完成质量改进项目的关键所在。资源的交换与依赖关系暗示质量改进团队跨界活动嵌入在与之相关的内外部联系中,并通过这种网络联结获取项目相关的知识、资源和支持(Nahapiet & Ghoshal,1998;Aldrich,1999)。因此,本书基于社会资本理论(涵括内部“联结观”与外部“桥结观”),深入探讨团队社会资本及其平衡性对质量改进团队跨界行为与绩效关系的调节作用,其意义表现在:

第一,基于团队社会资本理论将质量改进团队研究与团队跨界研究结合起来,并综合考虑团队内、外部社会资本及其平衡性,丰富了现有团队社会资本理论和质量改进团队理论。以往关于跨界活动调节作用机制的研究,较多关注外部环境、内部资源等特征的影响,但是Choi、Marrone等学者强调质量改进团队跨界活动嵌入在团队内部与外部的社会情境中。质量改进团队开展工作面临跨界协调任务的挑战,由于缺乏正式的职位权力与高层领导的承诺,因此利用团队非正式关系影响外部关键相关方的跨界活动成为首选举措(Marrone,2010)。虽然社会资本概念具有“概念伞”的性质难于操作化(柯江林等,2007),本研究将社会资本在团队层面和任务情境中具体化,并试图从内、外部视角探索团队社会资本构念。在梳理以往文献的基础上,进一步探索质量改进团队内、外部社会资本及其平衡性对团队跨界行为各个子维度的影响,丰富并深化了现有团队社会资本与质量改进团队的相关理论。

第二,本书深入解析了团队内、外部社会资本及其平衡性对质量改进团队跨界行为与绩效关系的影响,这不仅明确了团队社会资本理论的内涵,同时也深化了对质量改进团队跨界现象与作用机制的认识。结合Adler和Kwon(2002)、Oh等(2006)、Marrone(2010)等研究,本书将团队内、外部社会资本及其平衡性纳入质量改进团队跨界行为对绩效的影响模型,构建权变视角下质量改进团队跨界行为对绩效的影响机制模型。本书探索并验证了团队社会资本及其平衡性对质量改进团队跨界行为与绩效关系的调节作用，这一研究将深化对质量改进团队跨界行为作用情境的理解。基于团队内、外部社会资本视角，进一步强调了团队开放系统与社会嵌入特征对质量改进团队跨界活动的影响，更好地解释不同质量改进团队跨界策略与绩效差异的内在原因，有利于揭示跨界行为对绩效作用的边界条件。

(4)基于团队生命周期理论探讨了质量改进团队跨界行为的演进规律

随着质量改进团队成立时间的推移，跨界获取的资源、角色期望、外部互动等可能抵消质量改进团队开展跨界活动经历的绩效波动(Ancona，1990)。Ancona 和 Caldwell(1992a)实证研究发现，团队跨界行为各个子维度对团队内部过程存在不同的影响，至于这种影响差异是否由于团队不同阶段的特征导致却无法得知。本书结合 Levin 等人提出的质量改进团队成长阶段模型，通过多案例研究方法探索质量改进团队跨界行为的演进规律，并以实证数据验证了这种演进规律，这一定程度上推进了团队跨界行为的演进机制研究，为企业动态管理质量改进团队的跨界行为提供了理论支持。

8.3 本书的研究模型总结

在对上述实证研究的概括与提炼基础上，我们对本书研究的总模型进行总结。

为了应对时间压力、知识短缺和资源匮乏(Edmondson，2002；Bresman，2010)，质量改进团队通过开展跨界活动搜寻外部资源和知识以弥补自身资源与知识的不足，最终促进企业提供质量稳定的产品以满足市场需求。尽管以 Ancona、Caldwell、Joshi 等为代表的学者将团队跨界问题推到学术研究的前沿，但团队跨界活动的构念及其前因与影响机制尚不清晰。在此背景下，我们锁定本书研究的核心内容为质量改进团队跨界行为，结合相关研究文献提出“任务特征—质量改进团队跨界行为—质量绩效”研究框架，旨在解决以下五个问题：一是揭示质量改进团队跨界行为的内在结构维度，并与中国本土企业的实际和质量改进团队的任务情境相结合，挖掘质量改进团队跨界行为的内涵特征；二是在此基础上，开发质量改进团队跨界行为的测量工具，并检验其信度与效度；三是探讨质量改进团队跨界行为的外在作用机制，其中包括驱动质量改进团队跨界的触发因素，以及质量改进团队跨界行为各个维度对质量绩效的作用机制；四是基于团队社会资本视角探讨团队跨界行为对绩效的调节作用机制，验证团队社会嵌入特征的调节作用；五是基于动态视角探索质量改进团队跨界行为在团队生命周期不同阶段的演进规律。其中,第一个问题与第二个问题可以合并为一个问题即质量改进团队跨界行为的构思开发;第三个问题与第四个问题有着密切关联性,共同回答了质量改进团队跨界行为影响团队质量绩效的作用机理;第五个问题在上述四个问题基础上,进一步将质量改进团队跨界行为研究推向动态视角。最后,我们将本书研究的总体模型概括为如图 8.1 所示,并将其命名为质量改进团队跨界行为及其作用机制模型。

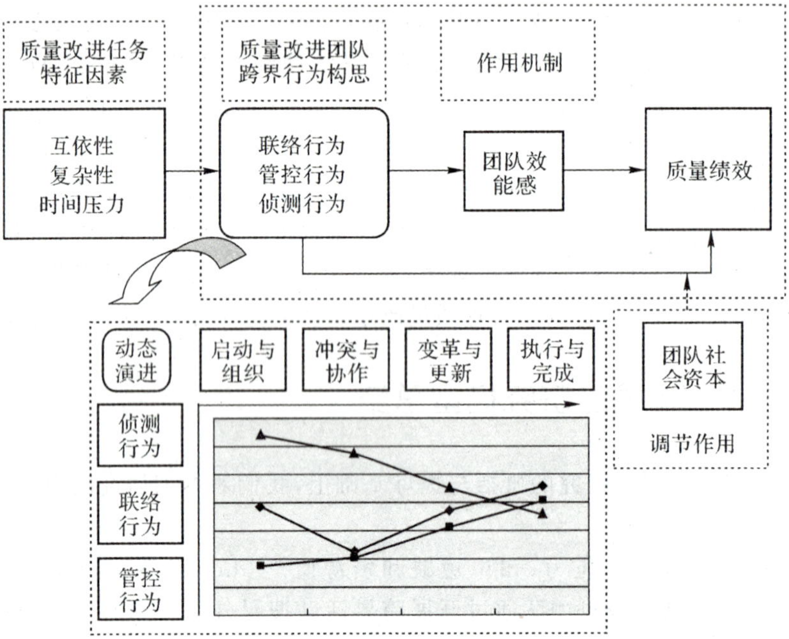

图 8.1　质量改进团队跨界行为及其作用机制模型

总体模型所要表达的内容主要涵括:首先,本书研究揭示,质量改进团队的概念构思包含三个维度:联络行为、管控行为和侦测行为,这些维度既描绘了团队跨界活动的共性特征,同时又体现了质量改进团队跨界的情境特征与本土企业质量管理实践的特征。其次,质量改进团队跨界行为的任务特征前因和作用机制研究揭示了跨界的整个过程。任务特征驱动质量改进团队参与外部跨界活动,而质量改进团队参与这些跨界活动将会对团队成员集体完成任务相关的操控能力与信念(即团队效能感)产生积极影响,最终影响质量绩效。再次,质量改进团队跨界行为与绩效关系受到多种权变因素影响,但是团队内、外部社会资本及其平衡性很好地解释了质量改进团队跨界的调节作用机制。最后,质量改进团队跨界行为是根据团队生命周期特征而不断演进的,本研究结合探索性案例与实证研究发现在质量改进团队的启动与组织、冲突与协作、变革与更新、执行与完成四个阶段，联络行为、管控行为和侦测行为呈现出不同的演进规律。

8.4 本书的现实意义

本书研究在全面质量管理的大背景下，从理论上研究质量改进团队跨界行为的内在作用机制与实践规律，不仅有利于质量改进团队自身的管理与内部提升，而且为落实全面质量管理实践与培育企业质量竞争力提供了指导。在供应链质量管理潮流下，质量改进团队跨界活动日益频繁，企业如何管理质量改进团队(或团队成员)的跨界活动将会直接影响质量绩效。尽管还存在一些局限，但是本书研究为我国制造企业提供了以下启示：

第一，企业应该高度重视质量改进团队的跨界活动，并根据具体任务特征适当配置不同的跨界策略。通过对我国本土企业质量改进团队的实证分析发现，质量改进团队成员必须与组织中其他职能团队互动才能有效地完成任务，质量改进团队跨界活动直接和间接影响质量绩效，并且这种影响在企业规模、行业类型、团队规模和团队成立时间不同的质量改进团队具有普遍性。本书还发现质量改进团队跨界行为的三个维度之间存在一定的独立变动特征，这表明本土企业中的质量改进团队跨界行为的三个维度水平并非越高越好，实践中需要根据具体任务的复杂性、完成任务对外部的依赖性和时间压力，确定恰当的跨界内容与跨界水平。因此，企业必须鼓励质量改进团队参与跨界活动，并为跨界活动提供必要的政策支持与资源保障。

第二，企业高层领导应该平衡地利用社会资本，采取有效措施促进现有质量改进团队之间的相互交流与沟通，并且创造条件鼓励团队向外搜寻知识(如市场知识、产品知识、工艺知识等)，促进这些知识在企业内部各个质量改进团队之间及时转移与共享。质量改进团队是典型自主型团队，传统的命令监督式管理模式对质量改进团队成员的跨界行为不再奏效，这就要求管理者思考构建与团队成员的信任关系、强化与团队成员之间联系以形成团队主动跨界的氛围。高层领导作为企业持续改进的“引导者”，需要通过营造质量文化、设定质量目标、配置专用性资源等方式促进质量团队跨界，并在组织内部形成一种重视质量改进与主动参与改进的质量氛围和质量共识，以消除质量改进团队外部跨界的有形和无形壁垒。从本书可知，综合考虑团队内部社会资本与外部社会资本旨在重视两者之间的互补性，若不发挥这种协同作用将抑制团队社会资本的功效。

第三，本研究通过探索质量改进团队跨界行为在团队发展不同阶段的演进规律，为企业动态管理质量改进团队跨界行为提供了参考。质量改进团队跨界活动是团队从外部获取资源与知识的重要方式，此类活动具有较大的动态性，在质量改进团队生命周期的不同阶段会有所改变。由于质量改进任务及团队自身的阶段性变化，若不根据质量改进团队的发展阶段合理地调整跨界活动水平，将难以有效地执行各阶段的质量改进任务。

除了对企业有重要启示外，本研究对质量改进团队如何有效管理跨界行为也有指导意义。本书界定了质量改进团队的三类跨界行为，根据每类跨界行为对象及其目标的差异提出管理策略，希望能给质量管理实践提供启示。

第一，质量改进团队需要挑选专业技能互补和关键跨职能部门的团队成员，建立完善的团队成员沟通机制，不断提高团队成员对质量改进项目的共同认知。质量改进团队成员不仅在工作角色和能力范围内参与跨界活动，而且还通过社会网络综合采取以下措施服务跨界活动：如优化团队结构、建立团队与跨职能部门的桥联结关系、构建相对开放的团队成员进入机制等（石冠峰和林志扬，2010）。通过这些措施的共同作用，建立一种保护团队免受环境不确定性影响的"隔离机制"，主动争取高层领导对质量改进项目的承诺与支持，确保质量改进项目配套资源充裕。质量改进团队内部应该保持一定的凝聚力，并与外部相关方建立较强的联结；充分发挥内部社会资本在促进团队知识与资源交换方面的作用，同时又不忽视外部社会资本在搜索与获取外部支持与资源方面的重要影响。

第二，质量改进团队需要及时调整团队社会心理边界，以处理其与环境之间的相互作用和影响，建立与企业外部关键相关方（如供应商、客户、合作伙伴等）的交流平台，强化企业外部相关方对团队整体目标的认同。在供应链质量改进模式下，特别对于跨企业边界的质量改进项目（如供应商质量控制），外部关键相关方在改进市场质量绩效（如使用质量与顾客满意）方面发挥重要的作用。质量改进团队应主动利用与外部相关方的"松散联结"（如技术、信息等联系）获得建议与支持，积极搜索企业外部环境中的市场信息和技术知识，甚至还可以通过外部相关方获取竞争对手的信息。

第三，质量改进团队主管应正确鉴定与甄别团队关系网络，关注团队内部过程与外部过程之间的平衡，以避免团队"锁定"（lock-in）在特定相关方的封闭网络中。质量改进团队应主动开发接触外部知识的跨界联系渠道，汇集外部相关方的智慧改进团队内部创意与解决方案的质量，促进团队利用内外部相似项目的知识来提高绩效。质量改进团队内部过程（如凝聚力）影响质量绩效，而外部网络视角发现凝聚力也影响团队外部主动性，但是两者共同竞争质量改进团队有限的资源。因此,质量改进团队应根据外部相关方的差异性采用不同的方式建立与维持关系网络,降低构建外部跨界关系网络的成本。

8.5 研究局限与未来研究展望

目前,有关团队跨界行为的研究尚处于起步阶段,还有很多重要的理论及实践问题有待深入探讨。本书是对质量改进团队跨界行为及其作用机制的探索性研究,虽获得了一些较有意义的理论成果,但仍存在一定的局限性,后续研究需要进一步完善。

首先,本书的局限之一是采用横截面(cross-sectional)数据来检验假设。考查团队跨界行为随时间推移的变化以及它与绩效的关系,如果采用纵向(longitudinal)数据来研究,结论会更有说服力;特别在团队跨界行为的动态演进子研究中,从横截面数据推测质量改进团队跨界行为的演进规律具有较大的风险,后续研究需要进一步运用纵向数据来检验本研究结论的稳健性。

其次,尽管本书研究花费了大量的时间和精力做问卷调查,所获得的有效问卷数量也基本满足样本量的要求,但样本抽样的随机性存在一定的瑕疵;尽管样本企业涉及较多行业、规模与地域,而个别行业或地域的样本数量比较有限,这可能在一定程度上降低了样本的代表性。不同制造企业由于行业背景与企业情况的差异,不同企业的质量改进团队具有很大的异质性,即使相同企业的不同质量改进项目团队也存在较大差别,可能很难用一个通用的理论模型来囊括不同规模、不同行业、不同区域的质量改进团队的共性和特性。未来研究需要采取更加随机的方式进行抽样,使有效样本具有更好的代表性,增强研究结论的可靠性。

再次,调节变量的选取问题。对于质量改进团队跨界行为与质量绩效关系间的调节变量,我们的研究考虑了团队内部社会资本、团队外部社会资本及其两者的平衡性。当然,团队跨界行为与质量绩效关系间的调节变量,还可能会受到其他潜在调节变量的影响,如外部依赖性、外部不确定性、组织内部冲突、团队资源(冗余或稀缺)、团队特征等各种变量(Choi,2002;Joshi et al.,2009;薛会娟,2010)。因此,未来研究需要探索其他可能影响质量改进团队跨界行为与质量绩效之间关系的调节变量,并考察这些因素对质量改进团队跨界行为与质量绩效关系产生作用的深层次原因。

最后,本研究在团队社会资本的评价体系中,借鉴国内外对团队社会资本的相关研究，甄选了适用于质量改进团队的变量及指标，并在大量文献阅读积累以及实地调研的基础上对其测量指标进行补充和调整。由于团队内、外部社会资本在各个维度均包含了多个要素，而本研究的假设仅从团队内、外部社会资本及其平衡性的整体层面加以探讨，没有细化到团队内、外部社会资本的子维度层面。虽然在假设提出过程中对团队社会资本每个维度的内涵及其作用进行了详尽的描述，并通过整体轮廓层面的研究得出了一些有价值的发现，但也可能会由于缺少对社会资本各个子维度的验证而会忽略一些重要的关系。但要在一本书中囊括团队内、外部社会资本中的所有细化因素，并全面、系统地分析它们对团队跨界行为的影响也很难实现，这就需要在以后的研究中逐步拓展对团队社会资本的多维度、多层面、多对象的研究。

总之，关于质量改进团队跨界行为与质量绩效之间关系的研究正成为质量改进团队研究与团队跨界研究中的热点问题之一，未来将会涌现出更多有关此方面的理论研究与实证研究。本书只是在该领域的一次尝试，还待后续研究能够进一步完善和深化。

参考文献

[1] Adler，N.，Elmquist，M.，& Norrgren，F. The challenge of managing boundary-spanning research activities：Experiences from the Swedish context. Research Policy，2009，38(7)：1136-1149.

[2] Adler，P. S. Interdepartmental interdependence and coordination：The case of the design/manufacturing interface. Organization Science，1995，6(2)：147-167.

[3] Adler，P. S.，& Kwon，S. W. Social capital：Prospects for a new concept. Academy of Management Review，2002，27(1)：23-26.

[4] Adam，Jr.，E. E.，Corbett，L. M.，Flores，B. E.，& et al. An international study of quality improvement approach and firm performance. International Journal of Operations and Production Management，1997，17(9)：842-873.

[5] Agus，A. The structural linkages between TQM，product quality performance，and business performance：Preliminary empirical study in electronics companies. Singapore Management Review，2005，27(1)：87-105.

[6] Ahire，S. L.，Golhar，D. Y.，& Waller，M. A. Development and validation of TQM implementation constructs. Decision Sciences，1996，29(1)：23-56.

[7] Ahire，S. L.，& O'Shaughnessy，K. C. The role of top management commitment in quality management：An empirical analysis of the auto parts industry. International Journal of Quality Science，1998，3(1)：5-37.

[8] Aiken，L. S.，& West，S. G. Multiple Regression：Testing and Interpreting Interactions. Newbury Park，CA：Sage，1991，9-27.

[9] Aldrich，H. E. Organizations Evolving. CA：Sage，Thousand Oaks，

1999, 113-118.

[10] Aloini, D. , Martini, A. , & Pellegrini, L. Effectiveness of different development paths in continuous improvement: Empirical results from a (new) methological approach. International Journal of Technology Management, 2011, DOI 10. 1504/IJTM. 2011. 041677.

[11] Amedore, G. H. , & Knoff, H. M. Boundary spanning activities and the multidisciplinary team process: Characteristics affecting school psychological consultation. Journal of Educational and Psychological Consultation, 1993, 4(4): 343-356.

[12] Anand, G. , Ward, P. T. , Tatikonda, M. V. , & et al. Dynamic capabilities through continuous improvement infrastructure. Journal of Operations Management, 2009, 27(6): 444-461.

[13] Ancona, D. G. Outward bound: strategies for team survival in the organization. Academy of Management Journal, 1990, 33 (2): 334-365.

[14] Ancona, D. G. The classics and the contemporary: A new blend of small group theory. In J. K. Murnighan (Ed.): Social Psychology in Organizations: Advances in Theory and Research, New York: Prentice-Hall, 1993, 225-243.

[15] Ancona, D. G, & Bresman, H. X-teams: How to Build Teams that Lead, Innovate and Succeed. Boston, MA: Harvard Business School Press, 2007, 57-85.

[16] Ancona, D. G. , & Caldwell, D. F. Beyond task and maintenance: Defining external functions in groups. Group and Organization Studies, 1988, 13(4): 468-494.

[17] Ancona, D. G. , & Caldwell, D. F. Bridging the boundary: External activity and performance in organizational teams. Administrative Science Quarterly, 1992a, 37(4): 634-665.

[18] Ancona, D. G. , & Caldwell, D. F. Demography and design: Predictors of new product team performance. Organization Science, 1992b, 3(3): 321-341.

[19] Anderson, J. C. , Rungtusanatham, R. G. , & Schroeder, R. G. A theory of quality management underlying the Deming management method. Academy of Management Review, 1994, 19(3): 472-509.

[20] Applebaum, E., & Batt, R. The New American Workplace: Transforming Work Systems in the United States. Ithaca, NY: ILR Press, 1994, 161-170.

[21] Aquino, K., & Serva, M. Using a dual role assignment to improve group dynamics and performance: The effects of facilitating social capital in teams. Journal of Management Education, 2005, 29(1): 17-38.

[22] Argote, L., McEvily, B., & Reagans, R. Managing knowledge in organizations: An integrative framework and review of emerging themes. Management Science, 2003, 49(4): 571-582.

[23] Armstong, S., & Overton, T. Estimating non-response bias in mail survey. Journal of Marketing Research, 1977, 8(16): 396-402.

[24] Arnold, H. J., & Feldman, D. C. Social desirability response bias in self-report choice situations. Academy of Management Journal, 1981, 24(2): 377-385.

[25] Atuahene-Gima, K. Market orientation and innovation. Journal of Business Research, 1996, 35 (2): 93-103.

[26] Bagozzi, R. P., Fornell, C., & Larcker, D. F. Canonical correlation analysis as a special case of a structural relations model. Multivariate Behavioral Research, 1981, 16(4): 437-454.

[27] Bagozzi, R. P., & Yi, Y. On the evaluation of structural equation models. Journal of Marketing Science, 1988, 16(1): 74-94.

[28] Balogun, J., & Johnson, G. Organizational restructuring and middle manager sensemaking. Academy of Management Journal, 2004, 47(4): 523-549.

[29] Bandura, A. Social Foundation of Thought and Action: A Social Cognitive Theory. Englewood Cliffs, NJ: Prentice-Hall, 1986, 391-396.

[30] Bandura, A. Self-efficacy: The Exercise of Control. New York: Freeman, 1997, 155-168.

[31] Banerjee, P. M., & Cole, B. M. Breadth-of-impact frontier: How firm-level decisions and selection environment dynamics generate boundary-spanning inventions. Technovation, 2010, 30 (7-8): 411-419.

[32] Barad, M., & Kayis, B. Quality teams as improvement support systems (ISS): An Australian perspective. Management Decision, 1994, 32(6): 49-57.

[33] Barney, J. B. Firm resources and sustained competitive advantage. Journal of Management, 1991, 17(1): 99-120.

[34] Barrick, M. R., Stewart, G. L., Neubert, M. J., & Mount, M. K. Relating member ability and personality to work-team processes and team effectiveness. Journal of Applied Psychology, 1998, 83 (3): 377-391.

[35] Bass, B. M., Avolio, B. J., Jung, D. I., & Berson, Y. Predicting unit performance by assessing transformational and transactional leadership. Journal of Applied Psychology, 2003, 88(2): 207-218.

[36] Bates, R. A., & Holton, E. F. Computerised performance monitoring: A review of human resource issues. Human Resource Management Review, 1995, 5(4): 267-288.

[37] Batt, P. J. Building social capital in networks. Industrial Marketing Management, 2008, 37(2): 487-491.

[38] Beal, D. J., Cohen, R. R., Burke, M. J., & McLendon, C. L. Cohesion and performance in groups: A meta-analytic clarification of construct relations. Journal of Applied Psychology, 2003, 88(6): 989-1004.

[39] Bell, S. T. Deep-level composition variables as predictors of team performance: A meta-analysis. Journal of Applied Psychology, 2007, 92(33): 595-615.

[40] Benson, G., Saraph, J., & Schroeder, R. The effects of organizational context on quality management: An empirical investigation. Management Science, 1991, 37(9): 1107-1124.

[41] Benson, J. K. The interorganizational network as a political economy. Administrative Science Quarterly, 1975, 20(2): 229-249.

[42] Berger, A. Continuous improvement and kaizen: Standardization and organizational design. Journal of Integrated Manufacturing Systems, 1997, 8(2): 110-117.

[43] Bernardin, J. H., & Beatty, R. W. Performance Appraisal: Assessing Human Behavior at Work. Boston: PWS-KENT, 1984, 10-15.

[44] Berwick, D. M., Godfrey, A. B., & Roessner, J. Curing Health Care: New Strategies for Quality Improvement. San Francisco, CA: Jossey-Bass Publ, 1991, 53-56.

[45] Bessant, J., Caffyn, S., & Gallagher, M. An evolutionary model of continuous improvement behaviour. Technovation, 2001, 21(2): 67-77.

[46] Betsch, T., Brinkmann, J., Fiedler, K., & Breining, K. When prior knowledge overrules new evidence: Adaptive use of decision strategies and role behavioral routines. Swiss Journal of Psychology, 1999, 58(3): 151-160.

[47] Bettencourt, L. A., & Brown, S. W. Role stressors and customer-oriented boundary-spanning behaviors in service organizations. Journal of the Academy of Marketing Science, 2003, 31(4): 394-408.

[48] Bhuiyan, N., & Baghel, A. An overview of continuous improvement: From the past to the present. Management Decision, 2005, 43(5/6): 761-771.

[49] Bliese, P. D. Within-group agreement, non-independence, and reliability: Implications for data aggregation and analysis. In K. J. Klein, & S. W. J. Kozlowski (Eds.): Multilevel Theory, Research and Methods in Organizations. San Francisco, C A: Jossey-Bass, 2000, 349-381.

[50] Boyd, B. K., Dess, G. G., & Rasheed, A. M. A. Divergence between archival and perceptual measures of the environment: Causes and consequences. Academy of Management Review, 1993, 18(2): 204-226.

[51] Bresman, H. External learning activities and team performance: A multimethod field study. Organization Science, 2010, 21(1): 81-96.

[52] Brewer, M. B. The social self: On being the same and different at the same time. Personality and Social Psychology Bulletin, 1991, 17(5): 475-482.

[53] Burt, R. S. Structural holes: The Social Structure of Competition. Cambridge, MA: Harvard University Press, 1992, 18-30.

[54] Burt, R. S. The network structure of social capital. Research in Organizational Behavior, 2000, 22(17): 345-423.

[55] Burt, R. S. The Network Structure of Social Capital. Research in Organizational Behavior. R. S. a. B. M. Staw. Greenwich, CT: JAI Press, 2001, 345-423.

[56] Burt, R. S. Structural holes and good ideas. American Journal of Sociology, 2004, 110(2): 349-399.

[57] Campbell, D. J. Task complexity: A review and analysis. Academy of Management Review, 1988, 13(1): 40-52.

[58] Campbell, J. P. Modeling the performance prediction problem in industrial and organizational psychology. In M. D. Dunnette, & L. M. Hough(Eds.): Handbook of Industrial and Organizational Psychology (2nd ed.). CA: Consulting Psychology Press, 1990, 687-732.

[59] Cannon-Bowers, J. A., & Salas, E. Converse shared mental models in expert team decision making. In N. J. Castellan Jr. (Eds.): Individual and Group Decision Making: Current Issues. Hillsdale, N J: Erlbaum, 1993, 221-246.

[60] Caplan, R. D., Cobb, S., French, J. R. P., et al. Job Demands and Worker Health: Main Effects and Occupational Differences. Ann Arbor, Michigan: Institute for Social Research, 1980, 75-160.

[61] Carmines, E. G., & Zeller, R. A. Reliability and Validity Assessment. Newbury Park, CA: Sage, 1979, 78-122.

[62] Chan, D. Functional relations among constructs in the same content domain at different levels of analysis: A typology of composition models. Journal of Applied Psychology, 1998, 83(2): 234-246.

[63] Chang, K. C., Wong, J. H., Li, Y. Z., & et al. External social capital and information systems development team flexibility. Information and Software Technology, 2011, 53(6): 592-600.

[64] Chen, G., & Bliese, P. The role of different levels of leadership in predicting self-and collective efficacy: Evidence for discontinuity. Journal of Applied Psychology, 2002, 87(3): 549-555.

[65] Chen, G., Mathieu, J. E., & Bliese, P. D. A framework for conducting multilevel construct validation. In F. J. Yammarino, & F. Dansereau (Eds.): Research in Multilevel Issues: Multilevel Issues in Organizational Behavior and Processes (Vol. 3). Elsevier: Ox-

ford, U. K. Orvis, K. L., 2004, 273-303.

[66] Chen, M., Chang, Y., & Hung, S. Social capital and creativity in R&D project teams. R&D Management, 2008, 38(1): 21-34.

[67] Chen, W. H., & Tirupati, D. On-line quality management: Integration of product inspection and process control. Production and Operations Management, 1995, 4(3): 242-262.

[68] Chesbrough, H. The era of open innovation. MIT Sloan Management Review, 2003, 44(3): 35-41.

[69] Chiu, C. M., Hsu, M. H., & Wang, E. T. G. Understanding knowledge sharing in virtual communities: An integration of social capital and social cognitive theories. Decision Support System, 2006, 42(3): 1872-1888.

[70] Choi, J. N. External activities and team effectiveness: Review and theoretical development. Small Group Research, 2002, 33 (2): 181-208.

[71] Choi, J. N., Sung, S. Y., & Kim, M. U. How do groups react to unexpected threats? Crisis management in organizational teams. Social Behavior and Personality: an international journal, 2010, 38(6): 805-828.

[72] Choo, A. S. Impact of a stretch strategy on knowledge creation in quality improvement projects. IEEE Transactions on Engineering Management, 2011, 58(1): 87-96.

[73] Choo, A. S., Linderman, K., & Schroede, R. G. Method and psychological effects on learning behaviors and knowledge creation in quality improvement projects. Management Science, 2007, 53(3): 437-450.

[74] Churchill, G. A. A paradigm for developing better measures of marketing constructs. Journal of Marketing Research, 1979, 16(2): 64-73.

[75] Cohen, J. A. A coefficient of agreement for nominal scales. Educational Psychological Measurement, 1960, 20(3): 37-46.

[76] Cohen, J., Cohen, P., West, S. G., & Aiken, L. S. Applied Multiple Regression/ Correlation Analysis for the Behavioral Sciences. Hillsdale: Erlbaum, 2003, 691-705.

[77] Cohen, S. G., & Bailey, D. E. What makes teams work: Group effectiveness research from the shop floor to the executive suite. Journal of Management, 1997, 23(3): 239-290.

[78] Coleman, J. S. Social capital in the creation of human capital. American Journal of Sociology, 1988, 94 (Supplement): S95-S120.

[79] Coleman, J. S. Foundations of Social Theory. Cambridge, MA: Harvard University Press, 1990, 300-318.

[80] Conti, T., Kondo, Y., Watson, G., & et al. Quality into the 21st Century: Perspectives on Quality and Competitiveness for Sustained Performance. Milwaukee, WI: ASQ Quality Press, 2003, 15-30.

[81] Corbin, J. M., & Strauss, A. Grounded theory research: Procedures, cannons, and evaluative criteria. Qualitative Sociology, 1990, 13(1): 3-21.

[82] Cross, R., & Cummings, J. N. Tie and network correlates of individual performance in knowledge intensive work. Academy of Management Journal, 2004, 47(6): 928-937.

[83] Cross, R., Ehrlich, K., Dawson, R., & Helferich, J. Managing collaboration: Improving team effectiveness through a network perspective. California Management Review, 2008, 50(4): 74-99.

[84] Cross, R., & Parker, A. The Hidden Power of Social Networks: Understanding How Work Really Gets Done in Organizations. Boston, MA: Harvard Business School Press, 2004, 3-49.

[85] Dakhli, M., & De Clercq, D. Human capital, social capital, and innovation: A multi-country study. Entrepreneurship and Regional Development, 2004, 16(2): 107-128.

[86] Davenport, T. H., & Prusak, L. Working Knowledge: How Organization Manage What They Know. Boston: Harvard Business School Press, 1998, 51-56.

[87] Dean, J. W., & Bowen, D. E. Management theory and total quality: Improving research and practice through theory development. Academy of Management Review, 1994, 19(3): 392-418.

[88] Dean, J. W., & Snell, S. A. Integrated manufacturing and job design: Moderating effects. Academy of Management Journal, 1991, 34(4): 776-804.

[89] DeChurch, L. A., & Marks, M. A. Leadership in multiteam systems. Journal of Applied Psychology, 2006, 91(2): 311-329.

[90] De Kwaadsteniet, E. W., Homan, A. C., Van Dijk, E, & Van Beest, I. Social information as a cue for tacit coordination. Group Processes & Intergroup Relations, 2012, 15(2): 257-271.

[91] Deming, W. E. Out of the Crisis. Cambridge, MA: MIT Press, 1986, 18-96.

[92] DeVoe, S. E., & Pfeffer, J. Time is tight: How higher economic value of time increases feelings of time pressure. Journal of Applied Psychology, 2011, 96(4): 665-676.

[93] Dow, D., Samson, D., & Ford, S. Exploding the myth: Do all quality management practices contribute to superior quality performance? Production and Operations Management, 1999, 8(1): 1-27.

[94] Druskat, V. U., & Kayes, D. C. The antecedents of team competence: Toward a fine-grained model of self-managing team effectiveness. In M. A. Neale, & E. A. Mannix (Eds.): Research on Managing Groups and Teams, Stamford, CT: JAI Press, 1999, 2, 210-231.

[95] Druskat, V. U., & Wheeler, J. V. Managing from the boundary: The effective leadership of self-managing work teams. Academy of Management Journal, 2003, 46(4): 435-457.

[96] Dul, J., Canna, C., & Ferdinand, J. Knowledge workers' creativity and the role of the physical work environment. Human Resource Management, 2011, 50(6): 715-734.

[97] Durham, C. C., Knight, D., & Locke, E. A. Effects of leader role, team-set goal difficulty, efficacy, and tactics on team effectiveness. Organizational Behavior and Human Decision Process, 1997, 72(2): 203-231.

[98] Durlauf, N. S., & Fafchamps, M. "Social Capital", In P. Aghion, & N. S. Durlauf (eds.): Handbook of Economic Growth (ed. 1). Amsterdam: Elsevier, 2005, 1642-1658.

[99] Dutton, J., Ashford, S. J., Lawrence, K., & Miner-Rubino, K. Red light, green light: Making sense of the organization context for issue-selling. Organization Science, 2002, 13(4): 355-369.

[100] Edmondson, A. C. Psychological safety and learning behavior in work teams. Administrative Science Quarterly, 1999, 44 (2): 350-383.

[101] Edmondson, A. C. The local and variegated nature of learning in organizations: A group-level perspective. Organization Science, 2002, 13(2): 128-146.

[102] Edmondson, A. C. Speaking up in the operating room: How team leaders promote learning in interdisciplinary action teams. Journal of Management Studies, 2003, 40(6): 1420-1452.

[103] Edmondson, A. C., & Nembhard, I. M. Product development and learning in project teams: The challenges are the benefits. The Journal of Product Innovation Management, 2009, 26 (2): 123-138.

[104] Edmondson, D. R., & Boyer, S. L. The moderating effect of the boundary spanning role on perceived supervisory support: A meta-analytic review. Journal of Business Research, 2012, http://dx.doi.org/10.1016/j.jbusres.2012.01.010.

[105] Eisenhardt, K. B., & Tabrizi, B. N. Accelerating adaptive processes: Product innovation in the global computer industry. Administrative Science Quarterly, 1995, 40(1): 84-110.

[106] Eisenhardt, K. M. Building theories from case study research. Academy of Management Review, 1989, 14(4): 532-550.

[107] Elrod, P. D., & Tippet, D. D. An empirical study of the relationship between team performance and team maturity. Engineering Management Journal, 1999, 11(1): 7-14.

[108] Van Emmerik, H., Jawahar, I. M., Schreurs, B., & et al. Social capital, team efficacy and team potency: The mediating role of team learning behaviors. Career Development International, 2011, 16(1): 82-99.

[109] Espinosa, J. A., Cummings, J. N., Pearce, B. M., & Wilson, J. M. Research on teams with multiple boundaries. Proceedings of the 35th Hawaii International Conference on System Science, 2002, 3429-3438.

[110] Faraj, S., & Yan, A. Boundary work in knowledge teams. Jour-

nal of Applied Psychology, 2009, 94(2): 604-617.

[111] Fleming, L., & Waguespack, D. M. Brokerage, boundary spanning, and leadership in open innovation communities. Organization Science, 2007, 18(2): 165-180.

[112] Flynn, B. B., Schroeder, R. G., & Sakakibara, S. A framework for quality management research and an associated measurement instrument. Journal of Operations Management, 1994, 11(4): 339-366.

[113] Flynn, B. B., Schroeder, R. G., & Sakakibara, S. The impact of quality management practices on performance and competitive advantage. Decision Sciences, 1995, 26(5): 659-691.

[114] Fornell, C., & Larcker, D. G. Evaluating structural equation models with unobservable variables and measurement error. Journal of Marketing Research, 1981, 18(1): 39-50.

[115] Forza, C., & Flippini, R. TQM impact on quality conformance and customer satisfaction: A causal model. International Journal of Production Economics, 1998, 55(1): 1-20.

[116] Foster, Jr., S. T. Towards an understanding of supply chain quality management. Journal of Operations Management, 2008, 26(4): 461-467.

[117] Fowler, F. J. Survey Research Methods. Newbury Park, CA: Sage, 1988, 110-126.

[118] Frayne, C. A., & Latham, G. P. The application of social learning theory to employee self-management of attendance. Journal of Applied Psychology, 1987, 72: 387-392.

[119] Fukuyama, F. Trust: The Social Virtues and the Creation of Prosperity. New York: Free Press, 1995, 3-49.

[120] Fynes, B., & De Burca, S. The effect of design quality on quality performance. International Journal of Production Economics, 2005, 96(3): 1-14.

[121] Galbraith, J. R. Organization Design. Reading, M A: Addison-Wesley, 1977, 54-65.

[122] Garapin, A., & Hollard, A. Routines and incentives in group task. Journal of Evolutionary Economics, 1999, 9(4): 465-486.

[123] Garcia-Sabater，J. J.，& Marin-Garcia，J. A. Can we still talk about continuous improvement? Rethinking enablers and inhibitors for sussessful implementation. International Journal of Technology Management，2011，55(1/2)：28-42.

[124] Garvin，D. A. Competing on the eight dimensions of quality. Harvard Business Review，1987，61(5)：101-109.

[125] Garvin，D. A. Managing Quality：Techniques for Analyzing Industries and Competitors. New York：The Free Press，1988，45-60.

[126] Gersick，C. J. G. Time and transition in work teams：Toward a new model of group development. Academy of Management Journal，1988，31(1)：9-41.

[127] Gibson，C. B. Do they do what they believe they can? Group efficacy and group effectiveness across tasks and cultures. Academy of Management Journal，1999，42(2)：138-152.

[128] Gibson，C. B. The efficacy advantage：Factors related to the formation of group efficacy. Journal of Applied Social Psychology，2003，33(10)：2153-2186.

[129] Gibson，C. B.，& Birkinshaw，J. The antecedents，consequences and mediating role of organizational ambidexterity. Academy of Management Journal，2004，47(2)：209-226.

[130] Gibson，C. B.，& Earley，P. C. Collective cognition in action：Accumulation，interaction，examination，and accommodation in the development and operation of group efficacy beliefs in the workplace. Academy of Management Review，2007，32(2)：438-458.

[131] Gioia，D. A.，& Chitipeddi，K. Sensemaking and sensegiving in strategic change initiation. Strategic Management Journal，1991，12(6)：433-448.

[132] Gist，M. E. Self-efficacy：Implications for organizational behavior and human resource management. Academy of Management Review，1987，12(3)：472-485.

[133] Gittell，J. H. Coordinating mechanisms in care provider groups：Relational coordination as a mediator and input uncertainty as a moderator of performance effects. Management Science，2002，48(12)：1408-1426.

[134] Gladstein, D. Groups in context: A model of task group effectiveness. Administrative Science Quarterly, 1984, 29(4): 499-517.

[135] Glaser, B. Basics of Grounded Theory Analysis: Emergence vs. Forcing. Mill Valley, C A, Sociology Press, 1992, 1-19.

[136] Glaser, B. Doing Grounded Theory. California: Sociology Press, 1998, 21-54.

[137] Golden, T. D., & Veiga, J. F. Spanning boundaries and borders: Toward understanding the cultural dimensions of team boundary spanning. Journal of Managerial Inquiry, 2005, 17(2): 178-192.

[138] Gonzalez, M. G. The effects of task cohesion, interpersonal attraction, and collective efficacy on the performance of distance collaboration groups. Doctoral Dissertation, School of Graduate, University of Tulane, 2000, 1-135.

[139] Gopal, A., & Gosain, S. The role of organizational controls and boundary spanning in software development outsourcing: Implications for project performance. Information Systems Research, 2010, 21(4): 960-982.

[140] Granovetter, M. S. The strength of weak ties. American Journal of Sociology, 1973, 78(6): 1360-1380.

[141] Granovetter, M. S. Economic action and social structure. American Journal of Sociology, 1985, 91(1): 481-510.

[142] Granovetter, M. S. Problem of Explanation in Economic Sociology, In N. Nohria, & R. Eceles(Eds.): Networks and Organizations, Structure, Form and Action. Boston: Harvard Business School Press, 1992, 25-56.

[143] Grootaert, C., & van Bastelaer, T. (eds.). Understanding and Measuring Social Capital: A Multidisciplinary Tool for Practitioners. Washington, D. C.: World Bank, 2002, 1-38.

[144] Guinan, P. J., Cooprider, J. G., & Faraj, S. Enabling software development team performance during requirements definition: A behavioral versus technical approach. Information Systems Research, 1998, 9(1): 101-125.

[145] Guzzo, R. A., & Dickson, M. W. Teams in organizations: Recent research on performance and effectiveness. Annual Review of

Psychology, 1996, 47(2): 307-338.

[146] Guzzo, R. A., Yost, P. R., Compbell, R. J., & Shea, G. P. Potency in groups: Articulating a construct. British Journal of Social Psychology, 1993, 32(1): 87-106.

[147] Hackman, J. R. The design of work teams. In J. W. Lorsch (Eds.): Handbook of Organizational Behavior. Englewood Cliffs, NJ: Prentice Hall, 1987, 315-342.

[148] Hackman, J. R. Leading Teams. Boston: Harvard Business School Press, 2002, 209-226.

[149] Hackman, J., & Wageman, R. Total quality management: Empirical, conceptual, and practical issues. Administrative Science Quarterly, 1995, 40(2): 309-342.

[150] Hammer, M., & Champy, J. Reengineering the Corporation: A Manifesto for Business Revolution. New York: Harper Business, 1993, 61-72.

[151] Haner, U. Innovation quality— a conceptual framework. International Journal of Production Economics, 2002, 80(1): 31-37.

[152] Hansen, M. T. The search-transfer problem: The role of weak ties in sharing knowledge across organization subunits. Administrative Science Quarterly, 1999, 44(1): 82-111.

[153] Hansen, M. T. Knowledge networks: Explaining effective knowledge sharing in multiunit companies. Organization Science, 2002, 13(3): 232-248.

[154] Hansen, M. T., Mors, M. L., & LΦvas, B. Knowledge sharing in organizations: Multpile networks, multiple phases. Academy of Management Journal, 2005, 48(5): 776-793.

[155] Hargadon, A. B. Firms as knowledge brokers: Lessons in pursing continuous innovation. California Management Review, 1998, 40(3): 209-227.

[156] Harolds, J. Effective radiology teams. Journal of the American College of Radiology, 2005, 2(2): 151-158.

[157] Hayes, R. H., Pisano, G. P., Upton, D. M., & Wheelwright S. C. Operations, Strategy, and Technology: Pursuing the Competitive Edge. New York: John Wiley & Sons, 2005, 231-246.

[158] Hendricks, K. B., & Singhal, V. R. Firm characteristics, total quality management, and financial performance. Journal of Operation Management, 2001, 19(3): 269-285.

[159] Henttonen, K. Exploring social networks on the team level—A review of the empirical literature. Journal of Engineering and Technology Management, 2010, 27(1/2): 74-109.

[160] Hewstone, M., Rubin, M., & Willis, H. Intergroup bias. Annual Review of Psychology, 2002, 53, 575-604.

[161] Hirst, G., & Mann, L. A model of R&D leadership and team communication: The relationship with project performance. R&D Management, 2004, 34(2): 147-160.

[162] Ho, D. C. K., Duffy, V. G., & Shih, H. M. Total quality management: An empirical test for mediation effect. International Journal of Production Research, 2001, 39(3): 529-548.

[163] Hoe, S. L. Benefiting from customer and competitor knowledge: A market-based approach to organizational learning. The Learning Organization, 2008, 15(3): 240-250.

[164] Hoegl, M., & Parboteeah, K. P., & Munson, C. Team-level antecedents of individuals' knowledge networks. Decision Sciences, 2003, 34(4): 741-770.

[165] Hsiao, R. L., Tsai, D. H., & Lee, C. F. Collaborative knowing: The adaptive nature of cross-boundary spanning. 2012, 49(3): 463-491.

[166] Hu, L., & Bentler, P. M. Cutoff criteria for fit indexes in covariance structure analysis: Conventional criteria versus new alternatives. Structural Equation Modeling, 1999, 6(1): 1-55.

[167] Hult, G. T. M. Toward a theory of the boundary-spanning marketing organization and insights from 31 organization theories. Journal of the Academy Marketing Science, 2011, 39(4): 509-536.

[168] Humphreys, M., Ucbasaran, D., & Lockett, A. Sensemaking and sensegiving stories of jazz leadership. Human Relations, 2012, 65(1): 41-62.

[169] Hurley, R. F., & Hult, G. T. M. Innovation, market orientation, and organizational learning: An integration and empirical ex-

amination. Journal of Marketing, 1998, 62(3): 42-54.
[170] Hyun, J. L. The role of competence-based trust and organizational identification in continuous improvement. Journal of Managerial Psychology, 2004, 19(6): 623-639.
[171] Ibarra, H. Homophily and differential returns: Sex differences in network structure and access in an advertising firm. Administrative Science Quarterly, 1992, 37(2): 422-447.
[172] Ilgen, D. R., Hollenbeck, J. R., Johnson, M., & et al. Teams in organizations: From input-process-output models to IMOI models. Annual Review of Psychology, 2005, 56, 517-543.
[173] Imai, M. Kaizen—The Key to Japan's Competitive Success. New York: McGraw-Hill/Irwin, 1986, 111-113.
[174] Inkpen, A. C., & Tsang, E. W. K. Social capital, networks, and knowledge transfer. Academy of Management Review, 2005, 30(1): 146-165.
[175] Irvine, D. M., Leatt, P., Evans, M., & Baker, G. R. Cognitive and behavioral outcomes of quality improvement teams: The influence of leadership and the work unit environment. Journal of Quality Management, 1999, 4(2): 167-184.
[176] Jacobs, J. The Death and Life of Great American Cities. New York: Random House, 1961, 35-48.
[177] James, L. R., Demaree, R. G., & Wolf, G. Estimating within group interrater reliability with and without response bias. Journal of Applied Psychology, 1984, 69(1): 85-98.
[178] Janhonen, M, & Johanson, J, E. Role of knowledge conversion and social networks in team performance. International Journal of Information Management, 2011, 31(3): 217-225.
[179] Janis, I. L. Victims of Groupthink: A Psychological Study of Foreign-policy Decisions and Fiascoes(2nd ed). Boston, MA: Houghton Mifflin, 1982, 156-174.
[180] Janssen, O., & Huang, X. Us and me: Team identification and individual differentiation as complementary drivers of team members' citizenship and creative behaviors. Journal of Management, 2008, 34(1): 69-102.

[181] Jehn, K. A. A multimethod examination of the benefits and detriments of intragroup conflicts. Administrative Science Quarterly, 1995, 40(2): 256-282.

[182] Johlke, M. C., & Duhan, D. F. Supervisor communication practices and boundary spanner role ambiguity. Journal of Managerial Issues, 2001, 13(1): 87-101.

[183] Joshi, A., & Jackson, S. E. Understanding work team diversity: Challenges and opportunities. In M. West, D. Tjosvold, & K. Smith (Eds.): The International Handbook of Organizational Teamwork and Cooperative Working. West Sussex, England: John Wiley & Sons Ltd., 2003, 277-296.

[184] Joshi, A., Pandey, N., & Han, G. H. Bracketing team boundary spanning: An examination of task-based, team-level, and contextual antecedents. Journal of Organizational Behavior, 2009, 30(6): 731-759.

[185] Junger, S., Pestinger, M., Elsner, F., & et al. Criteria for successful multi-professional cooperation in palliative care teams. Palliative Medicine, 2007, 21: 347-354.

[186] Juran, J. M. Juran on Planning for Quality. New York: The Free Press, 1988, 18-20.

[187] Juran, J. M., Gryna, F. M., Jr., Bingham, R. S. (Eds.) Quality Control Handbook. (3rd. ed.). New York: McGraw-Hill, 1974, 544-578.

[188] Karau, S. J., & Kelly, J. R. The effects of time pressure and time abundance on group performance quality and interaction process. Journal of Experimental Social Psychology, 1992, 28(6): 542-571.

[189] Katz, D., & Kahn, R. The Social Psychology of Organizations. New York: John Wiley and Sons, 1978, 3-23.

[190] Katz, R., & Allen, T. J. Investigating the not invented here (NIH) syndrome: A look at the performance, tenure, and communication patterns of 50 R&D project groups. R&D Management, 1982, 12(1): 7-19.

[191] Katz, R., & Tushman, M. Communication patterns, project per-

formance, and task characteristics: An empirical evaluation and integration in an R&D setting. Organizational Behavior and Human Performance, 1979, 23(2): 139-162.

[192] Kaynak, H. The relationship between total quality management practices and their effects on firm performance. Journal of Operations Management, 2003, 21(4): 405-435.

[193] Kaynak, H., & Hartley, J. L. A replication and extension of quality management into the supply chain. Journal of Operations Management, 2008, 26(4): 468-489.

[194] Keller, R. T. Cross-functional project groups in research and new product development: Diversity, communications, job stress, and outcomes. Academy of Management Journal, 2001, 44(3): 547-555.

[195] Kirsch, L. J., Ko, D. G., & Haney, M. H. Investigating the antecedents of team-based clan control: Adding social capital as a predictor. Organization Science, 2010, 21(2): 469-489.

[196] Klein, K. J., & Kozlowski, S. W. J. From micro to meso: Critical steps in conceptualizing and conducting multilevel research. Organizational Research Methods, 2000, 3(3): 211-236.

[197] Klein, K. J., Lim, B., Saltz, J. L., & Mayer, D. M. How do they get there? An examination of the antecedents of centrality in team networks. Academy of Management Journal, 2004, 47(6): 952-963.

[198] Kline, R. B. Principles and Practice of Structural Equation Modeling. New York: The Guilford Press, 1998, 46-49.

[199] Kozlowski, S. W. J., & Klein, K. J. A multi-level approach to theory and research in organizations: Contextual, temporal, and emergent processes. In K. J. Klein, & S. W. J Kozlowski (Eds.): Multilevel Theory, Research, and Methods in Organizations: Foundations, Extensions, and New Directions. San Francisco: Jossey-Bass, 1999, 3-90.

[200] Krackhardt, D. The strength of strong ties: The importance of Philos in organizations. In N. Nohria, & R. G. Eccles (Eds.): Networks and Organizations: Structure, Form and Action. Bos-

ton: Harvard Business School Press, 1992, 216-239.

[201] Krackhardt, D., & Stern, R. Informal networks and organizational crises: An experimental simulation. Social Psychology Quarterly, 1988, 51(2): 123-140.

[202] Kreiner, G. E., Hollensbe, E. C., & Sheep, M. L. On the edge of identity: Boundary dynamics at the interface of individual and organizational identities. Human Relations, 2006, 59 (10): 1315-1342.

[203] Law, K. S., & Wong, C. S. Multidimensional constructs in structural equation analysis: An illustration using the job perception and job satisfaction constructs. Journal of Management, 1999, 25(2): 143-160.

[204] Lechner, C., Frankenberger, K., & Floyd, S. W. Task contingencies in the curviliner relationships between intergroup networks and initiative performance. Academy of Management Journal, 2010, 53(4): 865-889.

[205] Lee, C., Tinsley, C. H., & Bobko, P. An investigation of the antecedents and consequences of group-level confidence. Journal of Applied Social Psychology, 2002, 32(8): 1628-1652.

[206] Lejeune, C. Is continuous improvement through accreditation sustainable?: A capability-based view. Management Decision, 2011, 49(9): 1535-1548.

[207] Lemieux-Charles, L., Murray, M., Baker, G. R., & et al. The effect of quality improvement practices on team effectiveness: A mediational model. Journal of Organizational Behavior, 2002, 23 (5): 533-553.

[208] Lester, S. W., Meglino, B. M., & Korsgaard, M. A. The antecedents and consequeces of group potency: A longitudinal investigation of newly formed work groups. Academy of Management Journal, 2002, 45(2): 352-368.

[209] Levin, I. M. Facilitating quality improvement team performance: A development perspective. Total Quality Management, 1992, 3 (3): 307-322.

[210] Levine, D. I., & D'Andrea Tyson, L. Participation, productivity,

and the firm's environment. In A. S. Blinder (ed.): Paying for Productivity: A Look at the Evidence. Washington, D C: The Brookings Institution, 1990, 32(4): 86-97.

[211] Li, L. The effects of trust and shared vision on inward knowledge transfer in subsidiaries' intra-and inter-organizational relationships. International Business Review, 2005, 14(1): 77-95.

[212] Li, Y., Wang, L. W., & Liu, Y. Organizational learning, product quality and performance: The moderating effect of social ties in Chinese cross-border outsourcing. International Journal of Production Research, 2011, 49(1): 159-182.

[213] Lin, N. Building a network theory of social capital. In N. Lin, K. Cook, & R. Burt (eds.): Social Capital: Theory and Research. NY: Aldine DeGruyter, 2001, 3-30.

[214] Lin, X. H., & Germain, R. Product quality and its performance implications in Chinese state-owned enterprises. Journal of International Marketing, 2003, 11(2): 59-78.

[215] Linderman, K., Schroeder, R. G., & Choo, A. S. Six sigma: The role of goals in improvement teams. Journal of Operations Management, 2006, 24(6): 779-790.

[216] Linderman, K., Schroeder, R. G., Zaheer, S., & Choo, A. S. Six Sigma: A goal-theoretic perspective. Journal of Operations Management, 2003, 21(2): 193-203.

[217] Lindsley, D. H., Brass, D. J., & Thomas, J. B. Efficacy-performance spirals: A multilevel perspective. Academy of Management Review, 1995, 20(3): 645-678.

[218] Lipnack, J., & Stamps, J. Virtual Teams: Reaching Across Space, Time and Organizations with Technology. NY: John Wiley and Sons, 1997, 14-22.

[219] Little, B. L., & Madigan, R. M. The relationship between collective efficacy and performance in manufacturing work teams. Small Group Research, 1997, 28(4): 69-73.

[220] Locke, E. A., & Latham, G. P. A Theory of Goal Setting and Task Performance. Englewood Cliffs, NJ: Prentice-Hall, 1990, 114-121.

[221] Loury, G. A dynamic theory of racial income differences. In P. A. Wallace, & A. Mond, Women, Minorities, An Employment Discrimination. Lexington, MA: Health, 1977, 153-186.

[222] Lukas, B. A., & Menon, A. New product quality: Intended and unintended consequences of new product development speed. Journal of Business Research, 2004, 57(11): 1258-1264.

[223] Luo, J. D. Social network structure and performance of improvement teams. International Journal of Business Performance Management, 2005, 7(2): 208-223.

[224] Maitlis, S. The social process of organizational sense-making. Academy of Management Journal, 2005, 48(1): 21-49.

[225] Maitlis, S., & Lawrence, T. B. Triggers and enablers of sensegiving in organizations. Academy of Management Journal, 2007, 50(1): 57-84.

[226] Marks, M. A. A test of the impact of collective efficacy in routine and novel performance environments. Human Performance, 1999, 12(3/4): 295-309.

[227] Marks, M. A., De Church, L. A., Mathieu, J. E., & et al. Teamwork in multiteam systems. Journal of Applied Psychology, 2005, 90(5): 964-971.

[228] Marks, M. A., Mathieu, J. E., & Zaccaro, S. J. A temporally based framework and taxonomy of team processes. Academy of Management Review, 2001, 26(3): 356-376.

[229] Marks, M. A., Zaccaro, S. J., & Mathieu, J. E. Performance implications of leader briefings and team-interaction training for team adaptation to novel environments. Journal of Applied Psychology, 2000, 85(6): 971-986.

[230] Markus, B., &Oldham, G. R. Curvilinear relation between experienced creative time pressure and creativity. Journal of Applied Psychology, 2006, 91(4): 963-970.

[231] Marrone, J. A. Team Boundary Spanning: A multilevel review of past research and proposals for the future. Journal of Management, 2010, 36(4): 911-940.

[232] Marrone, J. A., Tesluk, P. E., & Carson, J. B. A multi-level

investigation of antecedents and consequences of team member boundary spanning behavior. Academy of Management Journal, 2007, 50(6): 1423-1439.

[233] Mathieu, J. E., Marks, M. A., & Zaccaro, S. J. Multiteam systems. In N. Anderson, D. S. Ones, H. K. Sinangil, & C. Viswesvaran (Eds.): Organizational Psychology: Vol. 2. Handbook of Industrial, Work and Organizational Psychology. London: Sage, 2001, 289-313.

[234] McGrath, J. E. Time, interaction, and performance (TIP): A theory of groups. Small Group Research, 1991, 22(2): 147-174.

[235] Mathieu, J. E., Maynard, M. T., Rapp, T., & Gilson, L. Team effectiveness 1997-2007: A review of recent advancements and a glimpse into the future. Journal of Management, 2008, 34(3): 410-476.

[236] McCann, J. E., & Ferry, D. L. An approach for assessing and managing inter-unit interdependence. Academy of Management Review, 1979, 4(1): 113-119.

[237] Mehra, A., Kilduff, M. K., & Brass, D. The social networks of high and low self-monitors: Implications for workplace performance. Administrative Science Quarterly, 2001, 46(1): 121-146.

[238] Meltzer, D., Chung, J., Khalili, P., & et al. Exploring the use of social network methods in designing healthcare quality improvement teams. Social Science & Medicine, 2010, 71(10): 1119-1130.

[239] Mickan, S. M., & Rodger, S. A. Effective health care teams: A model of six characteristics developed from shared perceptions. Journal of Interprofessional Care, 2005, 19(4): 358-370.

[240] Miller, E. J. Systems of Organization: The Control of Task and Sentient Boundaries. London: Tavistock Publications, 1967, 251-269.

[241] Miller, W. C. Is innovation built into your improvement processes? Journal of Quality & Participation, 1995, January/ February, 46-48.

[242] Mohammed, S., Hamilton, K., & Lim, A. The incorporation of time in team research: Past, current, and future. In E. Salas, G.

F. Goodwin, & C. S. Burke (Eds.): Team Effectiveness in Complex Organizations: Cross-disciplinary Perspectives and Approaches. New York: Taylor & Francis, 2009, 321-350.
[243] Mohrman, S. A., Cohen, S. G., & Mohrman, A. M. Designing Team-based Organizations: New Forms for Knowledge Work. San Francisco: Jossey-Bass, 1995, 109-124.
[244] Molina-Castillo, F., & Munuera-Aleman, J. The joint impact of quality and innovativeness on short-term new product performance. Industrial Marketing Management, 2009, 38(8): 984-993.
[245] Monge, P. R., & Fulk, J. Communication technology for global network organizations. In G. DeSanctis, & J. Fulk (Eds.): Communication Technology and Organizational Forms. Thousand Oaks, CA: Sage, 1999, 71-100.
[246] Morgeson, F. P. D., & Hofman, D. A. The structure and function of collective constructions: Implications for multilevel research and theory development. Academy of Management Review, 1999, 24(2): 249-265.
[247] Motwani, J. G., Mahmoud, E., & Rice, G. Quality practices of Indian organizations: An empirical analysis. International Journal of Quality and Reliability Management, 1994, 11(1): 38-52.
[248] Murray, M., & Chapman, R. From continuous improvement to organizational learning: Developmental theory. The Learning Organization. 2003, 10(5): 272-282.
[249] Nahapiet, J., & Ghoshal, S. Social capital, intellectual capital and the organizational advantage. Academy of Management Review, 1998, 23(2): 242-266.
[250] Nair, A. Meta-analysis of the relationship between quality management practices and firm performance—Implications for quality management theory development. Journal of Operations Management, 2006, 24(6): 948-975.
[251] Naveh, E., & Erez, M. Innovation and attention to detail in the quality improvement paradigm. Management Science, 2004, 50(11): 1576-1586.
[252] Naveh, E., & Marcus, A. Achieving competitive advantage

through implementing a replicable management standard: Installing and using ISO 9000. Journal of Operations Management, 2005, 24(1): 1-26.

[253] Nelson, R. E. The strength of strong ties: Social networks and inter-group conflict in organizations. Academy of Management Journal, 1989, 32(2): 377-401.

[254] Newell, S., Tansley, C., & Huang, J. Social capital and knowledge integration in an ERP project team: The importance of bridging and bonding. British Journal of Management, 2004, 15(1): S43-S57.

[255] Nohria, N., & Gulati, R. Is slack good or bad for innovation? Academy of Management Journal, 1996, 39(5): 1245-1264.

[256] Oh, H., Chung, M. H., & Labianca, G. Group social capital and group effectiveness: The role of informal socializing ties. Academy of Management Journal, 2004, 47(6): 860-875.

[257] Oh, H., Labianca, G., & Chung, M. H. A multilevel model of group social capital. Academy of Management Review, 2006, 31(3): 569-582.

[258] Pandit, N. R. The creation of theory: A recent application of the grounded theory method. The Qualitative Report, 1996, 2(4): 4.

[259] Parry, K. W. Grounded theory and social process: A new direction for leadership research. The Leadership Quarterly, 1998, 9(1): 85-105.

[260] Payne, G. T., Moore, C. B., Griffis, S. E., & et al. Multilevel challenges and opportunities in social capital research. Journal of Management, 2011, 37(2): 491-520.

[261] Perrow, C. A framework for the comparative analysis of organizations. American Sociological Review, 1967, 32(2): 194-208.

[262] Pfeffer, J., & Salancik, G. R. The External Control of Organizations: A resource Dependence Perspective. New York: Harper & Row, 1976, 39-59.

[263] Ployhart, R. E., & Moliterno, T. P. Emergence of the human capital resource: A multilevel model. Academy of Management Review, 2011, 36(1): 127-150.

[264] Podsakoff, P. M. , MacKenzie, S. B. , Lee, J. Y. , & et al. Common method biases in behavioral research: A critical review of the literature and recommended remedies. Journal of Applied Psychology, 2003, 88(5): 879-903.

[265] Portes, A. Social capital: Its origins and applications in modern sociology. Annual Review of Sociology, 1998, 24, 1-24.

[266] Portes, A. Diversity, social capital, and cohesion. The Annual Review of Soicology, 2011, 37, 461-479.

[267] Powell, T. C. Total quality management as competitive advantage: A review and empirical study. Strategic Management Journal, 1995, 16(1): 15-37.

[268] Prado, J. C. Beyond quality circles and improvement teams. Total Quality Management, 2001, 12(6): 789-798.

[269] Prajogo, D. I. , & Sohal, A. S. The integration of TQM and technology/R&D management in determing quality and innovation performance. Omega, 2006, 34: 296-312.

[270] Prussia, G. E. , & Kinicki, A. J. A motivational investigation of group effectiveness using social-cognitive theory. Journal of Applied Psychology, 1996, 81(2): 187-198.

[271] Prybutok, V. R. , & Ramasesh, R. An action-research based instrument for monitoring continuous quality improvement. European Journal of Operation Research, 2005, 166(2): 293-309.

[272] Putnam, R. D. Making Democracy Work: Civic Traditions in Modern Italy. Princeton, NJ: Princeton University Press, 1993, 167-170.

[273] Putnam, R. D. Bowling alone: America's declining social capital. Journal of Democracy, 1995, 6(1): 65-78.

[274] Rahman, S. , & Bullock, P. Soft TQM, hard TQM, and organizational performance relationships: An empirical investigation. Omega, 2005, 33(1): 73-83.

[275] Ratcheva, V. Integrating diverse knowledge through boundary spanning processes—The case of multidisciplinary project teams. International Journal of Project Management, 2009, 27(3): 206-215.

[276] Reagans, R., Zuckerm, E., & McEvily, B. How to make the team: Social networks vs. demography as criteria for designing effective teams. Administrative Science Quarterly, 2004, 49(1): 101-133.

[277] Riggs, M. L., & Knight, P. A. The impact of perceived group success-failure on motivational beliefs and attitude: A causal model. Journal of Applied Psychology, 1994, 79(5): 755-766.

[278] Robert, Jr. L., Dennis, A. R., & Ahuja, M. K. Social capital and knowledge integration in digitally enabled teams. Information Systems Research, 2008, 19(3): 314-334.

[279] Roffe, I. Innovation and creativity in organisations: A review of the implications for training and development. Journal of European Industrial Training, 1999, 23 (4/5): 224-237.

[280] Samson, D., & Terziovski, M. The relationship between total quality management practices and operational performance. Journal of Operations Management, 1999, 17(3): 393-409.

[281] Saraph, J. V., Benson, G. P., & Schroeder, R. G. An instrument for measuring the critical factors of quality management. Decision Sciences, 1989, 20(4): 810-829.

[282] Sargent, L. D., & Chan, S. C. Does diversity affect group efficacy? The intervening role of cohesion and task interdependence. Small Group Research, 2001, 32(4): 426-450.

[283] Sarin, C., & McDermott, C. The effect of team leader characteristics on learning, knowledge application, and performance of cross-functional new product development teams. Decision Sciences, 2003, 34 (4): 707-739.

[284] Schwarz, M., Landis, S. E., & Rowe, J. E. A team approach to quality improvement. Family Practice Management, 1999, 6(4): 25-30.

[285] Scott, W. R. Organizations: Rational, Natural, and Open Systems. Englewood Cliffs, N J: Prentice Hall, 1998, 101-154.

[286] Sebastianelli, R., & Tamimi, N. Understanding the obstacles to TQM success. Quality Management Journal, 2003, 10(3): 45-56.

[287] Sethi, R. New product quality and product development teams.

Journal of Marketing, 2000, 64(2): 1-14.

[288] Shamir, B. Calculations, values, and identities: The sources of collectivistic work motivation. Human Relations, 1990, 43(4): 313-332.

[289] Shamir, B., Zakay, E., Breinin, E., & Popper, M. Correlates of charismatic leader behavior in military units: Subordinates' attitudes, unit characteristics, and superiors' appraisals of leader. Academy of Management Journal, 1998, 41(4): 387-409.

[290] Shea, C. M., & Howell, J. M. Organizational antecedents to the successful implementation of total quality management: A social cognitive perspective. Journal of Quality Management, 1998, 3(1): 3-24.

[291] Shipilov, A., & Danis, W. TMG social capital, strategic choice and firm performance. European Management Journal, 2006, 24(1): 16-27.

[292] Sila, I. Examining the effects of contextual factors on TQM and performance through the lens of organizational theories: An empirical study. Journal of Operations Management, 2007, 25(1): 83-109.

[293] Silver, W. S., & Bufanio, K. M. The impact of group efficacy and group goals on group task performance. Small Group Research, 1996, 27(3): 347-359.

[294] Sinkula, J. M. Market information processing and organizational learning. Journal of Marketing, 1994, 58(1): 35-45.

[295] Slater, S. F., & Narver, J. C. Customer-led and market-led: Let's not confuse the two. Strategic Management Journal, 1998, 19(10): 1001-1006.

[296] Sloan, K., & Sloan, T. Dispersion of continuous improvement and its impact on continuous improvement. International Journal of Technology Management, 2011, 55(1/2): 43-55.

[297] Smith, K. N., Collins, C. J., & Clark, K. D. Existing knowledge, knowledge creation capability, and the rate of new product introduction in high-technology firms. Academy of Management Journal, 2005, 48(2): 346-357.

[298] Sosik, J. J., Avolio, B. J., & Kahai, S. S. Effects of leadership style and anonymity on group potency and effectiveness in a group decision support system environment. Journal of Applied Psychology, 1997, 82(1): 89-103.

[299] Sousa, R. Linking quality management to manufacturing strategy: An empirical investigation of customer focus practices. Journal of Operations Management, 2003, 21(1): 1-18.

[300] Sousa, R., & Voss, C. A. Contingency research in operations management practices. Journal of Operations Management, 2008, 26(5): 697-713.

[301] Sparrowe, R. T., Liden, R. C., Wayne, S. J., & Kraimer, M. L. Social networks and the performance of individuals and groups. Academy of Management Journal, 2001, 44(2): 316-325.

[302] Spencer, B. A. Models of organization and Total Quality Management: A comparison and critical evaluation. Academy of Management Review, 1994, 19(3): 446-471.

[303] Stasser, G., Stewart, D. D., & Wittenbaum, G. M. Expert roles and information exchange during discussion: The importance of knowing who knows what. Journal of Experimental Social Psychology, 1995, 31(3): 244-265.

[304] Steiger, J. H. EZPATH: A Supplementary Module for SYSTAT and SYSGRAPH. Evanston, IL: SYSTAT, 1989, 13-19.

[305] Stewart, G. L. The past twenty years: Teams research is alive and well at the journal of management. Journal of Management, 2010, 36(4): 801-805.

[306] Stock, R. M. Interorganizational teams as boundary spanners between supplier and customer companies. Journal of the Academy of Marketing Science, 2006, 34(4): 588-599.

[307] Strauss, A. & Corbin, J. Basics of Qualitative Research: Grounded Theory Procedures and Techniques. Newbury Park, CA: Sage Publications, 1990, 201-253.

[308] Sullivan, B. A., & Peterson, R. S. Leader directiveness as a source of collective efficacy in decision-making groups. Paper presented at Academy of Management, New Orleans, LA., 2004(Au-

gust).

[309] Sutcliffe, K. M., & Sitkin, S. New perspectives on process management: Implications for 21st century organization. In C. Cooper, & S. Jackson(Eds.): Handbook of Organizational Behavior. New York: Wiley, 1996, 78-94.

[310] Swartling, D., & Olausson, D. Continuous improvement put into practice: Alternative approaches to get a successful quality program. International Journal of Quality and Service Sciences, 2011, 3(3): 337-351.

[311] Swink, M. L., & Calantone, R. Design-manufacturing integration as a mediator of antecedents to new product design quality. IEEE Transactions on Engineering Management, 2004, 51(4): 472-482.

[312] Tajfel, H. Social Identity and Intergroup Behavior. Cambridge, England: Cambridge University Press, 1982, 65-73.

[313] Thawesaengskulthai, N., & Tannock, J. Fashion setting in quality management and continuous improvement. Institute Studies of Management and Organization, 2008, 38(2): 4-24.

[314] Thompson, J. D. Organizations in Action. New York: McGraw-Hill, 1967, 165-189.

[315] Tiwana, A. Do brigding ties complement strong ties? An empirical examination of alliance ambidexterity. Strategic Management Journal, 2008, 29(3): 251-272.

[316] Tortoriello, M., & Krackhardt, D. Activating cross-boundary knowledge: The role of Simmelian Ties in the generation of innovations. Academy of Management Journal, 2010, 53(1): 167-181.

[317] Tsai, W. P. Social capital, strategic relatedness and the formation of intra-organizational linkages. Strategic Management Journal, 2000, 21(9): 925-939.

[318] Tsai, W. P. Knowledge transfer in intraorganizational networks: Effects of network position and absorptive capacity on business unit innovation and performance. Academy of Management Journal, 2001, 44(5): 996-1004.

[319] Tsai, W. P. Social structure of "coopetition" within a multiunit organization: Coordination, competition, and intra-organizational

knowledge sharing. Organization Science, 2002, 13(2): 179-190.
[320] Tsai, W. P. , & Ghoshal, S. Social capital and value creation: An empirical study of intra-firm networks. Academy of Management Journal, 1998, 41(4): 464-476.
[321] Tsui, A. S. Contributing to global management knowledge: A case for high quality indigenous research. Asia Pacific Journal of Management, 2004, 21: 491-513.
[322] Tsui, A. S. Contextualization in Chinese management research. Management and Organization Review, 2006, 2(1): 1-13.
[323] Tuckman, B. Developmental sequence in small groups. Psychological Bulletin, 1965(6): 384-399.
[324] Tushman, M. L. Special boundary roles in the innovation process. Administrative Science Quarterly, 1977, 22(3): 587-605.
[325] Tushman, M. L. , & Scanlan, T. J. Boundary spanning individuals: Their role in information transfer and their antecedent. Academy of Management Journal, 1981, 24(2): 289-305.
[326] Uphoff, N. Why NGOs are not a third sector: A sectoral analysis with some thoughts on accountability, sustainability, and evaluation. In M. Edwards, & D. Hulme, Beyond the Magic Bullet: NGO Performance and Accountability in the Post-Cold War World. West Hartford, Conn: Kumarian Press, 1996, 23-39.
[327] Urhuogo, I. , Vann, V. , & Chandan, H. C. Information systems maintenance: The application of total quality management construct. Journal of Business Studies Quarterly, 2012, 3(3): 1-15.
[328] Venkatraman, N. The concept of fit in strategy research: Toward verbal and statistical correspondence. Academy of Management Review, 1989, 14(3): 423-444.
[329] Waller, M. J. The timing of adaptive group responses to nonroutine events. Academy of Management Journal, 1999, 42 (2): 127-137.
[330] Wasserman, S. , & Faust, K. Social Network Analysis: Methods and Applications. Cambridge, UK: Cambridge University Press, 1994, 4-15.
[331] Weick, K. E. The Social Psychology of Organizing (2nd ed.).

Reading, M A: Addison-Wesley, 1979, 37-45.
[332] Weick, K. E. The vulnerable system, an analysis of the Tenerife air disaster. Journal of Management, 1990, 16(3): 571-593.
[333] Weick, K. E. The collapse of sense-making in organizations: The Mann Gulch disaster. Administrative Science Quarterly, 1993, 38 (4): 628-652.
[334] Weisz, N., Vassolo, R. S., & Cooper, A. C. A theoretical and empirical assessment of the social capital of nascent entrepreneurial teams. Academy of Management Proceedings, 2004, K1-K6.
[335] Wind, J., & Mahajan, V. Issues and opportunities in new product development: An introduction to the special issue. Journal of Marketing Research, 1997, 34 (1): 1-12.
[336] Wolfe, M. E., Sara, W. S., & Dishan, K. Speaking up in groups: A cross-level study of group voice climate and voice. Journal of Applied Psychology, 2011, 96(1): 183-191.
[337] Womack, J., & Jones, D. Lean Thinking: Banish Waste and Create Wealth in Your Organisation. New York, N. Y.: Free Press, Simon and Schuster, 1996, 15-29.
[338] Womack, J., Jones, D., & Roos, D. The Machine That Changed the World. New York, NY: Macmillan Publishing, 1990, 27-29.
[339] Wong, S. Distal and local group learning: Performance trade-offs and tensions. Organization Science, 2004, 15(6): 645-656.
[340] Wu, C. W., & Chen, C. L. An integrated structural model toward successful continuous improvement activity. Technovation, 2006, 26(5/6): 697-707.
[341] Xyrichis, A., & Lowton, K. What fosters or prevents interprofessional team-working in primary and community care? A literature review. International Journal of Nursing Studies, 2008, 45(1): 140-153.
[342] Yan, M., & Gray, B. Bargaining power, management control, and performance in United States-China Joint ventures: A comparative case study. Academy of Management Journal, 1994, 37(6): 1478-1517.
[343] Yin, R. K. Case Study Research: Design and Methods (3rd, ed.).

Thousand Oaks, C. A. : Sage, 2003, 112-145.
[344] Yli-Renko, H. , Autio, E. , & Sapienza, H. Social capital, knowledge acquisition, and knowledge exploitation in young technology-based firms. Strategic Management Journal, 2001, 22 (6/7): 587-613.
[345] Zaccaro, S. J. , Blair, V. , Peterson, C. , & Zazanis, M. Collective efficacy. In J. E. Maddux (Eds.): Self-efficacy, Adaptation, and Adjustment. New York: Plenum, 1995, 305-328.
[346] Zairi, M. Best Practice: Process Innovation Management. Oxford: Butterworth Heinemann, 1999, 255-267.
[347] Zatzick, C. D. , Moliterno, T. P. , & Fang, T. Strategic (mis) fit: The implementation of TQM in manufacturing organizations. Strategic Management Journal, 2012, Accepted Article, doi: 10.1002/smj.1988, 1-22.
[348] Zbaracki, M. J. The rhetoric and reality of total quality management. Administrative Science Quarterly, 1998, 43(3): 602-636.
[349] Zenger, T. R. , & Lawrence, B. S. Organizational demography: The differential effects of age and tenure distributions on technical communication. Academy of Management Journal, 1989, 32(2): 353-376.
[350] Zhang, D. L. , Linderman, K. , Schroeder, R. G. The moderating role of contextual factors on quality management practices. Journal of Operations Management, 2012, 30(1): 12-23.
[351] Zhao, X. , Flynn, B. B. , & Roth, A. V. Decision sciences research in China: Current status, opportunities, and propositions for research in supply chain management, logistics, and quality management. Decision Sciences, 2007, 38(1): 39-80.
[352] Zu, X. X. , Fredendall, L. D. , & Douglas, T. J. The evolving theory of quality management: The role of Six Sigma. Journal of Operations Management, 2008, 26(1): 630-650.
[353] [美]巴比. 社会研究方法. 邱泽奇译. 北京：华夏出版社，2005：116-135.
[354] [美]古扎拉蒂. 计量经济学. 林少宫译. 北京：中国人民大学出版社，2000:245-250.

[355] [美]罗伯特·殷.周海涛等译.案例研究设计与方法.重庆:重庆大学出版社,2004a:2-46.
[356] [美]罗伯特·殷.周海涛等译.案例研究方法的应用.重庆:重庆大学出版社,2004b:10-33.
[357] [美]斯蒂芬·P.罗宾斯,玛丽·库尔特著.孙健敏译.管理学.北京:中国人民大学出版社,2008:367-383.
[358] [美]汤普森.方海萍等译.创建团队.北京:中国人民大学出版社,2007:151-154.
[359] 宝贡敏,钱源源.多层次视角下的角色外行为与团队创新绩效.浙江大学学报(人文社会科学版),2009,39(5):113-121.
[360] 边燕杰,丘海雄.企业的社会资本及其功效.中国社会科学,2000(2):87-99.
[361] 陈建勋,潘昌才,吴隆增.外部社会资本对企业核心能力的影响——知识整合的调节作用.科学学研究,2009,27(2):244-249.
[362] 陈璐,杨百寅,井润田,刘璞.高层管理团队内部社会资本、团队冲突和决策效果的关系:研究综述与理论分析框架.南开管理评论,2009,12(6):42-50.
[363] 陈向明.扎根理论的思路和方法.教育研究与实验,1999(4):58-63.
[364] 陈朝旭,缪小明.研发团队内部社会资本对突破性创新的影响——以知识冲突为中介变量.情报杂志,2010,29(8):188-191.
[365] 费小东.扎根理论研究方法论:要素、研究程序和评判标准.公共行政评论,2007(3):23-43.
[366] 冯博,刘佳.大学科研团队知识共享的社会网络分析.科学学研究,2007, 25(6):1156-1163.
[367] 冯海龙.组织学习量表的开发.商业经济与管理,2009(3):27-33.
[368] 古家军,胡蓓.企业高层管理团队特征异质性对战略决策的影响——基于中国民营企业的实证研究.管理工程学报,2008,22(3):30-35.
[369] 顾新,郭耀煌,李久平.社会资本及其在知识链中的作用.科研管理,2003(2):44-48.
[370] 何芳蓉.新产品开发团队之社会资本、知识分享与绩效的实证研究.硕士学位论文,高雄第一科技大学,2003.
[371] 贺金凤.质量绩效评价模型与方法研究.博士学位论文,西北工业大学,2006.
[372] 侯杰泰,温忠麟,成子娟.结构方程模型及其应用.北京:教育科学出

版社,2004:166-173.
[373] 黄芳铭.结构方程模式:理论与应用.北京:中国税务出版社,2003:141-162.
[374] 柯江林,石金涛.知识型团队有效知识转移的社会资本结构优化研究.研究与发展管理,2007,19(1):21-27.
[375] 柯江林,孙健敏,石金涛,顾琴轩.企业 R&D 团队之社会资本与团队效能关系的实证研究——以知识分享与知识整合为中介变量.管理世界,2007(3):89-101.
[376] 柯江林,郑晓涛,石金涛.团队社会资本量表的开发及信效度检验.当代财经,2006(12):63-66.
[377] 李怀祖.管理研究方法论.西安:西安交通大学出版社,2004:115-125.
[378] 李军锋,尤勇,杨秀苔.质量管理在制造技术与企业绩效中的中介效应检验——基于 Bootstrap 法的结构方程分析.科研管理,2010,31(2):74-84.
[379] 李钊,苏秦,宋永涛.质量管理实践对企业绩效影响机制的实证研究.科研管理,2008,29(1):41-47.
[380] 李志刚,李兴旺.蒙牛公司快速成长模式及其影响因素研究——扎根理论研究方法的运用.管理科学,2006,19(3):2-7.
[381] 林枫.基于企业家社会资本视角的企业创业导向及其作用机制研究—以家族企业为例.博士学位论文,浙江大学,2011.
[382] 凌建寿.QS9000 质量体系与产品设计质量控制.中国标准化,2000(9):14-15.
[383] 刘杰.质量管理实践的量表检测与开发.南京财经大学学报,2008(3):79-83.
[384] 刘军.社会网络分析导论.北京:社会科学文献出版社,2004:98-107.
[385] 刘石兰.基于全面质量管理的组织变革:一个变革模型.科学学与科学技术管理,2006(5):114-120.
[386] 卢纹岱.SPSS for Windows 统计分析.北京:电子工业出版社,2002:400-409.
[387] 罗家德,赵延东.社会资本的层次及其测量方法.李培林,覃方明主编,社会学:理论与经验.北京:社会科学文献出版社,2005:57-64.
[388] 罗胜强,姜嬿.调节变量和中介变量.陈晓萍,徐淑英,樊景立.组织与管理研究的实证方法.北京:北京大学出版社,2008:312-331.

[389] 马林,何桢.六西格玛管理.北京:中国人民大学出版社,2007:20-22.

[390] 马庆国.管理统计.北京:科学出版社,2002:277-315.

[391] 彭灿.知识资本、社会资本与研发团队的有效性——关系模型与理论假设.技术经济,2010:29(10):28-33.

[392] 荣泰生.企业研究方法.北京:中国税务出版社,2005:288-293.

[393] 石冠峰,林志扬.团队建设研究的新思路:边界管理的视角.中国工业经济,2010(01):94-103.

[394] 施杨,李南.研发团队知识交流网络中心性对知识扩散影响极其实证研究.情报理论与实践,2010,33(4):28-31.

[395] 宋永涛,苏秦,程子潇.权变视角下的质量管理研究前沿探析.外国经济与管理,2010,32(9):59-65.

[396] 宋永涛,苏秦,姜鹏.关系质量对质量管理实践和绩效的调节效应.科研管理,2011,32(4):69-75.

[397] 孙海法,刘运国,方琳.案例研究的方法论.科研管理,2004(2):107-112.

[398] 谈炳和,满开宏.浅谈人际与人情之关系.上海交通大学学报(社科版):2001,22(2):55-58.

[399] 陶懿.研发团队行为整合与团队创新.硕士学位论文,浙江大学,2011.

[400] 涂辉文.基于变革动力特征的组织学习与心理授权关系研究.博士学位论文,浙江大学,2010.

[401] 王端旭,国维潇,刘晓莉.团队内部社会网络特征影响团队创造力过程的实证研究.软科学,2009,23(9):25-28.

[402] 王海珍,刘新梅,张永胜,穆若峰.高管团队政府工作经验、政治网络与企业绩效的关系研究.软科学,2008,22(7):59-63.

[403] 王欢,尤中山.团队创新氛围对成员创新行为影响的跨层次研究:集体效能感的中介作用.技术经济,2011,30(7):9-13.

[404] 王建明,王俊豪.公众低碳消费模式的影响因素模型与政府管制政策——基于扎根理论的一个探索性研究.管理世界,2011(4):58-68.

[405] 王黎莹.研发团队创新气氛的维度开发与结构验证.科学学研究,2010,28(6):952-960.

[406] 王秋菊,殷国鹏.企业内团队社会网络与知识创造的理论研究.北京工业大学学报(社会科学版):2009,9(6):16-21.

[407] 王重鸣.心理学研究方法.北京:人民教育出版社,2001:26-35.

[408] 伍蓓.企业研发外包的模式、机理及动态演化特征研究.博士学位论文,浙江大学,2009.

[409] 肖久灵.企业高层管理团队的组成特征对团队效能影响的实证研究.财贸研究,2006,(2):112-117.

[410] 徐冠南.关系嵌入性对技术创新绩效的影响研究.博士学位论文,浙江大学,2008.

[411] 徐碧祥.员工信任对其知识整合与共享意愿的作用机制研究.博士学位论文,浙江大学,2007.

[412] 徐芳.团队绩效测评技术与实践.北京:中国人民大学出版社,2002:58-77.

[413] 徐建平.组织惯例的演化机制与效能研究:基于学习视角.博士学位论文,浙江大学,2009.

[414] 徐淑英.如何在一流期刊上发表管理学研究论文.陈晓萍,徐淑英,樊景立.组织与管理研究的实证方法.北京:北京大学出版社,2008:1-9.

[415] 徐淑英,刘忠明.中国企业管理的前沿研究.北京:北京大学出版社,2004:3-29.

[416] 徐伟青,檀小兵,奉小斌,陈丽琼.国外团队社会网络研究回顾与展望:基于知识转移视角.外国经济与管理,2011,33(11):29-38.

[417] 薛会娟.国外团队跨界行为研究回顾与展望.外国经济与管理,2010,32(9):10-16.

[418] 薛宪方.组织变革背景下团队主动性特征与效能机制研究.博士学位论文,浙江大学,2010.

[419] 熊伟.质量机能展开.北京:化学工业出版社,2005:11-20.

[420] 熊伟,奉小斌.基于企业特征变量的质量管理实践与绩效关系的实证研究.浙江大学学报(人文社会科学版):2012,42(1):188-200.

[421] 熊伟,奉小斌,陈丽琼.国外跨界搜索研究回顾与展望.外国经济与管理,2011,33(6):18-26.

[422] 熊伟,奉小斌,张群祥.持续改进与渐进式创新整合:基于组织学习视角.科技进步与对策,2010,27(18):13-16.

[423] 颜士梅.并购式内创业中的人力资源整合研究.博士学位论文,浙江大学,2005.

[424] 杨仕元,朱缜.社会资本研究书评与展望.重庆工商大学学报(社会科学版):2009,26(2):57-68.

[425] 杨志蓉.团队快速信任、互动行为与团队创造力研究.博士学位论文，浙江大学，2006.

[426] 袁晓婷.企业R&D团队内部社会网络与团队知识创造关系研究.博士学位论文，华南理工大学，2010.

[427] 张公绪，孙静.质量工程师手册.北京：企业管理出版社，2003：98-102.

[428] 张家放.医用多元统计方法.武汉：华中科技大学出版社，2002：116-132.

[429] 张娜，陈学中.团队社会资本及对绩效的影响.科学学与科学技术管理，2007(11)：181-185.

[430] 张涑贤，苏秦，宋永涛，崔艳武.认证机构服务质量对关系质量影响实证研究.科研管理，2011，32(3)：43-50.

[431] 张文彤，董伟.SPSS统计分析高级教程.北京：高等教育出版社，2004：213-237.

[432] 张玉利，李乾文.公司创业导向、双元能力与组织绩效.管理科学学报，2009(2)：137-151.

[433] 赵玉忠，何桢.对中国制造企业质量管理现状的研究.科技管理研究，2009(2)：166-167.

[434] 中国质量协会卓越国际质量研究中心.卓越绩效评价准则实务.北京：中国标准出版社，2007：13-16.

[435] 周浩，龙立荣.共同方法偏差的统计检验与控制方法.心理科学进展，2004，12(6)：942-950.

[436] 朱平芳.现代计量经济学.上海：上海财经大学出版社，2004：157-164.

[437] 朱朝晖.基于开放式创新的技术学习协同与机理研究.博士学位论文，浙江大学，2008.

附　录

附录 1
质量改进团队跨界行为研究的访谈提纲(节选)

1. 请介绍一下您所在公司的情况和您在本公司的工作经历及相关情况。

2. 您所在的质量改进团队组建于何时？成立背景？成员规模有多少？主要完成哪些任务？

3. 您认为您所在的质量改进团队目前处于哪个发展阶段(启动与组织阶段、冲突与协作阶段、变革与更新阶段、执行与完成阶段)？团队成员之间的关系如何？(可以请补充关键事件)

4. 质量改进团队活动是否依赖团队内、外部活动的协同努力？团队成员参与管理外部跨界活动给团队带来了哪些利弊？(可以请补充关键事件)

5. 质量改进团队如何从外部获取支持与信息等重要资源，这些活动对质量绩效提升是否有帮助？(可以请补充关键事件)

6. 质量改进团队如何协同与其他平行团队或相关部门的活动，这种协同主要参照什么程序或标准？(可以请补充关键事件)

7. 质量标准或质量管控如何在跨团队或跨部门间实现，产品或工艺改进后所制定的标准(或程序)如何应用和推广？(可以请补充关键事件)

8. 质量改进团队主要获取哪些类型的外部信息，获取这些信息的途径或方式主要包括哪些？(可以请补充关键事件)

9. 您认为团队协同与其他平行团队或部门的活动、监测外部竞争对手等活动对质量绩效提升是否有帮助？(可以请补充关键事件)

10. 您认为在团队发展的不同阶段，质量改进团队参与外部活动的内容或形式是否有差异？应该如何动态管理团队外部活动？(可以请补充关键事件)

附录 2 编码材料节选

1. HOBAS 管道纱是公司在 2007 年成立的产品质量改进团队，成立的原因是公司 2006 年下半年通过代理商 HELM 送样给 HOBAS 实验室，但是当时的样本检验结果很不理想，与主要竞争对手在产品质量与性能指标上存在较大差距。于是，公司高层领导亲自挂帅要求技术人员与品管人员集中精力进行攻关，当时我被任命为这个项目的主管。

作为质量攻关团队的主管，我当然感觉自己肩负公司的使命与巨大责任，如果在两年内不敲开欧洲市场，估计未来公司的市场增长态势将会放缓。我深知要改进产品质量，离不开团队成员齐心协力努力攻关，所以我将自己的定位在服务团队成员的“后勤兵”。我经常代表团队与高层领导或外部客户交谈，尽量保护团队成员不受来自上面领导施压的影响(a1)，就如我们团队成员经常所说，我们不会在团队内部传递垃圾信息(a2)。公司对管道纱项目的重视度较高，高层领导为了取得客户的订单，每半个月进行一次项目会议，并对项目进展适时给予指示，但这些都是由我出面沟通解释(a5)。刚开始觉得挺麻烦的，本来各位成员工作够忙的，加上每半个月一次的项目汇报会议，每周一次的项目组内部沟通会议，大小会议加起来有点分散各位成员精力。

研发质量改进项目涉及的面广、量大、人员多，既要争取团队内部生产、工艺、检验等部门的配合，又要搜寻行业最新技术动态。在成立该项目时，我就预期到后续项目协调过程中会碰到很多难题(a36)，不过由于估计充分，后来倒慢慢挺过来了。后来通过自己的慢慢体会与经验总结，发现要顺利开展此类质量改进活动，关键是通过详细的质量策划将质量责任分解到相关部门(a37)，以便后续从这些团队或部门寻求帮助。有时候，我们碰到的质量问题可能内部研发人员都解决不了，这也是正常的。任何质量问题均不是一个团队或部门就能解决的，在我们公司内部，更多时候需要发挥多部门共同攻关的作用(a51)，公司总工办帮忙协调公司内部专业技术人员参与。同时，我们也与华东理工大学合作设立了博士后流动站，学校定期派博士到我们企业实验室参与研发工作，与我们共同解决质量或技术难题，另一方面，近两年为公司输入博士等高端全职研发人才 5 位，一定程度上缓解了人才压力。

像我们负责中间增强材料的产品质量，经常会碰到各种难题，有时候还真要点诀窍，需要创新思维加以解决(a10)。比如管道纱这个项目开展过程中,“纱线的硬挺度”和“分束率”就是一对矛盾,一方面客户需要我们纱线的硬挺度越高越好,但是硬挺度变高会导致纱线的分束率降低,如何解决这个问题当时我们耗费了很大精力。后来,一次偶然间的机会有老师来公司讲座发明性问题解决理论,我去听了后感叹道,原来还真有创新性原理专门来对付此类问题。为了在激烈的市场竞争中突出重围,我们认识到需要品管人员与技术人员换一种模式去思考产品质量缺陷,实施一种基于客户声音的源头质量改进模式,这样才能系统与彻底地解决顾客的投诉(a17)。后来,在外部咨询机构的支持下,我们项目组尝试使用质量功能展开方法,从源头上搜集客户需求,并通过科学方法将顾客需求转化成为我们所关注的工艺参数与质量控制标准,该方法的实施效果还不错,后来我们也坚持下来了。

2.我们公司是老板集团公司下属的玻纤制品与玻璃纤维布生产与销售企业,现在年产能达到60000吨,连续4年销售保持100%的复合增长率,产品远销美国、德国等全球30多个国家。公司现有产品主要在风电、游艇、管道等行业中运用广泛,但是今年由于欧洲国家提高了产品质量标准,我们进入欧洲市场的游艇玻纤制品质量越来越受到客户关注。

公司早在成立时就认识到设计评审是解决新产品质量问题的好方法,当时在研发张副总的主导下,公司建立了相对完善的研发管理程序,所有新产品或改进产品基本上经过小试、中试和大试三个节拍,对每个试样节拍上都要求遵循五部曲:产前沟通、产前准备、产中跟踪、产后验证和最终确认。这样确保试样评审能够保障后续量产过程中质量的稳定性(a63),避免设计不完善导致后续批量产品质量问题,量产评审主要是针对量产过程中出现的问题加以整改(a64),提高产品过程质量与工艺质量。如果设计评审不把好关,后续会出很多大问题,甚至带来巨大的人力、物力和财力损失,这几年公司大的新产品缺陷基本上在小试阶段就解决好了。

我总体感觉公司员工的素质还是达不到专业要求,特别是车间管理人员普遍文化程度较低,对新产品的操作工艺不是特别熟悉,对工艺参数更改缺乏深刻理解,这样容易导致生产过程中出现质量瑕疵。我认为要提高产品的质量,公司的技术团队要与产品质量部门协调解决质量技术问题,必要时对车间等执行部门提供指导和培训(a42),这样才有助于确保质量问题解决的成效。当然,我们公司近年来也非常重视质量体系与管理标准的落实,公司所有项目团队中解决的质量问题,必须有专人跟踪和监督后续生产部门按照标准执行(a32),防止同一质量问题反复出现。现在我们即使在解决问题之后,也强调在项目巩固期及时收集一个月数据加以验证(a33),通过分析对比确认效果，如果效果不理想我们会要求项目组成员重新按照流程进行分析。

当然，我们在研发或改进产品的过程中，肯定会收集外部环境中的技术和市场信息，这样我们才能了解竞争对手正在干什么，他们推出了哪些新产品，哪些产品属于未来的市场主流产品，哪些属于未来可以站住市场制高点的高端产品，这些信息都是我们做研发的或产品改进的主管领导必须心里有数的。我们对产品质量或性能进行改进的同时，还要综合考虑同类产品的市场销售情况（a93），以及更好的替代品出现后对我们产品是否会构成威胁（a94），经过科学分析后的质量改进也容易得到市场和顾客的认可。

3. 我们公司目前生产交流电机、直流电机、同步电机等六大类电机产品，主要应用于汽车、保健器械、家用电器、工业自动化、办公设备和环保设备等各类动力系统。公司的质量保证体系也是比较完善的，已通过ISO9001：2008 质量管理体系、ISO/TS16949 汽车零部件行业质量管理体系、ISO14001 环境管理体系、OHSAS18001 职业健康安全管理体系和RoHS 指令认证。为了促进公司质量改进活动，公司制定了详细的质量政策（a66），每年定期召开项目成果发布会与评审会，各个项目根据财务部门的鉴定成果进行一定比例的收益分享，这项举措吸引了各个岗位员工的关注和参与。正因为公司老板对质量改进的重视，每年立项的改进项目多达100 多项，公司也为此专门成立了质量改进与精益生产委员会，由委员会督促质量政策的落实与质量改进项目的开展（a67）。

设计质量控制不是一劳永逸的，以公司的 LX 产品转子改进来说，我们邀请生产、工艺等部门进行多次改进（a6），大大提高了转子的转速，也将噪音要求降低到国标以下（a7）。但是，眼光仅仅盯住本地同行的产品开发动向或质量标准是远远不够的（a46），我们真正的竞争对手是国际巨无霸，我们需要及时关注外地甚至国际同行业的产品、技术或质量功能动向（a47）。为了适应外部竞争环境的需要，公司近年来组建了一支来自销售、研发和品管组成的标杆管理小组，专门负责竞争对手信息的搜集与定期分析（a83），公司高层非常重视这项工作，每月的竞争对手分析报告都是总经理亲自过目。我们会定期购买竞争对手的产品进行拆分研究（a84），希望从中找到产品改进的启发，有时的确能够从中找到一些灵感，我们很多产品也是在分析对手产品基础上改造得到的。

改进与提升产品或工艺质量的关键是实现流程可视化与监控，为此公司在车间生产管理方面导入 ERP 与射频管理后，系统会自动采集与输出质量信息，我们只需根据质量信息汇总情况对相关生产线的质量情况进行监控(a27),就可以掌控整体生产情况。在国内同行业中,我们公司的内部信息化与生产过程可视化方面走在前列,我们也从中获得了不少收益,这两年平均质量损失降低 50%,顾客因为产品质量或交付投诉的情况减少了很多。

4.目前,我们门窗行业的价格竞争激烈(a78),很多同行朝着高性能或环保节能门窗发展,通过提升质量与产品升级避开低端竞争(a79)。民营企业产品质量改进的关键在于老板的重视度,看一个公司领导对质量改进的重视度和决心,主要体现在对质量改进人员、物力等资源的配置上(a58)。一般企业总体资源是有限的,在质量方面投入过多可能会导致技术研发、市场营销等方面的投入减少,如何确保质量改进项目资源随时可以获得(a59),必要时企业应该需要多配置一点资源鼓励质量改进团队多搜集外部信息(a60)。如果质量改进缺乏高层重视与资源支持,并没有公司层面的物质和精神鼓励,任何改进工作都会停留于表面工作。

公司抓好质量问题的关键在于重组内部流程,不断简化和优化流程(a8),才能减少各个部门之间相互推卸责任的现象,从而降低生产成本和提高品质。在项目实施过程中,最重要的一点就是协调各个相关方按照交付期限交货(a48),但是在流程不清晰的情况下,任何一个环节的延迟都会影响项目最后的完成期限,并且最后责任也难以落实到人。以公司产品试样为例,由于目前尚未设立专门的研发试样车间,新产品改进过程中的试样均需征用生产车间的设备(a57),因此研发试样需要报告生产副总批准才能执行。但是,这样导致原本只要几十分钟的事情,往往在审批流程上耗费掉了数日甚至数周,造成新产品或改进产品的周期远远长于竞争对手,也更谈不上竞争力。美式手摇外开窗,当前主要的难题是开发周期过长,工程项目客户对我们交货的要求越来越具有弹性(a16),但是我们仍然沿用传统的大批量生产方式,这可能难以满足工程项目的柔性需求(a15)。

稳定产品质量的关键是人员素质,而人员素质的关键在于持续学习与知识更新(a9),比如学习先进的质量控制工具和方法等。公司虽然近年来引进了一批专业技术人员和应届大学毕业生,但是由于公司地理位置较偏与员工待遇相对大城市低,很多大学生来了公司没超过试用期就走了,这对公司未来发展很不利。对于已有的产品或技术线的管理人员,除了解节能门窗技术外,我觉得我们应该更多扩大视野,多到外边去参观学习同类技术(a45),而公司提供的机会相对较少,技术人员缺乏灵感也难以推出符合客户需求的好产品。

5.2008 年金融危机后,公司意识到“船大难掉头”的经营风险,将以生产为导向的制造企业转变为文具供应链的整合者，这样在维持自有生产能力的同时，可以根据客户需求整合文具供应链上的相关合作伙伴。但是，在我们公司质量改进团队不同于营销团队和创意团队，这些团队在公司中牛气冲天，相关领导都是公司出重金从海外引进，所以公司对他们进行了充分授权。而我们如果想在质量方面干点事情还需要主动去说服领导(a34)，有时候为了取得领导和外部其他同事对我们的支持，还得及时将团队内部决策情况传达给他们(a35)，这样才会减少我们后续开展工作的阻力。公司高层领导对企业质量的重视度，往往影响质量文化建设。成功的质量改进团队，往往得益于公司层面较好的质量文化支持(a24)，这种文化潜移默化地影响员工认同质量目标、质量行为准则等。

公司立专项改进中油墨水问题，主要是基于提高产品质量的考虑(a13)，此外，国内竞争对手方面目前尚未关注这块(a14)，这也许给我们带来了机会。背后还有一个重要原因是，国家科技支撑计划的专项资金支持，也为我们牵头高校、科研机构等合作解决此难题提供了条件。以前觉得成千上万的产品质量抽检信息只不过是应付客户检查，但是在改进中油墨水问题上，我们所有品管团队成员集体学习质量管理工具，就如何利用日常检验记录与信息进行了讨论，最后形成一致共识就是要重视质量信息分析与过程质量监控(a28)。

其实，对我们而言，只要认真吃透 ISO9000，公司每个过程严格遵循标准化流程操作(a68)，产品质量问题能够追溯到生产过程的每个环节(a69)，产品质量就会得到保障。但是我们也碰到一系列难题，比如原本质量体系文件规定好了各个过程如何操作，但是由于员工出于方便或经验考虑，没有严格按照操作工艺指导文件操作，最终也会产生产品质量问题。我的体会是，产品质量不是检验出来的，我们每天生产上百万支笔，如果每支笔都依靠检验才能出厂，那么我们的检验人员比生产工人还多。

6. 公司作为汽配供应商，对质量的重视度或要求就不容多说，单凭汽车行业的 TS16949 认证就远远高于一般企业的 ISO9000 认证，毕竟汽车行业关系生命安全。汽车总体的可靠性与安全性，有时可能就是由个别零部件引起的，整个汽车行业的质量改进与质量管控有一定的挑战性。我们的客户包括大众、通用、丰田、广本等汽车厂家，2010 年通过德国奥迪审核，跻身为奥迪公司的一级供应商。由于我们的产品涵盖电镀产品、汽车窗帘、顶棚拉手、烟灰盒、门内手柄、饮料杯支架等，我们一般严格遵循总成商的要求进行质量改进(a18)，并且与销售等部门合作搜集质量信息(a19)。由于汽配供应商之间的竞争非常激烈，加上汽车总装厂每年度在确保产品质量的情况下,要求汽配供应商逐年降低供应价格,这对我们的产品质量管理与改进带来了挑战。

由于汽车行业主要参考日本及时制(JIT)生产模式,要求零缺陷、零库存,这等于汽车总生产商将库存全部转嫁给我们零部件供应商,我们为了确保交期需要在汽车厂外围租赁或自建周转仓库。同时,在内部流程衔接过程中,主要是通过看板管理拉动下道工序,下道工序只有按照我们上道工序提供的看板信息进行加工生产,这样整个流程的协调才不会出现问题(a49)。同时,我们有时也会在上道工序能力范围内,争取各个流程节点的最大程度配合(a50),由于是合资企业,大家相互配合工作的自觉性相对比其他企业要高,我们工作起来也觉得顺心。

公司对产品质量改进的举措是:第一,主要接受“防患于未然”的思想改进产品质量,出现质量问题追根溯源可能找到设计阶段,规范设计流程,大力推进流程信息化(a87),这也为后续流程质量提供了保证(a86);第二,公司现在实行质量成本考核制度(a71),我们团队可以方便地根据质量考核信息跟踪产品质量改进成效。在以前由于质量损失和质量事故考核不严格,大家对产品质量的偏差认识尚不深刻,公司去年引入质量成本考核制度后,对于质量成本考核不合格的员工不得晋升与加薪,这大大激发了大家的质量意识。当然,我们开展质量改进工作的阻力也变小了,大家对我们工作的配合度更高,工作成效更加显著。

附录3 质量改进团队跨界行为预试问卷

请根据您所在的团队实际情况，评价下列每一叙述的符合程度，在右栏中(1～7)圈选出合适的数字。这些问题的回答没有对错之分，请依自己的看法作答，无需讨论。

编号	请根据您的团队实际情况在右边数字选项下打“√”	完全不符合——→完全符合						
1	质量改进团队领导经常承担来自外部环境中的压力，以避免团队成员的工作受到干扰	1	2	3	4	5	6	7
2	质量改进团队经常拒绝外部人员施加的过多要求	1	2	3	4	5	6	7
3	质量改进团队经常说服其他人认同项目的重要性	1	2	3	4	5	6	7
4	团队定期向单位高层领导汇报质量改进工作进展	1	2	3	4	5	6	7
5	团队经常说服外部人员(如客户等)接受团队决策	1	2	3	4	5	6	7
6	团队根据质量需求协同相关部门进行改进	1	2	3	4	5	6	7
7	从质量改进团队外部获得项目所需的资源(如资金、人员、设备等)	1	2	3	4	5	6	7
8	质量改进团队经常与外部团队合作解决项目难题	1	2	3	4	5	6	7
9	质量改进团队经常协调与团队项目相关的外部活动	1	2	3	4	5	6	7
10	质量改进团队经常与关键外部相关方协商项目期限	1	2	3	4	5	6	7
11	质量改进团队经常与相关部门共同进行质量策划活动	1	2	3	4	5	6	7
12	质量改进团队经常与外部人员共同评审质量改进方案	1	2	3	4	5	6	7
13	团队借助公司质量体系监督质量政策执行情况	1	2	3	4	5	6	7
14	质量改进团队在改进过程中重视成果的固化和推广	1	2	3	4	5	6	7
15	质量改进团队密切关注组织内、外部环境中的市场信息或动态	1	2	3	4	5	6	7
16	质量改进团队密切关注组织内、外部环境中的技术信息或动态	1	2	3	4	5	6	7
17	团队经常寻找能给项目提供相关技能或建议的外部人	1	2	3	4	5	6	7
18	团队积极通过外部人员获得建议和支持	1	2	3	4	5	6	7
19	质量改进团队关注竞争对手的产品质量与服务信息	1	2	3	4	5	6	7
20	质量改进团队关注顾客质量需求与顾客投诉信息	1	2	3	4	5	6	7
21	团队聘用外部技术专家(或领导)作为顾问	1	2	3	4	5	6	7

附录 4　质量改进团队问卷调查(团队主管)

尊敬的先生/女士：

您好！我们来自浙江大学管理学院质量改进团队与绩效关系课题组。为了解质量改进团队跨界行为及其对质量绩效的影响，给企业质量改进团队管理提供更好的对策建议，我们开展本次问卷调查活动。

本问卷回答无对错之分，所有信息保密，仅供研究参考用，请您根据实际情况，在各题对应的数字选项下面打“√”，注意不要有遗漏或错选，以免成为无效问卷。

表中数字选项表示为：1－完全不符合；2－比较不符合；3－有点不符合；4－一般；5－有点符合；6－比较符合；7－完全符合。

最后，对您的大力支持，我们表示最诚挚的感谢！

浙江大学管理学院质量与绩效管理研究所

第一部分　质量绩效

请根据您所在的团队实际情况，评价下列每一叙述的符合程度，在右栏中(1～7)圈选出合适的数字。这些问题的回答没有对错之分，请依自己的看法作答，无需讨论。

编号	请根据您的团队实际情况在右边数字选项下打“√”	完全不符合──→完全符合						
QP1	团队使用恰当方法有效地解决了质量问题	1	2	3	4	5	6	7
QP2	团队的质量改进目标基本达成	1	2	3	4	5	6	7
QP3	团队改进后的产品(或过程)符合绩效目标	1	2	3	4	5	6	7
QP4	团队改进后的产品(或过程)符合顾客需求	1	2	3	4	5	6	7
QP5	团队能在预算范围内完成任务	1	2	3	4	5	6	7
QP6	团队比预定时间更早完成任务	1	2	3	4	5	6	7

第二部分　团队社会资本

请根据您所在的团队实际情况，评价下列每一叙述的符合程度，在右栏中(1～7)圈选出合适的数字。这些问题的回答没有对错之分，请依自己的看法作答，无需讨论。

编号	请根据您的团队实际情况在右边数字选项下打“√”	完全不符合——→完全符合						
IS1	团队成员之间沟通非常容易	1	2	3	4	5	6	7
IS2	团队经常举办聚餐、联谊等活动	1	2	3	4	5	6	7
IS3	团队经常召开各种研讨与攻关会议	1	2	3	4	5	6	7
IS4	团队成员经常相互学习	1	2	3	4	5	6	7
IS5	当事情出错时,团队成员能冷静进行讨论	1	2	3	4	5	6	7
TT1	团队成员信赖其他成员	1	2	3	4	5	6	7
TT2	团队成员信赖您的团队主管	1	2	3	4	5	6	7
TT3	团队成员信赖彼此的工作能力	1	2	3	4	5	6	7
TT4	您的团队周围有着良好的信任氛围	1	2	3	4	5	6	7
TT5	团队成员乐意分享所有相关信息	1	2	3	4	5	6	7
SV1	团队成员对总体项目的目标有一致认识	1	2	3	4	5	6	7
SV2	团队成员对团队未来发展的方向有共同认识	1	2	3	4	5	6	7
SV3	团队成员对重要决策能够达成共识	1	2	3	4	5	6	7
SV4	团队成员能够理解所讨论的项目相关问题	1	2	3	4	5	6	7
EI1	团队经常与技术、生产、营销等部门交流	1	2	3	4	5	6	7
EI2	团队经常与其他质量改进团队交流	1	2	3	4	5	6	7
EI3	团队经常与客户、供应商及其他企业交流	1	2	3	4	5	6	7
EI4	团队经常与合作单位(如合作伙伴、咨询机构)交流	1	2	3	4	5	6	7
EI5	团队经常参与外部各种专业讨论会议	1	2	3	4	5	6	7
ET1	团队与技术、生产、营销等部门相互信任	1	2	3	4	5	6	7
ET2	团队与其他质量改进团队相互信任	1	2	3	4	5	6	7
ET3	团队与客户、供应商及其他企业相互信任	1	2	3	4	5	6	7
ET4	团队与合作单位(如合作伙伴、咨询机构)相互信任	1	2	3	4	5	6	7
CM1	企业各层级对质量改进项目目标具有共识	1	2	3	4	5	6	7
CM2	团队与技术、生产、营销等部门有共同语言能有效沟通	1	2	3	4	5	6	7
CM3	团队经常与其他质量改进团队有共同语言能有效沟通	1	2	3	4	5	6	7
CM4	团队经常与客户、供应商等有共同语言能有效沟通	1	2	3	4	5	6	7
CM5	团队经常与合作单位(如合作伙伴、咨询机构)有共同语言能有效沟通	1	2	3	4	5	6	7

第三部分　基本信息

1.	您的性别：A. 男　　B. 女
2.	您的年龄： A. 25 岁以下　B. 26～35 岁　C. 36～45 岁　D. 46～55 岁　E. 55 岁以上
3.	您的受教育程度： A. 初中及以下　B. 高中/中专　C. 大学　D. 研究生
4.	您所在团队的规模： A. 3～5 人　B. 6～10 人　C. 11～15 人　D. 16～20 人　E. 21 人及以上
5.	您所在团队的成立时间： A. 0～3 个月　B. 4～6 个月　C. 7～12 个月　D. 1～3 年　E. 3 年以上
6.	您所在企业的性质： A. 国有企业(含国有控股)　B. 集体企业(含集体控股) C. 民营企业(含民营控股)　D. 外资企业(含外资控股)
7.	您所在企业的规模为： A. 100 人及以下　B. 101～300 人　C. 301～500 人 D. 501～1000 人　E. 1000 人以上
8.	贵企业名称____________________　所属行业__________________

问卷到此结束，谢谢您的参与，祝您工作顺利，万事如意！

附录5 质量改进团队问卷调查(团队成员)

尊敬的先生/女士：

您好！我们来自浙江大学管理学院质量改进团队与绩效关系课题组。为了解质量改进团队跨界行为及其对质量绩效的影响，给企业质量改进团队管理提供更好的对策建议，我们开展本次问卷调查活动。

本问卷回答无对错之分，所有信息保密，仅供研究参考用，请您根据实际情况，在各题对应的数字选项下面打"√"，注意不要有遗漏或错选，以免成为无效问卷。

表中数字选项表示为：1－完全不符合；2－比较不符合；3－有点不符合；4－一般；5－有点符合；6－比较符合；7－完全符合。

最后，对您的大力支持，我们表示最诚挚的感谢！

浙江大学管理学院质量与绩效管理研究所

第一部分 质量改进团队跨界行为

请根据您所在的团队实际情况，评价下列每一叙述的符合程度，在右栏中(1～7)圈选出合适的数字。这些问题的回答没有对错之分，请依自己的看法作答，无需讨论。

编号	请根据您的团队实际情况在右边数字选项下打"√"	完全不符合——→完全符合						
AC1	质量改进团队领导经常承担来自外部环境中的压力，以避免团队成员的工作受到干扰	1	2	3	4	5	6	7
AC2	质量改进团队经常拒绝外部人员施加的过多要求	1	2	3	4	5	6	7
AC3	质量改进团队经常说服其他人认同项目的重要性	1	2	3	4	5	6	7
AC4	团队定期向单位高层领导汇报质量改进工作进展	1	2	3	4	5	6	7
AC5	从质量改进团队外部获得项目所需的资源(如资金、人员、设备等)	1	2	3	4	5	6	7
CC1	质量改进团队经常与外部团队合作解决项目难题	1	2	3	4	5	6	7
CC2	质量改进团队经常协调与团队项目相关的外部活动	1	2	3	4	5	6	7
CC3	质量改进团队经常与相关部门共同进行质量策划活动	1	2	3	4	5	6	7

编号	请根据您的团队实际情况在右边数字选项下打“√”	完全不符合——→完全符合						
CC4	质量改进团队经常与外部人员共同评审质量改进方案	1	2	3	4	5	6	7
CC5	质量改进团队在改进过程中重视成果的固化和推广	1	2	3	4	5	6	7
SC1	质量改进团队密切关注组织内、外部环境中的市场信息或动态	1	2	3	4	5	6	7
SC2	质量改进团队密切关注组织内、外部环境中的技术信息或动态	1	2	3	4	5	6	7
SC3	质量改进团队关注竞争对手的产品质量与服务信息	1	2	3	4	5	6	7
SC4	质量改进团队关注顾客质量需求与顾客投诉信息	1	2	3	4	5	6	7

第二部分　质量改进任务特征

请根据您所在的团队实际情况，评价下列每一叙述的符合程度，在右栏中(1～7)圈选出合适的数字。这些问题的回答没有对错之分，请依自己的看法作答，无需讨论。

编号	请根据您的团队实际情况在右边数字选项下打“√”	完全不符合——→完全符合						
TD1	质量改进任务与其他团队工作存在流程相关性	1	2	3	4	5	6	7
TD2	质量改进任务依赖团队间配合	1	2	3	4	5	6	7
TD3	质量改进团队经常进行跨团队交换资源	1	2	3	4	5	6	7
TC1	质量改进任务内容包含许多变化	1	2	3	4	5	6	7
TC2	质量改进任务主要是解决复杂问题	1	2	3	4	5	6	7
TC3	完成质量改进任务没有常规化流程可遵循	1	2	3	4	5	6	7
TC4	完成质量改进任务需要准备大量信息或多种方案	1	2	3	4	5	6	7
TP1	质量改进任务时间期限紧迫	1	2	3	4	5	6	7
TP2	质量改进团队成员面临大量工作	1	2	3	4	5	6	7
TP3	质量改进团队成员没有时间干其他的活动	1	2	3	4	5	6	7
TP4	质量改进团队成员总觉得时间太少	1	2	3	4	5	6	7

第三部分　团队效能感

请根据您所在的团队实际情况，评价下列每一叙述的符合程度，在右栏中(1～7)圈选出合适的数字。这些问题的回答没有对错之分，请依自己的看法作答，无需讨论。

编号	请根据您的团队实际情况在右边数字选项下打“√”	完全不符合——→完全符合						
TE1	本团队成员对团队非常有信心	1	2	3	4	5	6	7
TE2	团队干了很多事情	1	2	3	4	5	6	7
TE3	对本团队而言，没有特别困难的任务	1	2	3	4	5	6	7
TE4	本团队能够高质量完成任务	1	2	3	4	5	6	7
TE5	本团队的工作是富有成效的	1	2	3	4	5	6	7
TE6	本团队能够解决任何问题	1	2	3	4	5	6	7
TE7	本团队的工作效率较高	1	2	3	4	5	6	7

第四部分　基本信息

1.	您的性别：A. 男　　B. 女
2.	您的年龄： A. 25 岁以下　B. 26～35 岁　C. 36～45 岁　D. 46～55 岁　E. 55 岁以上
3.	您的受教育程度： A. 初中及以下　B. 高中/中专　C. 大学　D. 研究生
4.	您所在团队的规模： A. 3～5 人　B. 6～10 人　C. 11～15 人　D. 16～20 人　E. 21 人及以上
5.	您所在团队的成立时间： A. 0～3 个月　B. 4～6 个月　C. 7～12 个月　D. 1～3 年　E. 3 年以上
6.	您所在团队成员之间的冲突程度： A. 团队成员因不熟悉而产生较多的行为方式、价值观、思维模式冲突 B. 团队成员的冲突较多，每个成员观点都清晰表达出来 C. 团队成员的冲突管理有着规范可遵循 D. 团队成员大多欢迎建设性意见
7.	您所在团队的行为规则形成情况： A. 根本没有团队规范　B. 正在酝酿团队规范 C. 已建立团队行为规范　D. 团队规范极为成熟

8.	您所在团队成员之间的沟通： A. 团队成员之间的沟通仅仅限于工作需要 B. 团队成员之间的沟通更多为了建立良好的人际关系 C. 团队成员之间通过沟通建立友谊与忠诚 D. 团队成员之间充分共享信息，协力合作
9.	您所在团队的凝聚力： A. 团队凝聚力较低，成员对团队使命与目标并不了解 B. 团队凝聚力较低，团队成员的士气处于下降阶段 C. 团队凝聚力增强，成员的归属感越来越强 D. 团队凝聚力达到最佳状态，追求共同实现团队目标
10.	您所在团队成员之间解决问题的合力： A. 较小　B. 一般　C. 较大　D. 非常大
11.	您所在企业的性质： A. 国有企业(含国有控股)　B. 集体企业(含集体控股) C. 民营企业(含民营控股)　D. 外资企业(含外资控股)
12.	您所在企业的规模为： A. 100 人及以下　B. 101～300 人　C. 301～500 人 D. 501～1000 人　E. 1000 人以上
13.	贵企业名称(自愿填写)____________________所属行业__________________

问卷到此结束，谢谢您的参与，祝您工作顺利，万事如意！

名词索引

持续改进/1
六西格玛/1
团队社会网络/4
质量管理实践/5
质量改进团队/11
FOCUS-PDSA/13
现场改进小组/14
精益制造/14
质量功能展开/15
团队跨界行为/19
多团队系统/20
网络跨界活动/20
使节活动/22
协调任务/22
侦察活动/22
资源依赖理论/24
管理释意理论/24
社会认同理论/25
团队任务情境/27
间歇性平衡/31
团队生命周期/32
TQM(全面质量管理)/34
团队效能感/36
团队社会资本/40
质量绩效/47
质量管理基础实践/48
质量管理核心实践/48
扎根理论方法/61
开放式编码/66
主轴编码/75
选择性编码/78
联络行为/83
管控行为/83
侦测行为/83
探索性因子分析/92
验证性因子分析/94
拟合指标/95
构思效度/99
作用机制/103
任务互依性/105
任务复杂性/106
任务时间压力/108
结构洞/113
抽样框/114
无应答偏差/120
共同方法变异/122
信度/123
KMO/123
巴特莱特球形检验/123
内容效度/124
收敛效度/124
区分效度/124
评分聚合/130
单因子方差分析/131
社会网络嵌入/147
桥结观/148
联结观/148
团队共同愿景/150
闭合网络/155
多重共线性/166
序列相关/167
异方差/168

团队内部过程/177
案例研究/181
案例内分析/181
跨案例分析/181
PPM(百万分率缺陷率)/190
反向工程/193
聚类分析/198
横截面数据/217